기독교 세계관으로 바라보는
21세기 한국 사회와 교회

기독교 세계관으로 바라보는
21세기 한국 사회와 교회

초판_2005년
개정1판_2018년 8월 28일

지은이_이승구
펴낸이_김지훈
편집인_윤효배
펴낸곳_SBPCCP(신반포중앙교회 출판부)
　　　서울특별시 서초구 나루터로4길 58, www.sbpcc.or.kr

ISBN 979-11-961808-4-3 03540

값 15,000원

잘못 만들어진 책은 언제든지 교환해 드립니다.

기독교 세계관으로 바라보는 21세기 한국 사회와 교회

기독교 세계관적 사유와 실천을 위하여

이승구 지음

CCP

21st Century Korean Society and the Church from a Christian World-View
− Towards a Christian Thinking and Practice

by

Seung-Goo Lee
Verbi Dei Minister
B.A., M. Ed., M. Div. M. Phil., Ph. D.
Professor of Systematic Theology
Hapdong Theological Seminary

ⓒ Seung-Goo Lee, 2005, 2018

CCP
2018

차 례

책 머리에 _9

1부_ 그리스도인의 의식과 삶

1. "예수 믿는다"는 것은 무엇을 의미하는가?_13
2. 하나님의 주권과 섭리를 인정하는 그리스도인의 삶의 원리_31
3. 그리스도인의 삶의 방식_41
4. 서원하는 일에 대하여_71
5. 소위 "영성" 문제에 대하여_81
6. 예수 믿는 이는 죽으면 어떻게 되는가?_93

2부_ 오늘의 한국 사회 속의 기독교

7. 한국 사회의 다양한 사회적 문제들에 대한 기독교적 반응_105

8. 테러와 전쟁, 그 이후 상황 속에서의 그리스도인의 생각_141

9. 환경 문제와 그리스도인_161

10. 혼돈스러운 한국 정치, 경제, 사회 속의 그리스도인의 생각_181

11. 지구적 재난에 대한 그리스도인의 생각_199

12. 2014년 4월 16일에 일어난 세월호 사고와 관련한 우리들의 기도들_207

13. 통일에 대한 기독교의 준비_223

14. 기독교 학교와 기독교 학교의 정신_231

3부_ 21세기 한국 교회의 향방

15. 우리가 꿈꾸는 교회, 예배, 삶_249
16. 교회에서의 여성 사역 문제에 대한 한 고찰_265
17. 주5일 근무제와 교회_277
18. 〈서평〉 오늘날에도 과연 사도들과 선지자(예언자)들이 존재하는가?_285
19. 오늘날에도 하나님의 음성을 들을 수 있는가?_299
20. 우리 시대의 설교와 종교적 강의를 듣고 보는 성도들의 자세에 대하여_305

참고 문헌_313

개정판을 내면서_319

책 머리에

"21세기 한국 사회 속에서 그리스도인으로 살아간다는 것은 무엇을 의미하며, 이 사회 속에서 기독교는 진정 어떤 모습으로 나타나야 할까?" 이 책 전체를 통해 일관되게 흐르는 문제 의식은 바로 이것이다. 21세기에 진입한 한국 사회의 일원으로 지난 몇 년을 살면서 그 안의 책임 있는 그리스도인으로 생각하며 실천하는 일의 한 부분이라 할 만한 글들을 여기 모았다. 다양한 계기로 다양한 정황 가운데서 나타난 여러 형태의 글들을 21세기 한국 사회 속에서 기독교가 나아갈 방향에 대한 토론을 위한 하나의 소박한 제언으로 제출한다.

한편으로 이는 2003년에 기독교 세계관의 근본 원리와 기본 틀을 중심으로 제시한 기독교 세계관의 좀더 구체적인 모습을 지시하기 위한 동기에서 나왔다. 『기독교 세계관이란 무엇인가?』(서울: SFC, 2003)를 읽으신 후에 "그런데 도대체 기독교 세계관적으로 사유한다는 것은 우리가 처한 21세기 한국 사회라는 구체적인 정황에서 어떻게 나타나야 하는 것입니까?"라고 묻던 분들을 위해서 비교적 쉽고도 단순하게 이 땅을 살아가는 한 사람의 그리스도인의 입장에서 우리의 상황에 대한 생각을 정리해 본 것이다. 이런 기독교 세계관적인 사유가 우리들의 기독교적 실천을 위한 토대가 되기를 바라는 마음을 가지고서 말이다. 도대체 기독교 세계관적 사유가 없이는 기독교 세계관적 실천이 있을 수 없다. 사유 없는 실천은 맹목적이고, 실천 없는 사유는 공허하다. 또한 엄밀히 말해서 기독교 세계관적 사유는 기독교적 실천 없이는 있을 수 없다. 그러므로 이 책에 기록된 모든 사유는 실천적 사유라고 할 수 있고, 또한 기독교적 실천을 위한 준비에 불과한 것이다.

그러나 또 한편으로 이 책은 이 땅에 사는 그리스도인들 사이의 대화와 토론을 위해 제안되는 것이다. 우리가 처한 이 복잡한 상황 속에 있는 그 복잡한 문제들에 대해서는 그 어떤 사람도 결정적인 대답을 줄 수 없다. 우리는 그 누구도 이 모든 문제들에 대해서 성경과 같이 절대 무오한 지침을 제시할 수 없기 때문이다. 그러므로 이 책에서 표현된 생각은 이것이 결정적인 기독교적인 사유와 대답이라는 의도에서 제시된 것은 아니다. 『기독교 세계관이란 무엇인가?』에 대해서도 그것이 기독교의 결정적 대답으로 제시된 것이 아니라는 저자의 주장에도 불구하고, 그런 식으로 제안되었다는 이야기들이 있었기에 이 책에 실린 글들에 대해서는 더 더욱 이것이 궁극적 대답으로 제안된 것은 아니고, 그리스도인들 사이의 활발한 토론과 논의를 위한 기반으로 제시된 것이라는 점을 명확히 밝히고 싶다. 부디 이런 다양한 주제들에 대해서 많은 그리스도인들이 기독교 세계관적 관점에서 깊이 있는 대화를 나누는 일이 더 많아지기를 원한다. 그런 대화의 시발점과 과정에 이 책에서의 논의가 조금이라도 도움이 되었으면 한다.

우리가 어떤 식으로 사유해 가든지 부디 성경을 중심으로 하고, 성경에 근거한 계시의존적 사유를 벗어나는 식으로 우리들의 사유가 전개되지 않기만을 간절히 바라면서 보다 많은 독자들 앞에 이 책을 내어놓는다. 그 동안 이 책에 실린 여러 글들의 생성 원인이 되어 준 여러 학회들(한국 복음주의 조직신학회, 기독교 학문 연구회, 프로 에클레시아 신학회), 그리고 여러 매체들(「빛과 소금」, 「크리스챤투데이」, 「현대 종교」, 「개혁신보」, 「총신대 신대원보」)과 관련된 여러 분들께 깊이 감사드린다.

2005년 3월 19일
신학대학원 대학교 연구실에서
이 승 구

1부

그리스도인의 의식과 삶

1장

"예수 믿는다"는 것은 무엇을 의미하는가?

우리나라에서는 기독교 신앙을 가지고 사는 것을 흔히 "예수 믿는다"고 표현한다. 이 말은 너무 많이 사용되어서 그 의미가 많이 손상되었고 따라서 많이 오해되고 있기는 하지만, 이것은 어떤 의미에서는 매우 좋은 표현일 수도 있다. 이 말은 그리스도인은 그 어떤 다른 존재가 아니라, 바로 '예수님을 믿으며 사는 사람'이라는 의미를 함의하기 때문이다. 즉, 그리스도인은 궁극적으로 자신의 힘과 능력에 의존하거나, 돈과 재화에 의존하거나, 다른 사람들에게 의존하거나, 인간의 능력에 의존하거나, 과학 기술을 믿거나, 이 세상을 의지하거나, 그 외의 이 세상과 오는 세상의 그 어떤 다른 것들을 믿는 사람들이 아니고, 바로 예수님을 믿는 사람들이라는 말이다. 그러므로 그리스도인들은 모두 그 말의 의미를 따라 진정으로 예수 믿는 사람들이 되어야만 한다.

그러므로 문제는 이 '예수 믿는다'는 말로써 우리가 도대체 무엇을 표현하느냐 하는 데에 있다. 이것은, 가장 기본적으로, (1) 구원의 방도로 예수님과 그의 사역에 의존한다는 것을 뜻하고(즉, 예수님을 '구주, 구원주'[Saviour]로 믿음), (2) 삶 전체를 예수님을 의존해서 살아간다(즉, 예수님을 '주님'[Lord]으로 믿는다)는 이중적 의미를 가진 말이라고 할 수 있다. 이것에 대해서 차례로 생각해 보는 것이 좋을 것이다.

1. "예수님을 구원주로 믿는다"는 말의 의미

이번 절에는 우리가 "예수 믿는다"는 말을 우리의 구원의 방도로 예수님과 그의 사역에 의존한다는 뜻으로 사용한다는 점, 즉 예수 믿는다는 것은 '예수님을 구원주(Saviour)로 믿는다'는 뜻이라는 것에 대해서 생각해 보기로 하자.

1) 구원받을 필요성에 대한 인식

예수님을 구주로 믿는다는 것은 무엇보다 먼저 예수님과 관련 없는 우리의 상태가 구원받아야 할 필요가 있는 상태에 있다는 것을 인정하는 것이다. 그것도, 이 말을 철저히 사용한다면, 자기 스스로의 힘으로써는 전혀 구원함을 받을 수 없는 상태(total inability)에 있다는 것까지를 인정하는 것이다. 이것은 우리의 상태를 성경이 말하고 있는 그대로 받아들이는 것이다. 성경은 예수 믿기 이전의 우리 상태를 "죄와 허물로 죽은" 상태에 있는 것으로 말하고 있다(엡 2:1). 이것을 영적인 죽음(spiritual death)이라고 부르기도 한다. 이는 그 사람 안에 영혼이 없다거나 영혼이 전혀 활동하고 있지 않다는 의미가 아니라, 하나님과 하나님께서 하시는 일에 대해서 그의 영혼이 무관심하거나 적대적(敵對的)으로 활동하고 있다는 뜻이다. 그러나 이렇게 믿기 이전의 상태를 영적으로 죽은 상태로 보는 것은 사실 예수님을 구주(救主)로 바르고 온전하게 인정하는 데서 나오는 인식이라고 할 수 있다. 오직 예수님을 제대로 이해한 사람들만이 예수님과 관계되기 이전의 자신들의 상태를 정확히 알 수 있기 때문이다. 그리고 참으로 예수님을 구주로 받아들인 사람은 자신의 이전 상태를 성경을 따라서 영적으로 죽은 상태로 받아들인다. 그러므로 자기 자신의 힘으로, 또는 다른 인간들의 힘에 의존해서 무엇인가를 할 수 있다고 생각하는 사람들은 아직도 인간적인 것에 대해서 철저히 절망하지 않은 사람들이라고 할 수 있다. 오직 자신이 아주 심각한 상태에 있다고 여기는 사람들만이 예수님을 진정으로 구주로 받아들이는 사람들이다. 이와 같이 예수님을 구주로 믿는 사람들은 모든 인간적인 것에 대해서 참으로 철저하게 절망한 이들이다. 그들은 인간의 전적 부패(total depravity) 상태를 성경적으로 바르게 인식한 사람들이다. 그러므로 이렇게까지 철저하게 자신의 상태를 생각하지 않는 사람들은 결국 어느 정도는 자신이 자신의 구원에 기여를 할 수 있다고 바르지 못하게 생각하는 것이다. 그러나 그렇게 스스로가 자신의 구원에 대해 어떤 기여점이 있을 수 있다고 생각하는 사람들은 아직도 자신들과 모든 인간적인 것에 대해서 철저히 절망하지 않았고, 성경이 말하는 대로 자신들의 처지를 온전히 바르게 생각하지 않는 것이다.

2) 하나님의 구원 방도에 대한 수납

둘째로, 예수님을 구주로 믿는다는 것은 하나님께서 마련하신 구원의 방도를 '하나님께서 구원 사건을 일으키신 그대로' 또한 '성경에 기록한 그대로' 받아들이는 것이다. 하나님께서는 예수님께서 이 세상에 오셔서 하나님의 뜻을 온전히 성취하시어 하나님의 의(義)를 이루신 후에 우리의 자리, 즉 우리가 형벌 받을 그 자리에 서시어 십자가에 달려 죽으시고 다시 살아나시는 방식으로 우리를 구원하셨다. 하나님께서는 이와 같은 대리 구속의 방도로 우리를 구원하시기를 기뻐하시고, 바로 그런 방식으로 구원 사건을 이 세상 역사 한 가운데서 이루셨다. 성경대로 그리스도께서 우리 죄를 위하여 (십자가에서) 죽으시고, 장사지낸 바 되셨다가 성경대로 사흘 만에 다시 살아나셨다(고전 15:3, 4). 그렇다면 하나님께서 내신 이런 구원의 방도를 그대로 받아들이고서, 그가 이루신 구원의 방도에 온전히 의지하는 것이 예수님을 구주로 받아들이는 것이다. 이 복음 사건과 그것을 전하는 말인 복음을 "굳게 지키고 헛되이 믿지 아니하였으면 이로 말미암아 구원을 얻는"다(고전 15:2).

이렇게 예수님을 믿는 사람들은 하나님께서 다른 구원의 방도를 마련하시는 것이 더 나았을 것이라든지, 하나님께서 마련하신 구원의 방도는 도무지 이해가 되지 않는다든지, 하나님의 구원 방도는 너무 쉬워서 그런 식으로 사람들을 구원하려 하신 것은 옳지 않다든지 하는 식의 말과 태도를 나타내지 않는다. 예수님을 구주로 믿는 사람은 십자가와 그를 통한 구원의 방식을 어리석은 것이라거나, 우리를 걸려 넘어지게(실족하게) 하는 것이라고 생각하거나 그렇게 말하지 않는다. 예수님을 구주로 믿는 사람은 이 세상 사람들이 어리석은 것이라고 생각하는 십자가를 하나님의 지혜의 표현이라고 하며, 이 세상 사람들이 보기에 연약하게 돌아가신 십자가에 달리신 예수님에게서 하나님의 능력을 보며(고전 1:18, 24), 오히려 그 수욕(受辱)의 십자가를 자랑한다. 예수님을 구주로 받아들이는 사람은 죽은 자들로부터의 부활하는 것과 같은 것은 있을 수 없는 것이라든지, 있지 않아도 되는 것이라든지,

실제 역사 가운데서의 부활은 없이 그 상징만이 역사 가운데 나타나는 것이라는 말과 태도를 나타내지 않는다.

예수님을 구주로 받아들이는 사람은 예수님께서 이와 같이 우리를 구속하기 위하여 이 세상 역사 가운데 오셔서 하나님의 뜻을 온전히 이루시고, 대속(代贖)의 죽음을 죽어 주시고 다시 사신 것에 온전히 의존하고, 그것이 바로 자신을 위해 일어난 사건이라고 말한다. 즉, 그는 예수님께서 우리의 죄 때문에 죽으시고 우리를 의롭다고 하시기 위해 부활하신 것이라고 생각하고 그것을 철저히 믿는다(롬 4:25). 그는 처음부터 끝까지 그리스도의 십자가와 부활에 의존하며, 최후의 심판 자리에서도 그것에 근거해서만 하나님 앞에 설 수 있다고 예수님의 십자가와 부활에 의존한다. 그러므로 예수님을 구주로 믿는 사람은 십자가와 부활이 바로 자기 자신을 위해 일어난 하나님의 구원 사건이라고 받아들이는 사람이다.

3) 주께서 이루신 구원에 대한 감사와 찬양

그러므로 예수님을 구주로 믿는 이들은 자신들의 유일한 구원의 근거가 예수님께서 이루신 대속(代贖)에 있음을 믿으면서, 언제까지나 십자가와 부활 사건에 의존해서 하나님께 감사드리게 된다. 따라서 그는 다른 방식으로는 이루어질 수 없는 그 큰 구원을 이 역사 가운데서 이루신 구원의 하나님을 찬양하며, 그 분의 구원을 이루시는 방식에서 지혜를 발견하고, 영원히 하나님께 감사를 드리고 찬양하게 된다. 그러므로 예수님을 구주로 믿는 사람은 어떤 상황 가운데에서든지 자신을 구속해 주신 예수님과 하나님께 대한 감사를 표하고, 그 주님께 찬양을 드리는 사람이다. 보좌에 앉으신 이와 일찍이 죽임을 당하셨던, 그러나 다시 사셔서 온 세상을 다스리시는 어린양이신 그리스도께 찬양과 영광과 존귀와 능력을 돌려 드리며 감사하는 것이다.

2. 예수님을 '주님'으로 모시고 산다는 것

우리는 지난 절에서 '예수 믿는다'는 것이 예수님을 구주(救主)로 믿는 것이라는 점을 중심으로 이야기하였다. 그것이 예수 믿는 일의 가장 근본적인 일이다. 그러나 예수 믿는 일은 단지 그것으로 그쳐지는 일은 아니다. 즉, 예수님을 진정으로 믿는 사람들은 그런 방식으로 구원을 이루신 예수님을 찬양만 하는 것이 아니다. 그는 예수님을 주님으로 모시고, 그의 뒤를 따라가며, 그의 손발이 되어 그가 이루시려는 일을 열심히 이루어 가는 사람이 된다. 예수님을 '구주'(Saviour)로 받아들인 사람은 이제 더 이상 자기 자신을 자신의 삶의 주인이라고 생각하지 않는다. 그는 예수님을 주님(Lord)으로 모시고 산다. 즉, 자기 자신을 예수님의 종(slave or servant)으로 여기며 사는 것이다. 이번 절에서는 이렇게 예수님을 주님으로 모시고 산다는 것의 가장 일반적인 의미에 대해서 생각해 보기로 하자.

1) 우리의 소유주이신 그리스도

예수님을 주님(the Lord)으로 모시고 산다는 것은 무엇보다 먼저 예수님을 우리의 소유주(owner)로 인식하며 그렇게 인정하며 사는 것이다. "나는 이제 나 자신의 것이 아니라, 나를 구원하신 우리 주 예수 그리스도의 것이 되었다"는 것은 모든 진정한 그리스도인들의 고전적인 고백(classic confession of faith)이다. 사실 그리스도인들은 창조와 구속으로 말미암아 이중(二重)으로 주님의 것이 된 존재들이다. 창조로 인해 모든 사람은 본래

주의 것이나, 그들이 주 하나님을 저버리고 나아갔을 때 주님께서는 우리를 구속하시고(redemption accomplished), 성령님으로 말미암아 그 구속을 우리에게 적용해 주셔서(redemption applied) 우리를 다시 그의 것으로 삼으셨다. 따라서 우리는 다시금 주께 속한 자로서의 자의식(自意識)을 분명히 하여야 한다. "너희는 너희의 것이 아니라 값으로 산 것이 되었으니 그런즉 너희 몸으로 하나님께 영광을 돌리라"(고전 6:19b-20)고 하신 말씀대로, 우리는 주님에 의해 구속된 우리의 존재 전체를 모두 다 주의 것으로 여기면서 주님의 뜻을 이루게 위해 노력해 가야만 한다. 여기에 우리의 그리스도인으로서의 존재 의미가 있다. 이 사실을 인정하고 나 자신을 주님을 위한 존재로 날마다 드려 나가며 그것을 상징적으로 표현해 내는 것이 예배이고, 그 중의 헌상(獻上) 순서가 특히 그러하다. 구속함을 받은 나 자신과 나의 존재 전체를 예수 그리스도의 온전하신 의(義)에 의존해서 주님께 온전히 드린다는 마음을 다 표해 내는 것이 우리의 헌상(獻上)의 진정한 의미이다.

또한 나를 주님께 속한 자로 여기며 사는 것은 사실 우리에게 큰 은혜가 되는 일이다. 주님의 소유된 존재이니 주님께서 친히 보호하시고, 보존하시며, 그리하여 결국 우리들로 하여금 당신님의 뜻을 이루도록 하실 것이기 때문이다. 그리고 사랑의 주님께서는 우리를 주님의 소유로 삼으셔서 우리를 이용하여 무슨 별다른 일을 하시는 것이 아니라, 인간의 창조 받은 본래의 모습으로, 아니 그 이상으로 인간이 마땅히 나아가야 했던 그 모습을 우리에게 제시해 주시면서 우리들로 하여금 그런 경계에 이르도록 하시는 것이다. 그러므로 하나님의 소유가 될 때 우리는 가장 참된 인간이 되는 것이고, 그런 인간됨의 실현을 주께서 친히 이루어 주신다(참된 인간화). 그러므로 우리는 우리 존재의 소유권이 주께 있음을 인정하고, 주님께 모든 것을 맡기고 살아가면 된다. 세상의 모든 염려와

근심, 걱정을 다 주님께 맡기는 것이다. 그가 바로 우리의 소유주이시기 때문이다.

2) 우리 삶의 목적이신 그리스도

따라서 우리의 삶의 목적은 바로 우리 주님의 영광과 그의 뜻을 수행하는 것이어야 한다. 그렇게 할 때에야 예수님을 우리의 주님으로 모시고 산다는 것의 진정한 의미가 드러난다. 그리스도인은 자신의 삶의 궁극적 목표를 다른 곳에 두지 아니한다. 오직 하나님의 영광을 위해 주님께서 그의 삶에 주신 사명을 이루는 것을 목적으로 하여 살아가는 것이다. 예수님을 믿기 전에 어떤 이는 삶의 목적이 없이 그저 주어진 삶을 살아가겠다고 할 수도 있고, 어떤 이는 그 나름의 목표가 있어서 자신의 행복이나 가정의 행복, 국가와 민족의 번영이나 온 세상의 평화와 발전을 위해 살아갔을 수도 있다. 그러나 예수님을 참 구주(救主)로 받아들인 사람들은 이런 것들로써는 실상 그 어떤 행복이나 가정의 번영도, 민족의 발전이나 세계의 평화와 발전도 온전히 이룰 수 없음을 절실히 느끼면서, 이제 삶의 목적이 바뀌어 오직 하나님의 뜻에 순종하여 그의 나라와 그 뜻을 수행하는 것이 자기 자신의 삶의 목적이라고 여기며 살게 된다. 그는 이제 더 이상 자기 자신의 행복만을 추구하고 살아가는 이기주의자(egoist)일 수도 없고, 가족만을 위해 살아가는 '혈연 이기주의자'일 수도 없고, 민족만을 위해 살아가는 '민족 지상주의자'일 수도 없고, 하나님 없이 그저 온 세상의 평화를 자신의 삶의 지고한 목적으로 삼고 살아가는 '사해 동포주의자'(cosmopolitanist)나 인류의 인간됨을 지고한 가치로 여겨서 하나님조차도 이에 도움이 되면 섬기지만 그렇지 않으면 제거해야 한다고 생각하는 식의 '인도주의자'(humanist)일 수도 없다.

오히려 그는 하나님께서 이 세상과 특히 사람을 창조하시고, 그들 스스로 타락하여 나갔을 때 그들에게 구원을 베풀어주신 그 큰 은혜에 감사하여 하나님의 뜻을 수행하며 자신과 가족과 민족과 온 인류와 온 세상을 그 분의 뜻대로 이루어 나가는 일에 헌신하는 하나님 나라의 백성으로 살려는 일념(一念)을 가진다. 그는 오직 하나님만을 위해 사는 사람이요, 오직 하나님 나라와 그 뜻을 위해 사는 사람이요, 그런 하나님 나라의 관점에서 이 세상 모든 일에 적극적으로 관여하는 사람이다. 그는 항상 자신의 삶을 주께서 원하시는 대로 살려는 노력과 헌신 가운데 있는 것이다. 예수님의 종은 예수님의 뜻을 수행하는 사람이지, 자신의 의지를 하나님께 강요하는 사람이 아니기 때문이다.

3) 우리 삶의 안내자요 모범이신 그리스도

예수님을 주님으로 모시고 산다는 것은 삶의 목적과 방향에서만 주님의 뜻을 구현하려고 사는 데서만 나타나는 것이 아니라, 매일 순간순간의 삶의 진행에서 그리스도의 인도하심을 따라 삶을 사는 데서 나타나게 된다. 그러므로 그리스도인들은 매순간 주님의 인도하심을 따라 살려는 열망으로 가득해야 한다. 따라서 예수님을 주님으로 모시고 사는 사람들은, 다른 어떤 사람이 강조하지 않아도, 성경의 가르침을 얻기 위해 성경의 바른 뜻을 이해하려는 일에 열심이게 되고, 그 말씀의 가르침에 따라서 주님과 교제하는 기도에 열심이게 된다. 즉, 그는 (1) 성경에 대한 바른 이해를 통해서 주님의 말씀을 듣고 싶어하고, (2) 그 말씀이 우리의 구체적인 정황에 주는 함의를 알기 위해 묵상하며 주님의 뜻을 구하는 기도에 열심이며, (3) 기도한 사람답게 주님의 뜻을 이루기에 열심인 사람으로 나타나게 된다.

주님의 인도하심을 받는 가장 근본적인 방법의 하나는 성경, 특히 복음서에 나타난 우리 주 예수 그리스도의 삶의 모습을 잘 살펴보고, 그것을 바르게 해석하여서 주께서 우리에게 가르치신 말씀과 주님께서 친히 보여 주신 모범을 따라가는 일이다. 예수님의 뒤를 쫓아가는 일이 여기서 시작된다. 자신의 노력으로 예수님의 본을 따르려는 사람은 예수님의 제자가 아니다. 예수님이 이루신 구속을 믿고 예수님을 구주로 모시는 이가 구주이신 예수님의 모범을 따라 자신을 종으로 드리며, 주께서 친히 보이신 모범을 쫓아가는 데서 진정한 제자도(discipleship)가 나타나게 된다. 예수님을 구주로 모신 사람만이 진정한 제자이다. 그러나 그는 예수님의 제자이기에 예수님의 모범을 따라가는 것이다. 주께서 멸시, 천대, 십자가를 지고 가셨으니, 이제 나는 존귀, 영광, 부요, 건강의 축복을 받겠다고 나서는 이들은 자신들이 주를 따라간다고 나서는 그 근본 동기가 과연 무엇인지를 심각하게 점검해 보아야만 한다. 우리 주님께서 나를 구원하여 세우셨으니 이제 내가 무엇을 아끼겠는가 하고 주님의 뜻을 따라, 주님의 모범을 따라 자신을 다른 사람들을 위해 내어 주는 희생을 감수하고서 고난의 길로 나아가는 사람들이 진정한 예수님의 종이요, 제자이다. 우리의 삶은 이처럼 하나님의 뜻을 실현하기 위해 예수 그리스도의 뒤를 따라가는 삶이어야만 한다.

4) 결어: 믿음으로 주님을 따라 사는 제자

예수님을 구주로 모시는 일에서는 믿음으로 예수님에 대한 사실과 의미를 받아들이는 일이 가장 중요한 일이다. 믿음으로 우리는 그리스도인, 즉 그리스도의 제자가 된다. 그렇게 믿음으로 그리스도인이 된 사람들은 이제 동일한 믿음으로 우리 존재 전체를 다 주께 드려 나가는 일에 열심이어야 한다. 성령님께 의존해서 우리 자신을 온전히 주께 드려 나가는 일에도 믿음이 필요하다. 이렇게 그리스도인은 믿음으로 시작해서 믿음(trust in God)으로 살아가게 된다.

3. 하나님 앞에서 사는 삶

우리는 앞에서 '예수 믿는다'는 것은 (1) 예수님을 나 자신과 온 세상의 유일한 구주(the only Saviour)로 받아들이고 신뢰하는 것이고, (2) 예수님을 우리 삶의 주님(the Lord)으로 모시고 사는 것이라고 말했다. 이제 그런 삶을 조금 다른 각도에서 표현해 본다면 그것은 우리가 세상을 창조하시고 그 온 천하를 살피시는 하나님 앞에(coram deo) 있음을 의식하면서, 의식적으로 우리의 삶 전체를 하나님 앞에서(coram deo) 살아가는 것이라고 말할 수 있다. 이 하나님 앞에서의 삶, 하나님 면전(面前)에서의 삶, 하나님 존전 의식을 가지고 사는 삶에 대해서 좀더 생각해 보기로 하자.

1) 하나님 앞에서의 죄의식(Sin-Consciousness)

하나님 앞에서 우리는 그 무엇보다 먼저 가장 깊은 죄의식을 느끼게 된다. 이는 엄위하시고 거룩하신 하나님 앞에서 죄인들과 용서받은 죄인들이 가장 먼저 느끼게 되는 의식이다. 그러므로 죄의식(罪意識)이 기독교의 현관이요, 참 기독교에 이르는 통로라는 우리 선배들의 생각은 참으로 옳은 통찰이다. 하나님 앞에 섰을 때 우리 자신들이 가장 먼저 엄위하시고 죄를 그저 참으시면서 보실 수 없으신 하나님 앞에 감히 설 수 없는 존재들이라는 의식을 가지게 되고, 마땅히 그래야만 한다. 그럼에도 불구하고 이런 죄의식을 실존적으로 깊이 있게 느끼지 못하는 사람들이 많이 있어 왔다. 그런 사람들 가운데서 유난히 자신의 죄인 됨을 깊이 느끼고, 어떻게 죄인인 내가 거룩하고 의로우신 하나님 앞에 설 수 있을까 하는 것을 참으로 실존적으로 고민한 사람들 가운데 한 사람이 종교 개혁자 마르틴 루터(Martin Luther)라고 할 수 있다. 그리고 그의 심각한 고뇌를 잘 아는 그의 후예들 가운데서는 기독교적 죄의식을 깊이 있게 설명한 이들이 많이 있다. 가장 깊이 있게 죄의식을 가지게 되면 우리는 참으로 모든 인간적인 것에 대해서 철저하게 절망하게 된다. 우리의 모든 것에 대해서 철저하게 절망하게 되면 우리는 우리의 노력이나 의지나 감정이나 이성을 전혀 내세울 수 없고 그런 것에 의존하지 않게 된다. 따라서 참된 죄의식을 가진 사람은 죄인에 대한 하나님의 정죄에 자기를 내어 맡길 수밖에 없다. 아직도 인간적인 그 어떤 것에 의존하려고 하는 사람은 아직도 철저하게 절망하지 않았고, 아직도 철저한 죄의식을 갖지 못한 사람이다.

2) 하나님 앞에서의 칭의 의식(Justification-Consciousness)

그런데 하나님 앞에서 참된 죄의식을 가진 사람은 하나님께서 예수 그리스도의 십자가에서의 대속 사역에 근거하여 믿는 자들에게 선언하시는 죄 용서, 즉 칭의를 받아들이지 않을 수 없게 된다. 다시 강조하여 말하지만, 참으로 인간적인 모든 것에 대해 절망한 사람은 하나님께서 이루시는 구원 방식을 그대로 받아들이면서, 그 하나님께서 이루시고 선언하신 것을 그대로 수납한다. 하나님께서 십자가에서 이루신 구속을 그대로 받아들이며 우리의 행위로 하지 않고, 주께서 십자가에서 이루신 것을 그대로 믿는(즉, 받아들이고 의존하는) 우리를 하나님께서 의롭다고 선언하셨음을 받아들이는 것을 '칭의 의식'이라고 할 수 있다. 흥미롭게도 참된 죄의식을 가진 사람은 또한 하나님 앞에서의 '칭의 의식'을 가지며, 또한 참된 '칭의 의식'을 가진 사람은 참된 죄의식을 가진다. 이는 역설적으로 들릴 수 있다. 그러나 이 역설이 바로 기독교적 진리이다. 그래서 루터는 "우리는 동시에 의인이면서 죄인이다"(*simul justus et peccator*)라고 말했다. 우리를 우리 자신으로 보면 죄인이지만, 하나님께서는 십자가의 빛에서 그리스도의 온전하신 의와 공로를 우리에게 전가시켜(impute) 주셔서 우리를 온전한 의인으로 보시고 받아 주신다는 것을 루터는 이렇게 표현한 것이다. 그러므로 이 말을 오해해서는 안 된다. 이것은 우리가 끊임없이 의식적이며 적극적으로 죄를 지어 나가지만, 하나님은 십자가 사건 때문에 우리를 의인으로 보신다는 뜻이 아니다. 루터의 천재적이고 선언적인 표현은 때로 그런 오해의 여지를 남겨주지만, 그가 성경으로부터 발견하고 표현하려고 하는 바는 우리는 하나님 앞에서 하나님의 뜻을 따라 아무리 완벽히 노력해도 여전히 하나님께서 요구하시는 철저하고 완벽한 수준에 이르지 못하는 죄인일 뿐이지만(그야말로, 모든 인간적인 것에 대한 철저한 절망), 그런 우리가 하나님께 받아들여질 수 있는 것은 우리의 끊임없는 노력 때문이 아니라, 오직 십자가에서 이루어진 예수 그리스도의 대속과 그의 온전하신 삶의 의(義) 때문이라는 것이다. 그러므로 우리에게 낯선 의(alien righteousness), 즉 우리에게 전가된(넛입혀진) 그리스도의 온전하신 의(義)의 관점에서는 우리가 의인(義人)이나, 아무리 노력해도 다 떨어진 누더기 같은 의만을 내는 우리들로서는 죄인이라고 할 수밖에 없으니, 그러므로 우리는 동시에 의인이요, 죄인이라는(*simul justus et peccator*) 것이다.

3) 하나님 앞에서의 성화의 삶(The Life of Sanctification)

하나님 앞에서 자신을 이렇게 동시에 의인이요 죄인으로 보는 이는 이제 하나님 앞에서 끊임없는 성화의 삶을 살아 나갈 수밖에 없다. 거룩하신 하나님 앞에서 다른 가능성은 있을 수 없다. 자신의 삶이 온전히 하나님 앞에 있음을 의식하는 사람은 이제 하나님의 말씀 전체(Tota Scriptura), 즉 온전하게 해석된 하나님의 말씀을 유일한 규범으로 하고(Sola Scriptura), 성령님을 의존하여 성령님과의 교제 가운데서 성화의 삶을 살아가고, 또 그렇게 살아가야만 한다. 그러므로 하나님 앞에서의 그의 삶은 십자가에서 이루신 예수님의 사역에 끊임없이 의존하며, 그 사역을 적용시켜 주시는 성령님께 온전히 의존하는 삶이 된다. 그는 십자가의 빛에서 사는 사람이고, 성령님과의 교제 가운데 사는 사람이요, 성경의 가르침을 받아가는 성경의 사람이다. 바로 여기에 성화의 삶이 있다.

그런데 그것은 우리의 일상성과 현실 전체를 성경과 성령님의 가르침 아래서 살아가는 삶이다. 정치, 경제, 사회, 문화, 예술 등 인간의 삶의 모든 부분과 영역이 다 이런 성화의 삶, 성령님과의 교제의 삶, 하나님의 경륜 전체를 이해하고 그에 따라 살아가려는 삶의 영역이다. 이런 영역 밖이나 주변에 있는 소위 종교성의 좁은 영역에 성화의 삶이 있는 것이 아니다. 흔히 이원론적인 것으로 지칭되기도 하는 그런 소아병적인 사고와 삶의 분과화(departmentalization)는 성경적 기독교의 모습과는 거리가 멀다. 성경이 가르치는 바에 의하면 우리의 일상성(everyday life)과 공적인 영역(public arena) 그 한 가운데서 우리는 하나님 앞에 서 있는 것이다. 바로 거기, 즉 치열한 생(生)의 한 가운데 우리의 성화의 삶이 있어야 한다. 성화는 일상성과 공적인 삶의 영역을 떠나서 이루어지지 않는다. 이 세속의 한 가운데 우리의 거룩성이 있어야 한다. 그래서 하나님 앞에 있는 사람은 세속 속의 성자(the secular saint)이다.

4) 하나님 앞에서의 사랑의 삶(The Life of Love)

그러므로 우리의 하나님 앞에서의 삶은 같이 하나님 앞에선 이들과 함께 하나님을 섬겨 나간다는 의식을 나누는 사랑 의식(agape-consciousness)일 수밖에 없다. 물론 하나님 앞에 설 때 사람은 참으로 홀로 선다("Stand before God alone!" - Kierkegaard). 하나님 앞에서 우리는 홀로 정죄된다(따라서 여기서는 아무런 비교 의식도, 우열 의식도 있을 수 없다. 그런 것이 있는 한 우리는 아직도 참으로 하나님 앞에서의 참된 죄의식을 가지지 못한 것이다). 또한 하나님 앞에서 홀로 예수 그리스도와 관련하여 예수님의 삶과 십자가에서의 구속을 믿음으로 우리가 칭의함을 받는다(여기서도 그리스도와 나와의 관계만이 있을 뿐이다). 그러나 이렇게 하나님 앞에 홀로 선 이들은 자신들만이 홀로 하나님 앞에 서 있는 것이 아니라, 그렇게 홀로 하나님 앞에서 정죄 받고 칭의함을 받은 다른 이들이 있다는 것을 발견하게 된다. 다시 한 번 더 말한다. 하나님 앞에 설 때는 참으로 냉정하게 홀로 서야 한다. 다른 길이 있을 수 없다. 그러나 참으로 하나님 앞에 서면 우리가 사랑할 많은 이들이 주어진다. 그들이 하나님으로부터 우리에게 주어진 선물이다. 그리스도인은 이처럼 다른 사람들과 함께 살아가도록 새로 지어진 것이다.

따라서 진정한 그리스도인은 무엇보다도 먼저 이 공동체 안에 있는 동료 그리스도인을 사랑하게 된다. 그리고 그는 여기서 하나님께서 주시는 사랑의 실천을 연습하게 된다. 하나님의 사랑으로 탄생된 이 공동체 안에서 그는 하나님의 사랑을 나누고 실천하고 연습하여, 하나님의 사랑을 가시적인 현실(可視的 現實)로 이 세상에 드러내어야만 한다.

이 공동체 안에서의 삶과 함께 그는 동시에 그 공동체 안에서 연습한 그 사랑을 온 세상 안에서 실천해야 한다. 이 세상은 그의 사랑이 표현되어야 하는 사랑의 역사(the works of love)가 나타나야 하는 무대이다. 이 세상은 우리가 피하여 가야 할 영역이 아니라, 우리가 그 안에 들어가 살아야 하는 우리의 사랑 실천의 장(場)이다. 이 세상에서 우리는 하나님의 사랑을 전달하는 하나님 사랑의 도관(channel of the love of God)이다(Luther). 따라서 하나님 앞에서의 우리의 삶은 사랑의 삶일 수밖에 없다.

4. 하나님 나라 백성으로서의 삶

이렇게 사는 그리스도인은 예수 그리스도의 초림(初臨)으로 이 세상에 임하여 왔으나 지금은 아직 아니 임한 측면이 있어서 이 세상에서 진행하여 가고 성장하여 가다가 그리스도의 재림에서 그 극치(極致)에 이를 하나님 나라에 속하여 하나님의 통치를 받아 가는 것이며, 이렇게 지금 여기서 하나님 나라의 백성으로 산다. 또한 그는 죽은 후에도 그리스도와 함께 하나님이 계신 그 곳 "하늘"(heaven)에 있게 되고, 거기서 안식하면서 그리스도의 재림 때에 있게 될 하나님 나라의 극치를 기다린다. 그리고 그는 그 극치에 이른 하나님의 나라, 즉 영광의 왕국을 바라보며 살게 되며, 급기야는 그 영광의 왕국인 새 하늘과 새 땅에서 살게 될 것이다.

● 하나님 나라 백성됨에 대한 연구를 위한 참고 문헌 :
이승구, 『기독교 세계관이란 무엇인가?』 (서울: SFC, 2003), 제3장.
양용의, 『하나님 나라를 어떻게 이해할 것인가?』 (서울: 한국 성서 유니온 출판부, 2005).

2장

하나님의 주권과 섭리를 인정하는 그리스도인의 삶의 원리

하나님의 주권과 섭리하심을 인정하는 그리스도인의 생각과 삶의 방식은 과연 어떤 것일까? 이것은 많은 그리스도인들이 참으로 궁금해하는 질문이다. 이에 대해서 먼저 가장 성경적인 대답을 단언적으로 한 후에, (1) 이런 문제에 대해서 우리가 가질 수 있는 잘못된 생각들을 제거하는 작업을 하고, (2) 가장 성경적인 대답을 옹호하는 논증을 잠시 한 후에, (3) 그에 근거한 삶의 원리를 예를 들어 설명해 보도록 해보자. 먼저 단언적으로 말하자면, '**하나님의 주권과 섭리를 인정하는 그리스도인은 이 세상에서 가장 책임 있게 살며, 성령님의 인도하심을 의도적으로 따르면서 사는 삶의 원리를 가진다**'는 것을 밝힌다. 그러므로 우리는 먼저 다음 몇 가지 잘못된 생각들이 우리의 생각을 주도하거나 주관하지 않도록 해야 한다.

1. 잘못된 생각들

1) "인간의 도덕적 책임과 자유는 없다"는 오해

그리스도인이 가질 수 있는 잘못된 생각의 하나는 하나님의 주권과 섭리가 절대적인 것이므로 우리에게는 인간의 도덕적 자유도 책임도 있을 수 없다는 생각이다. 이것은 하나님의 주권에 대한 오해에서 발생하는 생각이다. 극단적으로는 하나님의 주권만이 있어서 우리는 그것의 꼭두각시에 불과하다는 잘못된 생각으로부터, 하나님께서 모든 것을 주관하시므로 우리는 아무 것도 하지 않고 그저 기도만 하고 있으면 된다는 생각, 그리고 하나님의 주권이 절대적인 것이므로 우리가 그저 하나님의 뜻을 따른다는 생각만 가지고 살면 하나님의 뜻이 모든 것을 다 잘 이루게 되어 있다는 소극적인 낙관론에 이르기까지 다양한 생각이 우리 주변에 난무하고 있다. 이런 생각을 **운명론적 결정론**이라고 한다. 이슬람교도들은 상당히 이런 결정론적 사고에 익숙하다고 한다. 그래서 책임 의식이 없는 경우가 상당히 많이 있다. 그리스도인들에게 있어서는 초칼빈주의(hyper Calvinism)라고 불리는 극단적이며 잘못된 사고가 우리 주변에 나타나기도 한다. 이는 칼빈주의가 아니며 바르고 정통적인 기독교적 관점도 아니다. 또한 정통파적 그리스도인들도 하나님의 주권과 섭리를 매우 강조하면서 표현을 정확하게 하지 않으면 상당히 이런 오해를 낳을 수 있다. 그러므로 우리들은 우리의 생각과 그 생각을 표현하는 과정에서 인간의 도덕적 자유와 책임을 조금이라도 손상시키는 생각과 표현을 하지 않도록 주의해야 한다. 왜냐하면 그렇게 하면 그리스도인들이 '운명론적 결정론'을 가졌다는 인상을 주기 때문이다.

2) "절대적 의미의 하나님의 주권은 없다"는 오해

우리가 가질 수 있는 또 하나의 잘못된 생각은 인간의 도덕적 자유와 책임이 있어야만 하고, 그렇기 때문에 절대적인 의미의 하나님의 주권과 작정은 인정될 수 없다고 하는 것이다. 이렇게 생각하는 이들은 극단적인 경우에는 하나님의 주권은 없다고 하든지, 아니면 하나님은 상대적인 의미에서만 주권적이며, 따라서 하나님의 작정도 인간이 나타낼 반응을 미리 보시고 그에 근거하여 하나님께서 하시는 것에 불과하다고 생각한다.

3) "하나님이 친히 자신의 주권을 제한하시므로 인간의 자유와 책임이 있다"는 오해

세 번째 잘못된 생각은 두 번째 잘못된 생각의 변형 형태로서 하나님께서는 자신의 크신 능력으로 자신의 주권과 자유를 많이 제한하셔서 의도적으로 그리고 적극적으로 인간들의 자유와 책임이 있을 수 있는 여지가 있도록 하셨다고 생각하는 것이다. 이는 사실 두 번째 잘못된 생각이 전제하는 생각인 "하나님의 절대적 주권과 인간의 자유 의지와 책임이 양립될 수는 없다"는 생각에 근거한 사고를 하는 것이다. 그렇기에 이렇게 생각하는 이들은 하나님께서 자신의 절대적 주권을 어느 정도는 제한해야만 인간의 자유와 책임이 있을 수 있는 여지가 있다고 보는 것이다. 오늘날에 세상에 유행하는 사상들은 상당히 이런 입장을 지지하며 발전시키고 있다. 그 대표적인 예로, 하나님께서 그렇게 하시는 것이 그의 또 하나의 본질에 속하는 것으로 여기는 과정주의적 사고(process thinking), 하나님께서 그의 크심 가운데서 스스로의 능력을 제한하여 우리에게 여지를 주신다는 개방적 유신론(open theism)의 사고 등을 들 수 있다. 그 둘은 어떤 점에서는 서로 다르면서도, 어떤 점에서는 서로 연관성을 지니고 있는 것이다. 만유재신론(범재신론, panentheism)적 사유가 이런 생각과 잘 조화된다. 이런 생각들은 대개 하나님께서는 자신의 전지성(全知性)을 스스로 제한하셔서 어떤 미래에 속한 일은 하나님께서 알지 아니하시기로 하셨다고 표현하기도 한다.

4) "하나님의 작정은 전 포괄적인 것은 아니다"는 오해

위에서 언급한 정도로까지 잘못된 것은 아니지만 이런 문제에 대해 생각할 때 우리가 빠질 수 있는 또 하나의 잘못은 이 문제에 대해 성경적으로 철저하게 생각하기를 그만 두면서, 때로는 하나님의 주권과 섭리도 말하고, 또한 인간의 책임도 **때에 따라 언급하되, 그 둘의 관계를 별로 생각하지 않고 말하는 일종의 무책임한 의사표현**에 대해서 말하지 않을 수 없다. 어쩌면 이 세상의 그리스도인들 가운데는 이렇게 생각하는 사람들이 가장 많다고 할 수 있다. 이런 생각의 한 가지 표현은 하나님께서는 이 세상의 일이 어떻게 되려는지 다 알고 계시지만, 그 모든 것을 하나님이 다 작정한 것은 아니라고 보는 것이다.

그렇다면 이런 잘못된 생각을 하지 않으면서 그리스도인이 성경적으로 바르게 생각하는 방식은 과연 어떤 것일까?

2. 성경적으로 바른 생각

하나님의 주권과 인간의 책임이 둘 다 강조되고 드러나게 하는 것이 가장 성경적인 바른 생각이다. 그 둘 가운데 어느 하나라도 손상시키는 것은 성경적이지도 않고, 따라서 기독교적이지도 않은 것이다. 그래서 위의 생각들을 모두 잘못된 견해라고 언급한 것이다. 왜 그렇게 말해야 하는가?

무엇보다 먼저 성경이 하나님의 주권과 인간의 책임 - 이 둘을 모두 강조하고 드러내고 있다는 **성경의 현상에 대해서**을 말해야 한다. 성경에서는 우리가 섬기는 하나님이 "모든 일을 그 마음의 원대로 역사하시는"(엡 1:11) 하나님이심을 가장 잘 드러내면서, 동시에 우리들은 최선을 다해서 하나님의 뜻을 분별하고 그에 따라 힘쓸 것을 명령하고 있다. 성경에 의하면, 모든 것은 하나님의 뜻에 의해 철저히 주관되는 것이면서, 동시에 우리는 힘써서 하나님의 뜻을 추구하고 이루기 위해 노력해야만 한다. 성경의 이런 두 가지 강조점이 이런 문제에 대한 우리의 생각(즉, 우리의 신학)에서도 그대로 드러나야만 한다. 그 어느 한 측면이라도 무시하거나 덜 강조하는 것은 잘못된 생각에로 나아가는 첩경이다. 이런 성경적 현상에 대한 관찰과 그에 근거해서 우리는 하나님의 주권과 인간의 책임 가운데 그 어느 하나라도 조금도 손상 받지 않도록 생각하는 것이 **성경적인 의미에서 가장 논리적인 것이라고 생각해야만 한다.** 어떤 이들은 이런 성경적 현상은 인정하면서도 이 둘을 다 인정하는 것이 논리적인 것은 아니라고 생각하기를 즐겨한다. 그러나 가장 온전한 의미에서는 하나님의 주권과 인간의 책임이 다 같이 강조되어야 진정 논리적인 것이다. 하나님의 수준과 인간의 수준의 차이를 생각하면 이 점을 조금 더 받아들이기 쉽다. 만일에 우리가 하나님과 우리를 같은 수준에 놓고 생각한다면 하나님께서 절대적 주권을 가지고 있으면 인간은 그 어떤 권세도 가지지 못하는 것이 된다. 그러나 하나님의 수준과 인간의 수준이 다르기에 하나님께서는 모든 것을 당신님께서 원하시는 대로 모두 주관하시면서도 하나님의 작정은 "사람들의 의지에 어떤 강요를 주지도(impose compulsion) 않고 그 어떤 의무를 부과하지도(impose obligation) 않는" 것이다. 즉, 하나님의 작정은 사람들의 의지에 직접적인 영향을 미쳐서 사람들로 하여금 어떤 일을 억지로 하게 하거나 그렇게 해야만 하는 것으로 작용하는 것도 아니라는 말이다. 사람은 도덕적인 자유를 가지고 자신이 원하는 대로 이런 일도 하고 저런 일도 한다. 그러나 그 모든 일도 다 하나님의 주권과 작정 안에 있는 것이다. 이렇게 보아야만 이 세상에 어떤 일이 발생했을 때 하나님께서 그것이 발생할 것을 모르셨다고 말하거나, 그것이 발생할 것을 아셨지만 그것에 대해서 하나님이 작정한 것은 아니라는 식으로 하나님의 지식이나 주권을 제한하는 이상한 말을 하지 않을 수 있다.

대개 이 세상에서 발생하는 죄악 된 일들 때문에 이런 문제를 성경적으로 바르게 생각하지 못하게 되는 일이 많다. 그러나 이런 죄악 된 일들에 대해서도 우리는 하나님의 주권과 작정, 그리고 인간의 도덕적 책임을 모두 강조하는 방식으로 생각해야만 한다. 그러므로 성경적으로 진정 논리적인 생각은 다음과 같이 생각하는 것이다. 하나님께서는 모든 것을 그 마음의 원대로 역사하시는 분이시므로 심지어 인간의 죄악 된 일들도 하나님의 작정 가운데 있는 것이다(그 대표적인 예로 행 2:23, 4:28; 잠 16:4 등을 보라). 따라서 하나님께서는 그것이 발생하는 것을 분명히 하시나(God renders it certain)[하나님의 주권에 대한 강조], 그러나 동시에 하나님께서 그것을 유효하게 이루시는 것은(God effectuates it) 아니고, 오히려 유한한 인간의 의지의 죄된 자기 결정을 방해하지 않으시고, 이런 유한한 의지의 죄악 된 자기 결정의 결과를 규제하고 통제하기로 결정하신 것이다[인간의 도덕적 책임에 대한 강조]. 우리는 이와 같이 하나님의 절대적 주권과 인간의 도덕적 책임이 모두 다 강조되고 다 잘 드러나는 방향으로 생각해야만 한다.

3. 그리스도인들의 바른 삶의 태도

그러면 이제 이렇게 생각하는 그리스도인들은 구체적으로 어떻게 살아가야 하는가? 이 문제와 관련해서도 두 가지 잘못된 생각을 먼저 지적하고, 그것을 피하는 방식으로 우리의 생각을 진전시켜 보기로 하자.

(1) 우리가 가질 수 있는 한 가지 잘못된 생활 방식은 하나님의 주권이 절대적인 것이므로 우리가 별 책임 없이 살아가도 하나님의 뜻은 결국 이루어지리라는 운명론적 결정론적 태도이다.

(2) 우리가 가질 수 있는 또 하나의 잘못된 태도는 우리는 하나님의 주권과 작정 등을 인정하지 않고, 우리는 그저 성경의 교훈적인 뜻을 이루어 가는 일에 최선을 다 하면 된다는 태도이다. 이는 때때로 우리가 그렇게 최선을 다하면 하나님께서 도우신다는 신념과 연관되기도 한다.

이 둘이 다 잘못된 것이라면 우리는 과연 어떤 생활 태도를 가지고 살아가야 하는 것일까? 아마도 다음과 같은 성경 구절이 성도들이 가질 수 있는 가장 바른 태도를 가장 잘 요약하는 말이라고 할 수 있을 것이다: "오묘한 일은 우리 하나님 여호와께 속하였거니와 나타난 일은 영구히 우리와 우리 자손에게 속하였나니, 이는 우리로 이 율법의 모든 말씀을 행하게 하심이니라"(신 29:29). 즉, (1) 이 세상에는 하나님에게 속해 있는 오묘한 일들이 있다. 이것은 세상의 되어질 모든 것에 대한 하나님의 작정적 의지(decretive will of God)에 대하여 말하는 것이다. 그러나 그것은 하나님께 속한 것이다. 그러므로 우리는 그런 것이 있음을 분명히 인정하고 받아들여야만 한다[**하나님의 주권**]. 그러나 (2) 영구히 우리와 우리 자손에게 속한 일이 있으니, 그것은 우리에게 계시되어서 우리에게 주어진 것이다[**인간의 책임**]. 구약적 상황에서는 그것이 율법(torah)에 속한 모든 말씀이었다. 따라서 구약 이스라엘은 이 율법의 모든 말씀을 행해야 했다. 그것이 신약에는 구약 율법을 주신 하나님의 의도를 잘 이해해 적용한 하나님의 교훈과 신약 성경에서 주어진 모든 하나님의 교훈까지를 포함하게 된다. 그리고 그 둘은 서로 대립하지 않으니, 신약은 이런 의미에서도 '율법과 선지자들(구약)의 완성이기 때문이다. 그러므로 우리는 하나님의 교훈적 의지(the preceptive will of God)를 잘 받아들이고 그 교훈에 나타난 뜻에 따라 살아가야만 한다[하나님의 주권에 대한 인간의 도덕적 책임].

4. 결론: 그러면 과연 우리는 어떻게 살 것인가?

그러므로 우리가 살아가는 구체적인 과정에서는 기본적으로 성경에 나타난 하나님의 교훈적인 뜻(객관적 원리)을 성령님과의 깊은 교제 가운데서 우리의 삶에 적용하여(주관적 원리) 살아가야만 한다. 이것은 성령님의 인도하심을 따라가는 삶이라고 할 수 있다. 그것은 '성경에 드러난 하나님의 교훈과 뜻'에 대한 바른 해석에 근거하여 성경의 '**객관적 원리**'에 가장 충실하면서도, 성령님과의 깊은 교제 가운데서 그 객관적 원리를 우리의 삶에 가장 잘 적용하는 성령님과의 관계라는 '**주관적 원리**'에 가장 충실한 삶을 사는 것이다. 이는 실천적으로 아마도 다음과 같은 몇 가지 특성을 드러내는 삶이 될 것이다:

(1) 세월이 지날수록 성경에 나타난 하나님의 경륜 전체(the whole counsel of God)를 잘 파악해 나아가고, 그것을 자신의 구체적인 삶에 잘 적용해 가는 삶을 낳는다.

(2) 세월이 지날수록 성경의 교훈에 가깝게 가는 인격적 품성을 드러낸다. 즉, 성령님께서 성도들 안에서 이루어 내시는 성령의 열매(단수인 임에 유의!)를 잘 드러내게 된다. 따라서 참 성도는 점점 더 인격적인 태도와

모습을 드러내게 된다. 개인 스스로도 가장 인격적이게 되고, 다른 사람과의 관계에 있어서도 가장 인격적인 관계성을 점점 더 드러낸다.

(3) 세월이 지날수록 하나님께서 그리스도의 사역의 결과로 이 세상에서 이루어 가시고 그리스도의 재림으로 극치에 이를 하나님 나라와 그의 뜻을 추구하는 삶을 드러낸다. 그러므로 참 성도는 자신의 뜻만을 추구하는 이기적이고 욕심으로 가득 찬 삶으로부터 날마다 벗어나서 하나님의 나라가 우리를 인도하는 방향으로 날마다 정진하게 된다.

(4) 따라서 하나님 나라를 이 세상에서 가장 잘 구현하도록 되어 있는 교회 공동체가 그의 삶의 중심인 삶에로 날마다 나아가게 된다. 그는 그의 삶 전체를 자신이 속해 있는 교회 공동체가 마땅히 나아가야 할 방향을 위해 삶을 잘 정돈해 간다.

(5) 온 세상이 마땅히 나아가야 할 방향에 대해 성경에서 받은 교훈을 삶의 전 영역에서 실현해 가는 일에 점점 더 헌신하게 된다.

바로 이와 같은 특성들이 하나님의 주권과 섭리를 인정하며 살아나가는 가장 정상적인 그리스도인들이 이 세상에서 성령님의 인도하심을 받아 나아 갈 때에 보여 주는 특성들이라고 할 수 있다. 그러므로 우리는 이런 특성들을 시금석(criteria)으로 하여 우리가 지금 과연 성령님의 인도하심을 받아 가고 있는지를 점검할 수 있을 것이다. 예를 들어서, 우리는 다음과 같은 특성들을 가지고 있지 않아야 한다:

첫째, 성경이 가르치는 교훈에 대해 관심이 없거나 둔감하거나 늘 자신이 파악한 단순히 이해에만 머문다.

둘째, 세월이 지나도 늘 이기적으로 욕심에 가득 찬 모습을 보이고, 종교적으로 매우 욕심에 찬(즉, 이 세상적 의미의 축복을 받으려는) 사람으로 드러나서, 성령님께서 우리 안에서 이루어 내시는 인격적인 품성이 잘 나타나지 않고 부패한 인간성이 여러 가지 다른 형태로 모양을 바꾸어 드러난다.

셋째, 하나님 나라에 대해 성경적으로 바르게 이해하지 않고 있고, 그 나라를 위하거나 그 의를 추구하는 방향으로 나아가지 않는다.

넷째, 교회 공동체에 헌신하지 않거나 교회 공동체를 자신이 생각한 목적으로만 이용하려고 하며, 공동체 안에서 자신의 의지를 구현하는 것을 목적으로 한다.

다섯째, 온 세상의 각 영역이 하나님의 뜻에 점점 더 가깝게 가는 일에는 관심이 별로 없고, 나 자신의 좁은 종교적 영역에만 안주하거나 그것으로 모든 것을 판단하려고 한다.

만일에 우리가 이런 특성들을 드러내고 있다면, 그렇지만 그래도 우리가 조금이라도 성령님의 은혜 가운데 있다면 우리는 성령님 안에서 회개하지 않을 수 없다. 그러므로 성령님의 인도하심 가운데 있는 사람들은 점점 더 성령님 안에서의 회개 가운데서 이런 잘못된 특성들을 제거해 나가면서, 위에서 언급한 바른 특성들을 잘 드러내는 방향으로 나아가게 된다. 부디 이 글을 읽는 모든 이들이 그렇게 바르게 성령님의 인도하심을 받아가는 사람일 수 있기를 기원한다.

● 하나님의 섭리에 대한 더 깊은 연구를 위한 참고 문헌:

Paul Helm, *The Providence of God* (Leicester: IVP, 1993), 이승구 옮김, 『하나님의 섭리』 (서울 IVP, 2004).

3장

그리스도인의 삶의 방식

- 로마서 12장을 중심으로

로마서 11장까지의 귀한 교훈적 가르침, 즉 하나님께서 그리스도 안에서 성도들을 위해 행하신 놀라운 일에 근거해서[1] 6:11 이하와 8장 등에서 이미 시사한 바 있는 구속된 자들의 삶의 방식인 "하나님께 대한 순종"에 대해

---

[1] "그러므로"(οὖν)라는 어귀의 비슷한 용법으로 에베소서 4:1, 골 3:5 등도 참조하라. 이것이 로마서의 앞부분 전체와 연관된다는 해석으로는 H. Alford, F. Godet, J. Denny와 그들을 언급하는 이상근, 『신약 성서 주해 로마서』 (서울: 성등사, 1961), 285를 보라. 또한 R. C. H. Lenski, *The Interpretation of St. Paul's Epistle to the Romans*, 김진홍 역, 『로마서』 II (서울: 백합출판사, 1975), 232; John Murray, *The Epistle to the Romans*, II, NICNT (Grand Rapids: Eerdmans, 1965); C. E. B. Cranfield, *A Critical and Exegetical Commentary on the Epistle to the Romans*, vol III, ICC New Edition (Edinburgh: T. & T. Clark, 1974), 문전섭, 이영재 역 (서울: 로고스, 1994), 49-50; idem, *Romans, A Shorter Commentary* (Edinburgh: T. & T. Clark, 1985), 문선희, 이용주 역 (서울: 로고스, 1997), 446-47; Douglas Moo, *The Epistle to the Romans*, NICNT New Edition (Grand Rapids: Eerdmans, 1996), 748도 보라. 그런가 하면 James Dunn은 9-11장, 그리고 5-8장에서 논의된 것으로부터 이 권면이 나오는 것이라고 주장한다. James D. G. Dunn, *Romans*, 9-16, Word Biblical Commentary 38 B (Dallas, Texas: Word, 1988), 708.

구체적 가르침을 시작하는 로마서 12장에는 이렇게 놀라운 구속함을 받은 성도들의 삶의 모습과 스타일을 가르치는 내용이 요약적으로 제시되어 있다.2 특히 로마서의 이 부분이 흥미로운 것은 이것이 다른 서신서의 정황과 같이 어떤 구체적인 문제에 대한 답변으로 제시되고 있지 않고(따라서 일반적이고), 또한 어떤 점에서는 바울 서신서의 여러 부분의 윤리적 가르침을 볼 수 있기 때문이다.

이렇게 이중적으로 가장 일반적이고 보편적인 실천적 가르침을 주고 있는 이 부분의 가르침을 잘 살펴보는 것은 이 세상에서 이미 하나님 나라에 참여하고 있는 성도들의 삶의 방식에 대한 구체적 지침을[즉, 기독교 윤리적 규범을] 찾기 위한 가장 기본적 작업으로 매우 의미 있다고 여겨진다. 이는 복음서에 나타나고 있는 그리스도 자신의 윤리적 가르침과 모순되지 아니하며, 결국 다른 곳에서 바울이 "그리스도의 법"이라고 부르는 것을(갈 6:2, 고전 9:21) 구체적으로 제시하는 것으로 볼 수 있다.3 따라서 이 글은 로마서 12장에 나타나고 있는 이 구체적이고도 실천적인 권면의 내용을 중심으로 우리가 이 세상에서 어떤 삶을 살아야만 한다고 바울이 가르치고 있는가를 살펴보고자 한다.

1. 기본적인 태도: 몸을 거룩한 산 제사로 드리는 일

---

2 로마서의 교리적 부분과 윤리적 부분이 분리될 수 없음을 특히 강조한 좋은 논의로 C. K. Barrett, *The Epistle to the Romans*, Harper's New Testament Commentaries (Harper & Row, 1957; reprinted, Peabody, Mass.: Hendrickson Publishers, 1987), 230을 보라.

3 이 점에 대한 좋은 논의로 F. F. Bruce, *Romans*, Tyndale New Testament Commentaries, Revised Edition (Leicester: IVP and Grand Rapids: Eerdmans, 1985), 212f.을 보라.

성도의 이 세상에서의 삶에 대한 첫 권면은 "너희 몸을 … 산 제사로 드리라"(παραστῆσαι τὰ σώματα ὑμῶν θυσίαν ζῶσαν)는 것이다. 바울은 "하나님의 모든 자비하심으로"(διὰ τῶν οἰκτιρμῶν τοῦ θεοῦ) 권한다(παρακαλῶ)고 하면서 이 권면을 주고 있다. 이는 "부드러운 권면이다."4 마땅히 명령할 수 있는데도 명령하지 않고 하나님의 자비에 호소하면서 권면하는 바울의 태도에서 주장하지 않는 자세를 취하지 않는 사도의 태도를 엿볼 수 있다:5 "모세는 명령했고, 바울은 권했다"(Bengel).6 그러나 사실 가장 강력한 권면은 결국 하나님의 자비, 우리를 불쌍히 여기셔서 하나님께서 해 주신 일에 근거하여 우리에게 호소하는 것이다. 이 때 자비라는 말이 문자적으로 복수형으로 나타나는 것은 히브리어 복수형 "라하밈"(רחמים)의 반영이기도 하지만, 결국 하나님의 자비하심의 풍성하심을 상기하게 해 준다: "이 복수형은 하나님의 자비의 위대성을 보이기 위함이다(Erasmus)."7 이는 로마서가 드러내 주고 있는 하나님의 자비를 근거로 하여 언급되는 것임에 분명하다.8 하나님께서 그의 풍성하신 자비에 근거하여 우리를 위해 이루어 주신 놀라운 구속을 생각할

---

4 이상근, 285.

5 브루스는 이를 갈라디아서에만 빠져 있는 바울의 윤리적 권면에로의 전환섬에 항상 나타나는 단어라고 하면서 이 용어에는 외교적(diplomatic) 의미가 풍긴다고 한다(Bruce, 213).

6 이상근, 285에서 재인용.

7 이상근, 285에서 재인용.

8 Joseph A. Fitzmyer는 이 자비가 로마서 9-11장, 특히 11:30-32에서 묘사된 자비의 다양한 표현들에 대한 묘사라고 말한다("Romans," *The Jerome Biblical Commentary* [Englewood Cliffs, N.J.: Prentice-Hall, 1968], 324). 비슷한 견해로 William Sanday and Arthur C. Headlam, *A Critical and Exegetical Commentary on the Epistle to the Romans*, ICC, Fifth Edition (Edinburgh: T & T Clark, 1902), 352를 보라. 이 '자비'를 로마서 11:30-32와만 연관시키는 논의로는 Dunn, 709를 보라. 그러나 이는 11장에만 한정시키지 말고 로마서 앞부분 전체에 드러난 하나님의 자비로 보는 것이 더 나을 것이다. 이런 의견으로 헨드릭슨, 145; 이상근, 285 등을 보라. 또한 직접적이지는 않으나 Paul J. Achtemeier, *Romans, Interpretation: A Biblical Commentary for Teaching and Preaching* (Atlanta: John Knox Press, 1985), 199도 참조하라. 바레트는 두 의견 전체를 아우르는 견해를 제시한다. 즉, 이 "하나님의 자비들"은 1장-11장에 포함된 것의 적절한 요약이로되, 특히 9장-11장의 내용을 요약한 것이라는 입장을 취한다(230).

때 우리는 마땅히 다음의 권면과 같이 해야 하지 않느냐는 것이다: "너희 몸을 … 거룩한 산 제사로 드리라." 이 권면은 복음의 논리에 따라 나오는 것이다.9

우리를 하나님께 '산 제사'(θυσίαν ζῶσαν)로 드린다(παραστῆσαι)는 것은10 우리의 구속함을 받은 '몸'을(τὰ σώματα) 가지고, 즉 구속함 받은 존재 전체를11 사용하여 하나님의 뜻을 수행하는 일에 힘쓰는 것을 의미한다. 그러나 그런 전체적인 의미를 유념하면서 바울이 특히 우리의 몸을 드리라고 했다는 것을 주목해야 한다.12 왜냐하면, 바클레이가 잘 지적하고 있는 대로, 희랍적인 사고에만 익숙한 이는 결코 이렇게 말할 수 없을 것이기 때문이다.13 그러므로 우리의 몸을 '성령님의 전'으로 말할 수 있고 성령님께서 그것을 통해 역시히시는 도구라고 할 수 있는 몸에 대한 긍정적 의미가 여기에 포함되어 있음을 강조하면서, 그러나 이는 우리의 몸만이 아니라 우리 전체를 주께 드리라는 뜻이라고 전체적으로 이해해야 한다. 그러므로 이 권면은 "감사의 마음에서 우러나오는 전적인

---

9 Dunn, 708.

10 이 용어의 희생 제사적 의미, 특히 "희생 제사로 드린다"(παραστῆσαι θυσίαν, offer or present a sacrifice)는 말의 전문적(technical) 제사적 의미의 명확성에 대한 논의로 Dunn, 709를 보라. 그는 이와 연관해서 같은 의견을 표하는 이들로 H. Lietzmann, M.-J. Lagrange, O. Michel, C. E. B. Cranfield 등을 언급하고 있다.

복수인 사람들이 드리는 제사에 대해서 제사가 단수로 사용된 것은 공동체의 집합적 측면을 염두에 둔 것이라는 견해도 있으나, 아마도 "분배적 단수"(a distributive singular)가 아닌가 하고 생각하는 Moo의 견해가 더 옳을 것이다(Moo, 750, n. 24).

11 이 점에 대한 특별한 강조로 칼빈과 헨드릭슨, 143을 보라. Barrett, 231("By 'body' Paul means the whole human person, including its means of expressing itself in common life [cf. vi. 6, 12]."); Matthew Black, Romans, The New Century Bible Commentary, Revised Edition (London: Marshall, Morgan & Scott and Grand Rapids: Eerdmans, 1989), 166; Cranfield, Romans, Shorter, 448; 그리고 Dunn, 709을 보라.

12 이 점에 특히 주목하는 William Barclay, The Letter to the Romans, The Daily Study Bible, Revised Edition (Edinburgh: St. Andrew Press and Philadelphia: Westminster Press, 1957), 156; Murray, II, 111; Dunn, 709, 717을 보라.

13 Barclay, 156. 이를 '소마'를 '자신'(self)의 뜻으로 사용한 예가 다른 희랍적 문헌에 나타나다는 언급을 하는 Dunn, 709와 비교하라. 그는 BGD, 1b, TDNT 7:1026, 1030, 1039-40 등을 언급한다.

자기 순종",14 즉 "하나님의 주 되심 아래서의 삶"(life under the Lordship of God)을 요구하는 것이다.15 그러므로 이는 "매일의 삶 가운데서 나타나야" 하는 것이고,16 "모든 순간과 모든 행동을 하나님께 드리는 것이다."17 따라서 "그리스도인에게는 세속적인 삶, 즉 하나님께 드리는 영적 제사로서의 삶에서 분리된 삶이란 있지 아니하며, 모든 것이 새롭게 변화된 삶"이다.18 이에 대한 크리소스톰의 다음 언급은 그것을 율법적으로 잘못 이해하고 적용하지 않는다면 유념할 만하다고 여겨진다:

> 눈은 악을 보지 않으면 제사가 된다. 혀는 비루한 말을 하지 않으면 제사가 된다. 손은 죄를 짓지 않으면 번제가 된다. 그리고 그것 이상으로 우리는 더욱 적극적으로 선을 행하여야 한다. 손은 구제를 하고, 입은 우리를 저주하는 자를 축복하고, 귀는 여가 있는 대로 하나님의 음성을 들을 때, 그것은 산 제사가 되는 것이다(Chrysostom).19

이제는 구약과 같이 산 것을 잡아 죽이는 제사가 아니라,20 항상 살아서 적극적으로 하나님의 뜻을 수행하도록 하는 것이다. 그래서 이것을 "산 제사"라고 하였다. 이것이 그리스도께서 구속 사역으로 도입하신 새 언약의 시대라는 "새로운 질서"의 제사의21 특성이라고 할 수 있다.

---

14 헨드릭슨, 145. cf. Lenski, 233: "이는 하나님께 몸으로 온전히 복종하는 이상의 의미를 가지고 있는 것이다."

15 Paul Achtemeier, *Romans*, 195. 흥미롭게도 악트마이어는 이것이 "은혜의 구성적 능력 안에서의 삶" (a life under the constructing power of grace)을 의미한다고 하면서 이것을 중심으로 로마서 12장 이하를 설명해 나간다.

16 Ernst Käsemann, *Commentary on Romans*, trans. Geoffrey W. Bromiley (Grand Rapids: Eerdmans, 1980), 327, 329. 또한 Barclay, 156, 157; Achtemeier, 195; Dunn, 710, 717도 보라.

17 Barclay, 158: "the offering of every moment and every action to God." cf. Murray: "a constant dedication."

18 이 점에 대한 좋은 지적으로 Black, 167을 보라.

19 이상근, 286에서 재인용.

20 매튜 블랙은 그것을 "비합리적(irrational) 제사"라고 한다(Black, 166).

21 "새로운 질서의 제사들"(the sacrifices of the new order)이라는 용어는 브루스의 것이다

그러므로 이 "산 제사"는 "신자 속에 있는 새 생명으로부터 비롯된 것이어야 한다"는 헨드릭슨의 강조도 그리 무리한 것은 아니다.22 왜냐하면 이것이 제대로 이루어지기 위해서는 로마서 6:11이 말한 바와 같은 그리스도와 함께 죽고 살아남이 있어야 하기 때문이다.23 크랜필드는 오히려 이렇게 보아야 이 산 제사라는 말을 정확히 이해하는 것이라는 점을 강조한다. 산 것과 생명은 늘 같이 연관되어 나오기 때문이다.24 그러므로 이는 하나님의 자비에 근거해서 나오는 감사의 제사이고, 그 자체의 공로를 가지지 못하는 제사, 즉 하나님의 자비에만 의존하는 제사라고 할 수 있다.25 그런데도 바울은 이를 구별된[즉, 거룩한], 그리고 하나님께서 기뻐하시는(εὐάρεστον τῷ θεῷ) 제사라고 한다. 우리가 구속된 자신 전체를 하나님의 것으로 인정하고 주님께 드린다는 것은 구속된 사람들로서 마땅히 해야 할 일이다. 그런데도 성경은 그렇게 하는 것은 하나님께서 기뻐하시는 일이며, 하나님께 특별히 구별된 일이라고 하고 있다.26 우리의 마땅한 헌신을 주께서 그렇게 받아 주신다는 것은 참으로 감사한 일이 아닐 수 없다.

또한 이렇게 우리를 드리는 일을 우리의 "로기케 라트레이아"(λογικὴ λατρεία), 즉 영적 예배(spiritual worship)요27 합리적인28 섬김(reasonable

---

(Bruce, 213). 본래는 제사가 단수로 사용되고 있다. 이 점을 지적하는 것으로 William Hendriksen, *Romans*, 손종국 역 (서울: 아가페 출판사, 1984), 142를 보라.
    따라서 우리의 삶이 산 제사가 되는 그리스도인들에게는 이제 더 이상 의식적인 제사가 없으며, 직임으로서의 제사장이 있지 않다. 따라서 성찬에 대해 제사(θυσία)라는 용어를 사용하는 교부들의 언급은 (LPGL, θυσία, 6) "바울의 종말론적 관점에서 벗어난 것"이다. 이런 점에 대한 바른 지적으로 Dunn, 710을 보라.

22 Hendriksen, 143.
23 이 점에 대한 좋은 논의로 Lenski, 233f.를 보라.
24 Cranfield, *Shorter*, 449.
25 이 점에 대한 좋은 지적으로 Barrett, 231을 보라.
26 그러므로 여기서 '거룩하다'는 말은 윤리적인 의미에서 하는 말이 아니다(*contra* Cranfield, ICC, 56; , 449; Moo, 751, n. 34). 같은 의견으로 , 327; Dunn, 710을 보라. 이에 반해 윤리적 의미가 반드시 있다는 강조로 Black, 167을 보라. 그러나 참된 섬김의 삶은 윤리적 의미의 거룩함을 동반한다. 그것을 낮게 한다고 표현하는 것이 더 나은 것이 아닐까?

service)이라고 말하고 있다. 왜냐하면 그것이야말로 하나님의 은혜에 대한 가장 논리적 반응, 즉 로고스에 따라서 반응하는 것이며, 가장 적합한 형태로 은혜로 된 자신을 주께 드리는 것이기 때문이다. 그것이 진정한 영적인 예배가 된다.29 이는 "하나님께서 [우리들에게] 베풀어주신 큰 은혜를 생각해 볼 때 마땅히 드려야 할 것이다."30 물론 "모든 사람들이 모두 다 마땅히 하나님께 순종해야 하지만, 그리스도인들은 하나님의 자비에 대한 더 분명한 개념들을 가지고서 특별히 순종해야 하는 의무를 가진다."31 왜냐하면 "그리스도인의 순종은 하나님께서 그를 위해, 그리고 예수 그리스도 안에서 모든 인간을 위해 행하신 것에 대한 응답"이기 때문이다.32

이를 위한 가장 기본적인 실천 방식은 이미 이 명령과 함께 주어져 있다. 그것은 부정적으로는 "이 세대를 본받지 않는 일"이다(2절).33 여기서 "이

---

27 이런 번역으로 ARV, RSV, NIV, G. Kittel, , IV, 142, Chrysostom, Zahn, Denny, Bruce, 213, Barrett, 231(a worship consisting not in outward rites but in the movement of man's inward being) 등을 보라. 벧전 2:2, 5과도 비교하라. Black도 167에서 그런 견해를 표한다. 그러나 그 앞쪽에서는 "rational"로 볼 수 있는 논의도 제공하고 있다.

28 이런 번역으로 AV, NEB 난하주("the worship offered by mind and heart"), Liddell and Scott, *Greek-English Lexion*, vol. 1, 1056 등을 보라. "마땅한, 합리적인" 등으로 보는 해석으로 Origen, Calvin, Meyer, Bengel, Vincent, Lenski, 235; 이상근, 286; Achtemeier, 195("하나님의 은혜의 역사에 대한 논리적 반응")을 보라. 이런 해석이 스토아적 용례에 (특히 1.16.20-21) 일치하는 것은 사실이지만 스토아적 용례를 따른 것이라고 할 필요는 없을 것이다. 그러므로 바레트의 주장과 같이 "헬라주의 회당을 통해 전달된 스토아적 용어"라고 할 필요는 없을 것이다.
헨드릭슨은 두 가지 가능성을 다 소개하면서도 이 형용사에 대한 번역으로는 "영적"이라는 말이 가장 좋은 것이어도, 로마서 12:1을 한 단위로 생각할 때는 이렇게 드리는 것이 "바르고 정당하다. 즉 논리적이며 이치에 맞는다는 것이다"라고 하고 있다(144).

29 이와 같이 "합리적인"이라는 뜻과 "영적인"이란 뜻을 결합해서 이해하는 해석으로는 *The Amplified New Testament*; Sanday and Headlam, 353 등을 들 수 있을 것이다.

30 Hendriksen, 179; Achtemeier, 195("은혜의 역사에 대한 논리적 반응").

31 Barrett, 232.

32 Cranfield, *Shorter*, 446.

33 흔히 "본받지 말라"(μὴ συσχηματίζεσθαι)는 이 말씀과 "변화를 받아"(μεταμορφούσθαι)라는 말씀을 연관시키며 그 두 단어 안에 있는 "스케마"(σχῆμα)와 "모르페"(μορφή)를 대조시키는 일이 많이 있었다(Barclay, 157f.; Lenski, 235). 그러나 크랜필드가 잘 지적하듯이 그 구별이 근자에는 의문시되었고(Cranfield, ICC, 62-64; Shoter, 451), 이런 구별에서는 스케마의 외적인 의미가 지나치게 강조되

세대"(ὁ αἰών οὗτος)라는 말은 당대 유대인들과 그들의 두 세대 개념을 받아들인 초기 그리스도인들에게는 이 세상이 끝나기 전까지의 세상을 의미하며, 따라서 유대인의 관념에서는 종말 이후에 오기로 되어 있는 "오는 세상"과 대조되는 것이다.34 때로는 "이 악한 세대"로 지칭되기도 한다(갈 1:4). 그러므로 "이 세대를 본받지(be comformed to) 말라"는 것은 하나님과 불화하는(at discord with God) 이 세대의 사고방식과 이 세상의 삶의 기준과 삶의 방식을 따라가지 말라는 것이다. 항상 이 세대가 지향하고 나아가는 방식과 이 세상이 정상적인 것으로 여기는 기준이 있는데, 이는 결국 "이 세상에서 작용하고 있는 죄의 주도권"(the lordship of sin that operates in 'this world'), 35 즉 "세상의 구조들"이므로36 성경에서는 그것을 추구하지 말라고 한다. 왜냐하면 헨드릭슨이 잘 표현한 바와 같이, "우리가 스스로 단속하지 아니하면 우리는 이 악한 세대의 희생 제물이 될 큰 위험에 놓여 있게 되기" 때문이다.37 더 나아가서 바울과 그리스도인들은 자신들은 이 세상에 있으나 이미 이 세상에로 침입하여 들어온 "오는 세상"(the world to come)에 속해 있으므로, 오는 세상에 속한 자답게 생각하고 행동해야 하기 때문이다.38 그리스도인들은 이 세대 가운데서 살지만 이미 말세를 만난 이들이다(고전 10:11). 즉, "옛것은 지나가고 새것이

었다고 할 수 있다. Cf. Black, 167f.

34 "이 세대"라는 말이 이런 의미로 사용된 용례들로는 다음을 참조하라: 고전 1:20; 2:6, 8; 3:18; 고후 4:4; 갈 1:4; 엡 1:21. 비슷한 뜻의 다른 단어들이 사용된 예로는 갈 1:4; 고전 3:19, 5:10, 7:31. 이런 두 세대 사상에 근거한 좋은 논의로 Cranfield, ICC, 65f.; idem, Shorter, 451f.를 보라.
한편으로는 이를 강조하면서도(Dunn, 717), 예수께서 이런 대조를 사용하지 않았으며 초기 유대교 문헌에도 이런 것은 없고 명확한 대조는 1세기 이후의 문헌에서라야 나타난다는 이상한 논의로 Dunn, 712f.를 보라.

35 Achtemeier, 194.

36 Achtemeier, 195.

37 헨드릭슨, 147.

38 이 점에 대한 강조로 Fitzmyer, 325; Barrett, 232; Cranfield, ICC, 65f.; idem, Shorter, 451f.를 보라.

된 새로운 피조계"(고후 5:17)에 속한 이들인 것이다.39 그러므로 그들은 이제 이 세대의 원리나 기준이 아니라 오는 세대의 기준에 따라 살아야 한다. 그들은 그저 이 세상에만 속하여 있는 이같이 생각하고 판단하면서 살 수 없다. 그들은 이 세상의 기준에 따라 살 수 없는 것이다.

이를 적극적으로 표현한다면 그것은 "하나님의 뜻을 분별하여"(δοκιμάζειν τὸ θέλημα τοῦ θεοῦ) 그 뜻대로 행해 가는 것이다. 하나님의 뜻을 분별하는("test and approve" or "discern") 일은 그리스도인의 삶의 가장 근본적인 과제이다. 그렇다면 어떻게 해야 우리가 하나님의 "선하시고 기뻐하시고 온전하신"(τὸ ἀγαθὸν καὶ εὐάρεστον καὶ τέλειον) 뜻을 분별할 수 있을까? 본문은 이에 대해서 두 가지 답을 주고 있다. 그 하나는 새롭게 되고 변화된 마음(νοῦς)이라는 주관적 원리이고, 또 다른 하나는 그렇게 하나님의 뜻에 부합하는 것들의 목록들이다. 크랜필드가 잘 지적하듯이, "하나님의 뜻이 무엇인지 깨닫고 이해하기 위해서는 인간의 마음 역시 갱신되어야" 하기 때문이며,40 바레트가 잘 지적하듯이, "새롭게 된 마음도 상당한 가르침을 필요로 하기 때문이다."41 그러므로 본문 3-21절까지는 그 이후에도 계속되는 성도들의 삶의 덕목들 가운데 일부를 제공해 주는 것이라고 이해하는 것이 좋을 것이다. 이 모든 것들이 일종의 객관적 원리가 된다. 그러나 성경은 우리들로 하여금 신약 전체를 통해서 이런 원리를 다 찾아서 그것들을 하나하나 구현하도록 하고 있다기보다는 이런 예들을 잘 보여 줌으로써42 우리들이 그 객관적

---

39 이런 점들에 대한 좀더 포괄적 논의로는 이승구, 『기독교 세계관이란 무엇인가?』(서울: SFC, 2003), 70-82, 특히 80-82; Geerhardus Vos, *Pauline Eschatology* (1930: Grand Rapids: Baker, 1979), 이승구, 오광만 공역 (서울: 엠마오, 1996), 78-81; 이승구, "종말 신학의 프롤레고메나" 『개혁신학탐구』(서울: 하나, 1999; 개정판, 수원: 합신대학원출판부, 2012), 제1장 등을 보라.

40 Cranfield, *Shorter*, 453; idem, ICC, 67.

41 Barrett, 233.

42 본문의 것들이 기독교 윤리의 완전한 설명도 아니요, 기독교적 결의론을 제시하려고 하는 것이 아니라, 예증적인 것이라는 같은 논의로 Barrett, 235도 보라.

원리들로부터 하나님의 뜻이 어떤 것인지를 잘 분별하도록 한다. 그러므로 결국 실천적으로는 이런 규범적인 것들로부터 하나님의 뜻을 잘 찾아 낼 수 있는 원리를 이끌어 내고 적용하는 "새롭게 되어 변화된 마음"이라는 요소가 매우 중요한 역할을 하게 된다.

물론 우리가 새로워져 가는 것은 "우리가 의롭다 하심을 받는 그 순간에 시작되어 하나님께서 그 생명을 거두실 때까지 곧 완성될 때까지 평생토록 향상한다."[43] 그러나 "아직 아닌" 측면이 있더라도 "이미" "새롭게 되어 변화된 마음"이 없이는 서신서에 제시되는 덕목들이 너무 많은 새로운 율법으로 여겨지든지, 바리새주의적 결의법적 사례로 전락하기 쉽다. 새롭게 되어 변화된 마음을 가지고서 우리가 바울이 제시하는 여러 덕의 목록을 볼 때에 어떻게 구체적 상황 가운데서 그런 덕들과 또 언급되지 않은 다른 덕들이 나타날 수 있는지를 알 수 있게 된다. 렌스키가 잘 지적하듯이, "그 말씀에 비춰지 않고 하는 분별마다 거짓되고 잘못된 것이다."[44] 그런데 이 새롭게 되고 변화된 마음이란 그리스도인 안에 계시는 하나님의 영의 현존으로 말미암아 있을 수 있게 되는 것이다. "새로워진 마음은 항상 하나님께서 우리에게 무엇을 원하시는지, 곧 하나님의 뜻을 찾아 순종하는 데 전심한다."[45] 그러므로 이런 새로워진 마음으로 하나님의 뜻을 분별해 나가는 삶은 요약하자면 "세속화되는 것도, 세상을 이탈하는 것도 아니고, 세상에서 하나님의 뜻을 분별하며 선양하는 것이다. 그것이 그리스도교 윤리의 대강령이다."[46]

그렇다면 바울은 구체적으로 어떤 덕의 목록을 우리에게 제시하고 있는가? 구체적으로 주로 교회 공동체와 관련하여 우리가 어떻게 하여야

---

[43] Lenski, 237.
[44] Lenski, 238.
[45] Lenski, 237.
[46] 이상근, 285.

하며, 더 넓은 사회 속에서 어떻게 해야 하는지를 지시하고 있다고 이하의 본문을 해석할 수 있을 것이다.47 우리가 이 내용을 살필 때도 새롭게 되어 변화된 마음을 가지고서 그 본문을 잘 살펴보아야 한다.

2. 교회 공동체 안에서의 삶

그렇다면 그리스도인들은 교회 공동체 안에서는 어떻게 행동해야 하는가? 이 문제를 논하는 과정에서 각각의 그리스도인들의 교회 안에서의 삶의 특성이 제시될 뿐만이 아니라, 동시에 교회 공동체의 특성이 드러나게 된다.

1) 믿음의 분량대로 지혜롭게 생각함

기본적으로 우리는 마땅히 생각할(φρονεῖν) 그 이상의 생각을 품지 말고(μὴ

---

47 이하의 본문을 꼭 그렇게 나누어 생각할 수 있는가에 대해 논란이 있을 수도 있다. 그러나 본문의 내용은 그런 구조를 시사한다. 피츠마이어도 14절부터 바울은 모든 사람들에 대한 성도의 사랑의 실천에 대해서 언급하고 있다고 말한다(Fitzmyer, 325). 윌리엄 헨드릭슨도 3-13까지를 "의롭다 하심을 입은 신자가 농료 신자에 대하여 취할 태도"로 보고 14절 이하를 "원수를 포함한 외인에 대하여 취할 태도"로 분류하여 같은 접근을 보이고 있다(헨드릭슨, 『로마서 하』, 손종국 옮김 [서울: 아가페 출판사, 1984], 151, 160, 166). 또한 악트마이어도 3-13까지의 제목을 "은혜와 기독교 공동체"로 붙이고, 14-21절까지의 제목을 "은혜와 세속 공동체"로 하여 두 부분으로 나누고 있다(Achtemeier, 195, 196, 200). 그런가 하면 바클레이는 3절부터 21절까지를 세 부분으로 나누지만(3-8절, 9-13절, 14-21절), 마지막 부분을 "그리스도인과 동료 사람들"(The Christian and His Fellow Men)로 분류하고 있다(Barclay, 167).

어떤 주석가들은 3절부터 21절까지를 한 문단으로 보며(Barrett), 또 어떤 이들은 9절부터를 새로운 문단으로 여긴다(Sanday and Headlam, Baclay, Black, Bruce, Käsemann, Dunn). 브루스는 3-8절까지에 대해서 "그리스도인들의 공동 생활"(The Common Life of Christians)이라는 제목을 주고, 논의 과정에서 기독교 공동체 안에서의 특성을 언급함으로써 이 부분이 결국 교회 공동체 안의 삶에 대한 것임을 드러냈다. 그는 9-21절에 대해서는 "그리스도의 법"(The Law of Christ)이라는 일반적인 제목을 부여하고 있다(Bruce, 214f.). 그런데 브루스는 이 부분에서는 그리스도의 공동체 안에서의 관계성과 그 밖에서의 관계성 모두에 대한 논의가 있다고 본다(215f.). 그러므로 우리가 나눈 바와 같이 14절부터를 새로운 문단으로 나눈다면 브루스도 우리와 비슷하게 나누어 보는 것이 된다.

ὑπερφρονεῖν), 즉 우리 자신을 너무 높게 생각하지 말고, 즉 교만하지(too proud, haughty) 말고, "지혜롭게 생각해야"(φρονεῖν εἰς τὸ σωφρονεῖν), 즉 건전하게(sober-minded, sensibly) 생각해야 한다고 말한다. 이런 권면은 실제로 자신들을 높게 생각하는 이들이 있음을 보여 준다. 이방인이든지, 많은 은사를 받았다고 생각하는 이들이 그렇게 스스로를 높이 여기고 다른 이들을 업신여길 위험이 있는데 부디 그렇게 하지 말라는 것이다. 교만은 그리스도인이 따르지 말아야 하는 이 세대에 속한 것이기 때문이다(2절).

이와 연관해서 바울은 또한 "믿음의 분량대로"(μέτρον πίστεως) 생각해야 한다고 권면한다. "믿음의 분량대로"라는 말은 두 가지 해석이 가능한 말이다. 하나는 각자에게 주어진 특별한 책임을 수행할 수 있도록 "각각의 그리스도인들에게 주어진 영적인 능력에 따라"라고 해석하는 것이다.48 렌스키는 이런 해석을 잘 대변하면서 이렇게 말한다:

> 근실하고 건전한 생각은 하나님이 그에게 주신 은혜를 과장하거나 얕보지 않는다. 하나님이 이 분량을(고전 7:7-11) 지혜와 사랑에 따라 나누어 주셨으니, 자기가 받은 분량에 알맞게 감사하는 것은 하나님을 존귀하게 하는 것이며, 자신에 대하여 근신하고 균형 잡힌 생각을 하는 것이 된다.49

또 하나의 해석은 "우리가 믿는 대상(fides quae creditur)이신 그리스도에 따라"라고 해석하는 것이다.50 이런 해석의 대표자라고 할 수 있는

---

48 이런 해석의 대표적인 예로 Bruce, 215를 보라. 또한 이상근, 288("나눠주신 믿음의 분량… 각자가 자기의 본분을 지키는 겸손의 미덕이 필요하다"), Sanday and Headlam, 355; TDNT 4:634; Barrett, 235("in proportion … to God's gifts"); Dunn, 721f. 등도 보라. 이와 다른 해석이라고 하면서 "하나님께서 우리에게 부여해 주신 능력의 한계라는 뜻에서의 양"을 말하는 Pallis의 해석이나 "하나님께서 주신 성령의 양에 따라서"를 말하는 Black의 해석도 결국은 이런 해석의 한 종류로 여겨야 하지 않을까?(Pace Black, 169-70).

49 Lenski, 240. 또 6절과 관련해서 그는 "한 사람도 자기 '분량'을 받지 못한 사람이 없음을 알게 된다"(244)고 말하여, 이 분량이 각각에게 주어진 은사와 연관된다는 시사를 주고 있다.

50 이런 해석의 대표적인 예로 Fitzmyer, 325; Cranfield, ICC, 74-77; idem, Shorter, 457f.

피츠마이어의 해석을 인용하면 다음과 같다:

> 우리의 판단의 규범은 신앙이어야 한다. 그런데 이 때 신앙이란 신자의 능동적 반응 (*fides qua creditur*)으로 여겨져서도 안 되고, 심지어 (고전 13:2이 말하는 바와 같은) 은사적 신앙으로 여겨져서도 안 된다(왜냐하면 이 권면은 몇몇 사람에게가 아니라 모든 그리스도인들에게 주어져 있기 때문이다). 여기서 신앙은 우리가 믿는 대상(*quae creditur*)으로 여겨져야 한다. 구체적으로 이것은 그리스도 예수이시다. 그러므로 각자는 자신을 너무 높게 생각하지 말고 자신이 믿고 있는 바의 그 기준에 의해 자신을 평가해야 한다.51

이렇게 해석하게 되면, "믿음을 따라"라는 말은 우리가 "우리들이 믿은 바, 즉 그리스도의 기준(standards)에 따라서 판단해야 한다"는 것이 된다. 여기서 진정한 겸손이 나온다.

이 두 가지 해석 중 그 어느 것에 정확히 따르지 않으면서 헨드릭슨은 "각 사람들은 자기 자신의 척도를 가지고 자기를 평가하지 말고 하나님께서 허락하신 믿음을 가지고 자기를 평가하라"고 해석한다. 이 때 그는 이 믿음이라는 말이 "일반적인 의미로서 각 개인이 하나님의 약속을 확신하게 되는 … 하나님에 대한 신뢰를 의미한다"고 하면서 그러나 "지금 이 문맥에서 바울은 믿음이라는 말을 양적인 의미로 생각하고 있지 않다"고 말하고 있다.52

2) 지체 의식을 가지고

그리스도인들은 그리스도 안에서 "한 몸"(ἐν σῶμα)을 형성하고 있기 때문에

을 보라.
51 Fitzmyer, 325.
52 헨드릭슨, 152.

다 지체 의식을 가지고 있어야 한다. 바울이 여기서 우리가 "그리스도 안에서 한 몸"(one body in Christ)이라고 말하는 것과 우리가 "그리스도의 몸"(the body of Christ)이라고 말하는 것을 지나치게 구별하는 것은53 큰 의미가 없어 보인다.54 왜냐하면 고린도전서 6:12-20, 10:16-17, 12:12-31의 이미지에 이미 우리가 그리스도의 몸임이 아주 분명히 시사되고 있기 때문이다. 이를 옥중서신에 나타나고 있는 아주 분명한 진술과 너무 대조해 보려는 것은 너무 현학적인 것으로 여겨진다. 오히려 비록 옥중 서신(골 1:24, 2:19, 3:15, 엡 1:23, 4:4, 12, 15, 16, 25)에서 같은 표상을 (특히 머리와 몸의 관계와 관련해서) 더 진전시키고 있기는 하지만, 이 모든 "몸 표상(body image) – 용어" 사용 배후에 그리스도의 몸으로서의 교회 이해와 그런 경험이 전제되어 있다고 생각하면서 논의하는 것이 옳을 것이다.55 바레트가 잘 지적하듯이, "이 통일된 한 공동체, 이 한 몸으로부터 떨어져 나가는 것은 죄와 죽음의 옛 세계로 다시 떨어져 가는 것이다."56 3절-8절 전체에 대해서 바클레이가 붙이고 있는 제목은 매우 흥미롭다: "각자는 전체를 위해서, 전체는 각자를 위해서"(each for all, all for each).57

3) 주어진 은사에 따라서

성도들이 성령의 역사로 말미암아 은혜로 받게 된 은사들($\chi\acute{\alpha}\rho\iota\sigma\mu\alpha$)은 철저히 공동체를 위한 것임이 신약성경 전체와 여기서도 아주 분명히 나타나고 있다. 따라서 우리들에게 주어진 각기 다른($\delta\iota\acute{\alpha}\phi\circ\rho\alpha$) 은사들은 공동체의 세워짐을 위해서 공동체의 복지를 위해 주어진 것이고,58 그것을

---

[53] 그런 논의로 Fitzmyer, 325; Barrett, 236를 보라.
[54] 같은 의견을 표시하는 Dunn, 723을 보라.
[55] 그런 식의 논의의 대표적인 예로 Bruce, 214, 215 등을 보라.
[56] Barrett, 237.
[57] Barclay, 158.

위해 사용되어야 한다. 그러므로 그 어떤 은사도 더 높거나 낮은 것이 없고,[59] 주님께서 그 원하시는 대로 교회의 유익을 위해 주신 것이다. 따라서 우리들은 부러워함이나 시기함이 없이 주어진 은사를 존중하며, 그 은사에 따라서 한 몸 된 교회를 잘 세워 가도록 힘써야 한다. 이 때 "각 지체는 다른 사람들을 도울 수 있는 자기의 능력이, 하나님의 은혜 즉 사랑 받을 수 없는 자에게 주신 하나님의 사랑의 선물임을 명심해야 한다."[60] 이 본문에서 바울은 7가지 은사들을 "대표적인 예들"로 언급하고 있다.[61]

(1) 예언은 신약적 의미의 예언을 뜻한다. 따라서 이에는 특별히 "교화, 권면, 위로, 그리고 교훈이 포함된다."[62] 사도는 이 일을 "믿음에 따라서"(κατὰ τὴν ἀναλογίαν τῆς πίστεως, in proportion to faith), 더 정확히는 "믿음과 바르게 관련하여서"(in right relation to faith)하도록 하고 있다.[63] 이 말은 그리스도인들이 믿고 있는 그 믿음의 내용과 일치하게 해야 한다는 뜻으로 해석하는 것이 가장 옳을 것이다.[64] 렌스키의 주장은 아주 명확하고 강하다: "이것은 '분량'(3절)도 아니요 객관적 교리에 대하여

---

[58] Cf. Cranfield, Shorter, 460f.
[59] 로마서의 이 문맥과 관련하여 이 점을 잘 지적하는 Achtemeier, 197f.을 보라.
[60] 헨드릭슨, 154.
[61] 이와 비슷하게 바울이 여기서 모든 은사를 다 말하는 것이 아니라는 것을 지적하는 Achtemeier, 197도 참조하라.
[62] 헨드릭슨, 155; 이상근, 289; Cranfield, ICC, 81; idem, Shorter, 461f. 바클레이는 신약에서는 예언이 미래 일에 대한 말(foretelling)과 관련되는 것은 드물고, 대개는 하나님 말씀에 대한 대언 (forthtelling)과 관련된다고까지 말한다(Barclay, 161). Dunn에 의하면 프랑스의 A. Maillot (1984)이 이런 견해의 강력한 대표자라고 한다(Dunn, 727).
[63] 이를 강조하는 Fitzmyer, 325; Käsemann, 341f.를 보라.
[64] 그러므로 우리말 번역에서 오히려 자연스러운 해석, 예를 들어서 "믿음의 그릇을 따라 받는 은혜에 비례해서 할 것이지 거기에서 조금이라도 가감해서는 안 된다… 은혜를 받고 느낀 대로 할 따름이다"(이상근, 289)와 같은 해석은 피하는 것이 나을 것이다. 이런 견해로는 Sanday and Headlam, 356; Barrett, 239를 보라. 그들은 6절의 내용을 3절의 "분량"과 동일시한다. Dunn에 의하면 Theo. Zahn과 O. Michel도 같은 입장을 취한다고 한다(728). 또한 Dunn에 의하면 Denney, Schlatter, Althaus, Gaugler, Leenhardt, Schmidt, Bosch 등이 이런 견해를 지지한다고 한다(Dunn, 727). 이런 입장을 지지하는 던 자신의 입장은 727f.에 나타나고 있다

'객관적으로 바른 관계', 객관적 교리와 '참으로 일치하는 것'이라는 것 외에는 아무 것도 의미하지 않는다."65 이로부터 렌스키는 다음과 같이도 주장한다: "그러면 어째서 그는 '성경을 따라서'라고 말하지 않는가? 왜 그런가 하면 이때에는 신약이 온전히 다 기록되지 않았기 때문이다 … [그러므로 결국은] 이 표준에 따라서 모든 예언이나 성경의 해석과 교훈으로 나타나는 것들을 교회가 판단해야 한다. 믿음이나 교리에 부합하지 않는 것은 다 잘못된 것이거나 거짓된 것이다."66 그러므로 예를 들자면, 헨드릭슨이 강조하고 있듯이 "선지자는 그리스도에 대한 신앙과 대치되는 것을 말하지 말아야 한다."67

(2) 섬기는 일(διακονία)은 아마도 (고린도전서 16:15이나 사도행전 6:1에서와 같이) 물질적 도움이나 구제의 분배의 수행을 뜻하는 말로 사용된 듯하다. 그러므로 이것과 집사직(διάκονος, diaconate)을 연결시키는 일은 그리 무리하지 않다고 여겨진다.68

(3) 가르치는 자(ὁ διδάσκων)라는 말로69 가르치는 은사를 가진 사람을 특별히 지칭하면서 그는 가르치는 일로(ἐν τῇ διδασκαλίᾳ) 섬겨야 한다고

---

65 Lenski, 245.

66 Lenski, 246.

67 헨드릭슨, 156. 또한 Cranfield, *Shorter*, 462도 보라: "예언자들은 그리스도에 대한 그들의 믿음과 양립할 수 없는 내용을 말하지 않도록 신중을 기해야 한다는 것이 본문의 진정한 의도라고 이해해야 할 것이다."

68 그런 대표적인 예로 헨드릭슨, 156; Murray, 124; Cranfield, ICC, 84; idem, *Shorter*, 463을 보라. 또한 시사된 것으로 Barrett, 238도 보라.
이에 반해 어떤 특별한 사람들을 구별하여 생각하지 않는 것이 좋다는 시사로는 Fitzmyer, 325; Dunn, 728을 보라. 또한 Lenski도 이렇게 집사직과 연관시키는 것에 반대한다(246). 그 이유는 이때에는 아직 장로직만이 있었기 때문이라고 한다. 그러나 (1) 아직 직제로 분명히 드러나 있지 않다고 해도 "섬기는 일"이 있어야 한다는 시사는 명백하지 않은가? 또한 (2) 로마서 16:1의 뵈뵈의 직무를 특별히 언급할 수 있다면 어떤 의미를 부여할 수 있지 않을까? 특히 렌스키가 뵈뵈를 여집사로 볼 수 있다는 견해를 진술하는 것을 볼 때(364f.), 그는 스스로 모순을 범하고 있는 것이라고 할 수 있을 것이다.

69 이렇게 은사가 아닌 은사를 지닌 사람을 지칭한 것 배후에 반복을 피하려는 스타일에 대한 고려 외에 이런 직임이 교회 안에서 더 정규적 사역으로 자리잡을 것으로 생각하고 있음을 반영하는가 하는 질문은 단언하기는 어려워도 매우 흥미롭다. cf. Dunn, 729.

말한다. 이는 구약과 예수님의 교훈을 연구하여 지식을 얻는 사람이다.70 따라서 오늘날에는 신구약 성경을 연구하여 가르치는 자, 즉 목사를 뜻한다고 보아도 무방하다.71 이와 관련해서는 "가르침의 배경을 가지지 않은 권면과 초청은 공허한 것이다"는 바클레이의 말을 깊이 새길 만하다.72

(4) 권하고 위로하는 자(ὁ παρακαλῶν). 이것도 역시 목사가 담당하고 있는 기능을 언급하는 것으로 보는 것이 좋을 것이다.73

(5) "구제하는 자들"(ὁ μεταδιδοὺς)은 나눈다(sharing)는 의미의 어근에 근거해 볼 때 두 번째로 언급된 "섬기는 자"(διάκονος)의 공식적인 사역과 비교해서, 아마도 자발적으로 자신의 재산 중 일부를 내어서 개인적으로 다른 가난한 이들을 섬기는 일을 하도록 부름 받은 이들을 지칭하는 것 같다고 해석된다.74 즉, 이것은 사적인 자선 행위에 대한 언급이라고들 보는 것이다. "주께서 그들을 그렇게 풍족하게 축복하신 것은 그들이 다시 다른 사람들에게 복이 되게 하기 위함이다."75 이런 이들은 "ἐν ἁπλότητι", 즉 "성실함으로", 더 정확히는 "단순하게"(in simplicity), 즉 "감추어진 동기 없이"76 그저 "나누어주는 것 자체를 위해"77 그 은사를 발휘하라고 한다. 그렇게 하는 사람은 "자신이 주님이신 구주 예수

---

70 헨드릭슨, 157; Cranfield, ICC, 85; idem, *Shorter*, 464.
71 Cranfield, ICC, 85; idem, *Shorter*, 464.
72 Barclay, 161.
73 Cf. Cranfield, ICC, 85; idem, *Shorter*, 464.
74 Fitzmyer, 325; Hendriksen, 158; Cranfield, ICC, 86-87; idem, *Shorter*, 464.
75 Hendriksen, 158.
76 이런 해석의 예로 Hendriksen, 158, 158, n. 340을 보라. 헨드릭슨은 말라기 1:13, 14이나 행 5:1의 예들을 감추어진 동기가 드러난 대표적인 예로 언급하고 있다. Lenski, 248 ("반드시 단순하고 이중이 되어서는 안 되며 은근히 신임, 칭찬, 명예, 구제한 것에 대하여 보응을 받으려는 것이 아니다"); Barrett, 239("being without arrière-pensée in one's gift"); Cranfield, ICC, 625=한역, 88; idem, *Shorter*, 465; Black, 171도 보라.
77 Barclay, 162.

그리스도에게서 받은 것을 항상 기억하면서 다른 사람에게도 진심으로 주는 자이다."[78]

(6) "다스리는 자"(ὁ προϊστάμενος)는 아마도 공동체의 지도자적인 위치에 서서 인도하는 역할을 해야 하는 은사를 가진 이들을 뜻하는 듯하다. 이들은 아마도 데살로니가전서 5:12에 나오는 "주 안에서 너희를 다스리며 권하는 자들"이나,[79] 고린도전서 12:28의 "다스리는 것"을 은사로 받은 이들일 것이다. 그러므로 이들을 다른 곳에서 장로나 감독으로 불려진 자들과(딤전 3:4, 5:17) 동일시하는 것은 적절하다고 판단된다.[80] 이들이 첫 번째로 언급되지 않은 것이 의미심장하며, 이런 은사를 받은 이들은 "부지런함으로"(ἐν σπουδῇ) 그 일을 감당해야 한다고 권면 받고 있다. 그들에게 부여된 책무가 너무 무거워서 책임을 포기하려는 유혹이 강했기 때문에 "부지런히" 하라는 권면이 주어져 있다는 헨드릭슨의 추론도 흥미롭다.[81]

(7) "긍휼을 베푸는 자"(ὁ ἐλεῶν)라는 말은 특히 고통당하고 있는 자들을 돌아보는 일에 대해 언급하는 것이라고 여겨진다.[82] 그리고 불쌍히 여기는 자는 즐거움(ἐν ἱλαρότητι)으로 그 일을 해야 한다. 즉, "그는 긍휼이 필요한 때마다 그것을 베풀기를 자신을 기쁘게 하는 것을 크게 발견한 것처럼" 해야 한다는 것이다.[83] 그리고 이렇게 언급한 이유는 그들 안에 있는

---

[78] Hendriksen, 159.

[79] 이 점을 언급하는 Bruce, 215, Barrett, 239를 보라.

[80] Cf. Hendriksen, 159. 크랜필드는 이와 달리 이는 교회에서 구제 사역을 담당하는 사람과 관련된 것으로 해석한다. Cf. Cranfield, *Romans*, ICC, 89-90; idem, *Shorter*, 465.

[81] Cf. Hendriksen, 159.

[82] 이 구절에 대한 칼빈과 헨드릭슨의 자세하고도 목회적인 언급을 참조하라. 또한 Cranfield, 627을 보라. 이에 반해서 Black은 이를 특별히 구제의 분배에 관여하는 집사직과 관련시키려고 한다(Black, 171). 그것은 오히려 7절의 섬기는 일과 연관되어야 하지 않을까? 또한 크랜필드는 이 일을 교회를 대표해서 하는 것으로 본다. Cranfield, ICC, 90; idem, *Shorter*, 465f; Black, 171도 보라.

[83] Lenski, 248.

정신이 그들이 행하는 것보다 더 중요하기 때문이라고도 해석할 수 있다.

4) "그 사랑"이 참된 것이 되게 하라[84]

이 맥락을 고린도전서 12장과 13장의 관계와 연관시키면서 "칠종의 은사로 하는 활동을 논의한 후에 사랑을 지적한다"고 말하는 렌스키의 지적은 흥미롭다.[85] 또한 로마서에서 이제까지 사랑이란 말은 하나님의 사랑을 뜻하는 것으로 사용되었는데, 이 절부터 사람들 서로에 대한 사랑으로도 사용되고 있다는 크랜필드의 관찰도 신중한 것이다.[86] 참으로 "기독교 공동체에서는 아가페가 모든 은사 사용의 선조건(precondition)이다."[87] "그 사랑"이 참된 것이 되게 하라는 말은 기본적으로 '가면'을 뜻하던 말인[88] 위선(ὑποκριτής, hypocrisy)이 없게(ἀνυπόκριτος) 하라는 뜻이다. 즉, 가식적으로 하지 말라는 뜻이다(요일 3:18 참조).

바로 그렇게 하는 것이 악을 미워하고 선에 속하는 방식이라는 의미가 아닐까? 이를 위한 구체적인 방안들을 바울은 다음과 같이 제시하고 있다.[89]

(1) 형제를 사랑하여(φιλαδελφία) 서로 우애하고(φιλόστοργος) 존경하기를

---

[84] 9절에서 21절까지는 히브리어 스타일을 따라서 분사가 명령법으로 사용된 예로 보는 것이 일반적인 해석이다. 그 내용은 논리적 연관성을 가지고 있다기보다는 사상의 흐름을 따라가거나 연결어(catch-word)가 자연스럽게 연결시켜 진행되어 가는 방식으로 나타나고 있다. 이런 점을 지적하는 여러 사람들 중에 특히 Black, 172를 보라.
그런데 9절을 명령법으로 보지 말고 사랑의 참된 성질을 진술하는 것으로 보아야 한다는 지적으로 Achtemeier, 198을 보라.

[85] Lenski, 249. 고린도전서의 구조와의 유사성은 Black, 172에서도 지적되고 있다.

[86] Cranfield, ICC, 94; idem, Shorter, 468f.

[87] Black, 172.

[88] 이 점에 대한 좋은 지적으로 Lenski, 249를 보라.

[89] 나의 해석과 같이 9b-13절을 참된 사랑을 드러내는 예들로 보는 해석으로 Achtemeier, 198을 보라.

서로 먼저 하며(τῇ τιμῇ ἀλλήλους προηγούμενοι). 이는 가족 관계에서와 같이 친밀하고 가까우며 돌아보는 관심(caring concern)을 표현하며, 존중하는 일에 있어서 서로 먼저 "고려하라"는 뜻이다. 그 이유에 대한 크랜필드의 다음 같은 설명은 주목할 만하다: "동료 그리스도인(사실 모든 인간)을 나보다 나은 존재로 존중해야 하는 것은 그리스도께서 그들 가운데서 나를 위해 현현하시기 때문이다."[90]

이와 연관된 다른 곳에서의 가르침들로는 "오직 겸손한 마음으로 각각 자기보다 남을 낫게 여기고"(빌 2:3)라는 권면이나, "그리스도를 경외함으로 피차 복종하라"(엡 5:21)는 말씀을 생각할 수 있다.

(2) 부지런하여 게으르지 말고, 즉 변화된 삶에는 "나태나 태만이 들어설 자리가 없는" 것이다.[91]

(3) 열심을 품고 주를 섬기라.

"열심을 품고"라고 번역된 τῷ πνεύματι ζέοντες라는 말은 ① "우리의 영이 타올라, 즉 열심을 품고"라고 해석할 수도 있고,[92] ② "성령과 함께 열심히" 또는 "성령으로 빛나"(be aglow with the Spirit)라고 해석할 수도 있다.[93] 첫째 해석은, 일반적인 의미로 "열심을 품고"로 해석하는 것이다. 이와 같은 용어가 사용된 비슷한 용례로 아볼로가 열심히 예수에 관한 것을 자세히 말하며 가르친 경우를(행 18:25) 생각하면 이런 해석이 자연스럽게 나타날 수 있다. 둘째 해석은 "성령으로 인한 열심을 품으라"는 뜻으로 이해하는 것이다. 크랜필드는 "인간에게 있어서

---

[90] Cranfield, *Shorter*, 470f.; idem, ICC, 98.

[91] Cranfield, *Shorter*, 471; idem, ICC, 98.

[92] 이런 해석의 예로 Lenski, 252("사람의 영은 그를 감동시켜 부지런하게 한다")를 보라.

[93] 두 번째 해석은 브루스가 소개하고 자신이 그런 입장을 드러낸다(Bruce, 216). 또한 Hendriksen, 163; Barrett, 240도 보라. 명확하진 않으나 이와 연관해서 '불'은 성령의 소멸하는 능력을 표현하는 친숙한 성경적 표상이라고 하면서 사 4:4, 마 3:11과 병행구들, 행 2:3 등을 언급하는 Black도 그런 성향을 보인다(Black, 173f.).

다혈질적인 기질이 언제나 바람직하다고는 할 수 없으므로" "이 구절에서 바울은 하나님의 영이 인간의 마음속에 붙이는 불꽃을 염두에 두고 있다고 이해하는 것이 더욱 타당할 것이다"고 한다.94 또한 어떤 이는 이 둘을 연결시켜 해석하려고 한다: "우리의 영(spirit)이 성령(the Spirit)으로 인해 뜨거워지는 것이다."95

또한 "주를 섬기라"가 가장 보편적이고 고대의 많은 사본들이 증거하고 있는 것이므로 전반적으로 볼 때 이렇게 보는 것이 더 나을 것이다.96 그리고 이렇게 볼 때 바울이 의도하는 바는 크랜필드가 잘 말하고 있는 바와 같이, "성령의 불꽃이 현현하신다는 진정한 증거는 흥분에 가득 찬 종교적 열광이 아니라, 겸손 가운데 더욱 새로워진 열정과 결의, 주 예수님을 순종하여 섬기는" 일이라는 것이다.97 그러나 때로 "시간을 섬기라"(serve the hour, καιρῷ)로 된 사본도 있으므로(D*. F. G) 이런 독법이 바른 것이라면 성도들은 자신들이 살고 있는 시대의 요청을 잘 파악하여 그에 부합하는 일을 하도록 요구받고 있다고 할 수 있다.98 그 때의 의미는 시간을 섬기라는 것(time-serving)이기보다는 "적절하게, 때에 맞게"(opportune or timely service) 섬기라는 뜻으로 보는 것이 더 나을 것이다.99

(4) 소망 중에 즐거워하며(τῇ ἐλπίδι χαίροντες)

(5) 환난 중에 참으며(τῇ θλίψει ὑπομένοντες)

(6) 기도에 항상 힘쓰며(τῇ προσευχῇ προσκαρτεροῦντες)

---

94 Cranfield, *Shorter*, 471.

95 이상근, 292; Sanday and Headlam, 361("the human spirit instinct with and inspired by the Divine Spirit").

96 Cf. Black, 174; Cranfield, ICC, 100-102.

97 Cranfield, *Shorter*, 471; idem, ICC, 100-101.

98 Cf. Oscar Cullmann, *Christ and Time* (Philadelphia, 1950), 42.

99 비록 필자는 "주를 섬기라"는 뜻을 지지하지만 Black이 이를 제시하고 있다(174).

이상 세 가지는 성도의 이 세상에서의 삶에 어려움이 동반되고 있음을 시사하고 있다. "이 세계 속에서 그리스도인으로 사는 데에는 언제나 시련과 고통이 동반되기 때문에 인내는 필수적인 것이라 하겠다."[100] 그 가운데서도 성도는 즐거움과 인내와 기도의 삶을 살아가야 한다는 것을 이 본문은 말해 주고 있다. 그리스도인에게는 "희망이 없는 상황은 없다. 단지 자신들에 대해 희망이 없다고 생각하게 된 사람들만이 있을 뿐이다"는 말이 참으로 옳다.[101] 그러나 "끊임없는 기도가 없이는 그런 즐거움과 참음은 불가능하다."[102]

(7) 성도의 쓸 것을 공급하며(κοινωνέω, share in or partake of). 이는 궁핍한 성도들에 대한 물질적 교제 전체를 지칭하는 말이다.

(8) 손 대접하기(φιλοξενίαν)를 힘쓰라(διώκω).

이는 특히 고대의 여행 상황을 전제로 그들을 위한 숙박과 식사 제공을 염두에 두고 권면하는 말임에 유의해야 한다(cf. 히 13:2, 딤전 3:2, 딛 1:8). 특히 다음에 나오는 핍박에 일반적으로 사용되는 동사를 사용해서 이 점을 강조하는 것에 유념해야 한다.

3. 이 세상 속에서의 성도의 자세(14-21)

이 부분에서 바울이 모든 사람들에 대한 성도들의 사랑의 사역을 논의하고 있다는 데에는 상당히 많은 이들이 동의한다.[103] 이 세상의 모든

---

[100] Cranfield, *Shorter*, 472.
[101] Barclay, 166.
[102] Hendriksen, 164.

사람들에게 성도는 어떤 태도와 삶의 자세를 보여야 하는가?

1) 핍박하는 자를(τοὺς διώκοντας) 축복하고(εὐλογέω) 저주하지 말라.

이 가르침은 그리스도의 가르치심을 그대로 반영하고 있는 것으로 해석할 수 있다: "예수님의 말씀의 메아리이다."104 특히 "너희를 저주하는 자를 위하여 축복하며 너희를 모욕하는 자를 위하여 기도하라"(눅 6:28)는 말씀이 직접적으로 반영되고, 그 정신은 "나를 인하여 너희를 욕하고 핍박하고 거짓으로 너희를 거스려 모든 악한 말을 할 때에는 너희에게 복이 있나니, 기뻐하고 즐거워하라…"(마 5:11-12)는 말씀이 간접적으로 반영된 권면으로 볼 수 있을 것이다.105 그러므로 우리는 "마음으로도 저주해서는 안 된다"(Bengel).106 그러므로 "이 구절은 우리를 핍박하는 자에게 해가 닥칠 것을 원하지 말라는 것만이 아니고 그들이 나쁜 일을 당하지 않기를 소원하고, 하나님께서 그들을 축복해 주실 것을 기도함으로써 그 소원이 거짓이 아님을 보이라는 것을 말하고 있다."는 크랜필드의 말은 아주 정확한 것이다.107 특히 많은 핍박자들이 결국 그 용서하는 태도로 인하여 믿는 이가 되었음을 생각하면 이는 지극히 당연하다.108 그러므로 우리는 어거스틴과 같이 "교회는 바울에게 스데반의 기도를 빚지고 있다"고 말할 수 있을 것이다.

---

103 Cf. Fitzmyer, 325; Hendriksen, 166; Achtemeier, 194f., 203; Cranfield, ICC, 92f.; idem, *Shorter*, 468.

104 Hendriksen, 166; 이상근, 293. cf. Lenski, 256; Barrett, 241; Cranfield, *Shorter*, 474; idem, ICC, 107.

105 브루스는 이 말씀을 실천한 바울 자신의 예로 고전 4:12b-13a와 행 28:19b를 들고 있다 (Bruce, 216).

106 이상근, 294에서 재인용.

107 Cranfield, *Shorter*, 474.

108 이 점을 강조한 예로 Barclay, 168을 보라.

2) "즐거워하는 자들로 함께 즐거워하며 우는 자들과 함께 울라."

부정사가 명령의 의미로 사용된 이 본문의 말씀은 성도의 삶의 방식과 태도를 가장 잘 요약하고 있는 말씀이라고 할 수 있다. 헨드릭슨이 잘 말하고 있듯이 "만일에 우리가 참으로 자신을 사랑하듯이 이웃을 사랑한다면(눅 10:27), 이 일은 가능할 것이다."109 참된 신앙을 가지고 있기에 자기 중심적이지 않으면 우리가 다른 이들을 참으로 동정할 수 있기 때문이다.110 부루스는 이것이 스토아적인 가르침이 아니고, 그리스도의 방식과 일치하는 것이라고 말한다.111 이 말씀의 교훈을 반어적으로 잘 설명하는 헨드릭슨의 다음 설명도 시사적(示唆的)이다: "함께 기뻐함의 반대는 질투로 가득 차는 것이고(딛 3:3), 함께 슬퍼함의 반대는 혼자서 흡족해하는 것이다. 그것의 슬픈 결과를 주목하라(잠 17:5)."112

3) 마음을 같이하며, 즉 상호 존중의 정신에서 잘못된 자기 존중을 제거하는 것이 사회의 일치를 위해 필요하다고 가르치는 듯하다.113

4) "높은 데 마음을 두지 말고, 도리어 낮은 데 처하라."

이는 낮은 사람들 사이에 처하여 그런 이들과도 기꺼이 교제하라는 뜻이고,114 또 어떤 의미에서는 사람들이 천시하는 일을 감당하라는 것이

---

109 Hendriksen, 167.
110 Barrett, 241.
111 Bruce, 216.
112 Hendriksen, 168.
113 이 권면이 그리스도인에 대한 것만은 아니라는 것에 대한 좋은 논의로 Cranfield, *Shorter*, 475; idem, ICC, 110을 보라.
114 Hendriksen, 168f. 이는 τοῖς ταπεινοῖς를 남성으로 취하는 해석이다. 또한 Lenski, 257

된다.115 이 구절에서는 둘 다의 의미로 보는 것이 나을 것이다.116 그리고 전체적인 의미의 전달을 위해 "스스로 지혜 있는 체 말라"는 말을 덧붙이고 있다. 그렇다면 이는 잠언서 3:6, 7을 인유하고 있는 것으로도 볼 수 있을 것이다.117

5) 모든 사람 앞에서 선한 일을 도모하라(17절 하).

이는 "그리스도인들은 모든 사람들이 보기에 선한 일을 생각하고, 목표로 삼으며, 추구해야 한다"는 뜻이다.118 그 대표적인 예로 "할 수 있거든 너희로서는(τὸ ἐξ ὑμῶν)119 모든 사람으로 더불어 평화하라"(18절)는 말씀을 추구하며 실현해 가려고 해야 한다. 이는 "모든 사람으로 더불어 화평함과 거룩함을 좇으라"(히 12:14)는 말씀과 연관된다.

그러므로 우리의 노력에도 불구하고 평화가 깨어지는 상황 가운데서도 성도들은 원수 갚는 일을 하지 말라고 한다. 먼저 어려움과 핍박을 당할 때도 하나님께 부탁해야 한다(17, 19절). 주께서 그렇게 말씀하셨기 때문이다. 또한 우리가 참아야 하는 것에 대해서 렌스키가 하고 있는 말은 의미심장하다:

("이 말이 신약에서 명사로 쓰여진 때에는 … 항상 남성으로 사용되었다."); Black, 175f.; Cranfield, Shorter, 477; idem, ICC, 111-12도 보라.

115 Cf. Fitzmyer, 325("give yourselves to lowly tasks"). 이는 τοῖς ταπεινοῖς를 중성으로 취하는 해석이 된다. 루터도 그런 해석을 하였다고 한다(Lenski, 257에서 재인용). 또한 Sanday and Headlam, 364를 보라.

116 그런 해석의 예로 Vincent, 이상근, 295, Barrett, 242("It is well to remember that Greek occasionally allows an ambiguity impossible in English; Paul may have been aware, and may have approved, of both ways of taking his words.")를 보라.

117 이 점에 관심을 기울이는 Hendriksen, 169; Barrett, 242; Cranfield, Shorter, 476; idem ICC, 112를 보라.

118 Cranfield, Shorter, 477.

119 이는 "부사 역할을 하는 목적어"로서 "너희에게서 나오는 것에 관한 한"이란 뜻이라고 잘 밝히고 있는 Lenski, 259 참조.

우리가 누구기에 그런 천대를 피해야 하는가? 우리가 지은 흉악한 죄들을 생각할 때에
우리가 그 이상 더 천대를 받지 않는 것이 이상한 일이다.120

그리고 바울은 더 나아가서 오히려 "네 원수(ἐχθρός)가 주리거든 먹이고 목마르거든 마시우라"라고 하신다. 이것이 "선으로 악을 이기는" 방법이라고 한다. 그러므로 성도들은 원수 갚는 것 등의 문제를 하나님께 맡기고, 그 자신은 항상 선을 추구하면서 나아가야 한다는 것이다.

이때 바울은 잠언서 25:21-22을 사용하여 말하고 있다. 그 중에서 22절의 말씀, 즉 "그리하는 것은 핀 숯으로 그의 머리에 놓는 것과 일반이요, 여호와께서는 네게 상을 주시리라"는 말씀 중 전반부를 인용하기도 하는데, 이 말의 의미는 불분명하다. 다후드 같은 유대인 학자들은 맛소라 텍스트를 "핀 숯을 그 머리 위에서 제거하는 것이요"(you will remove coals of fire from his head)라고 제안한다.121 그러나 바울은 70인역의 번역에 따르면서 "핀 숯을 그 위에 놓는 것이요"라고 이해하면서 이를 인용하고 있는 것 같다. 그 말의 의미는 무엇일까? 상당히 많은 교부들이 "불타는 수치의 고통"이란 뜻으로(the burning pangs of shame) 이를 해석했다(Ambrosiaster, Augustine, Jerome). 이런 해석에 동의하면서 헨드릭슨도 "대적의 마음에 수치와 참회로 가득 채울 수 있는 어떤 방법이 있다면 그것은 바로 이 방법(즉, 그들을 돕고 친절히 해 주는 방법)"이라고 말한다.122 악트마이어가 잘 표현하고 있듯이, "원수들에게 평강을

---

120 Lenski, 258.

121 M. Dahood, CBQ 17 (1955): 19-23; cf. A.Skirinjar, VD 18 (1938): 143-50, cited in Fitzmyer, 326.

122 Hendriksen, 178. 또한 Sanday and Headlam, 365; Barrett, 242f.도 보라. 이와 연관되나 조금 다른 제시로 Lenski, 262: "어떤 사람들은 생각하기를 원수가 느끼는 부끄러움이라고 한다. 그러나 원수가 과거에 범한 죄악을 참회하는 데 동반되는 고통이라는 것이 더 낫다… [그러나 본문에서는 변화가 시사되는데]] 즉, 자기에게 베풀어진 호의를 자기 머리 위의 활활 타는 숯불처럼 여기지 아니하고 그것이

제공하는 것은 회개를 가져오게 하는 한 가지 방법"이다.123 즉, 이는 "원수 됨을 친구 됨으로 바꾸게 한다"는 것이다. 또 어떤 교부들은 원수를 먹이고 돌보아 주었는데 그가 회개하지 아니하면 결국 그에게 더한 심판을 받게끔 하는 것이 된다고 해석하기도 하였다(Origen, Crysostom). 아마도 최후의 심판과 관련하여 그렇게 해석하는 것이 옳을 것이다.124

그런데 그리스도인에게는 궁극적인 원수가 악이다.125 그러므로 우리는 언제나 악을 선으로 이겨야 한다. 반복적으로 말이다.126 악에 대해 악한 반응을 보이는 것은 결국 악이 승리하도록 하는 것이다. 왜냐하면 "보복하는 일은 … 자기 마음으로부터 솟아난 악에게 정복당하는 일에 지나지 않기" 때문이다.127 따라서 그리스도인은 어떤 상황에서도 선으로 악을 이겨야 한다.

그러므로 교회 공동체 안에서 사는 방식이나 교회 밖의 사회 속에서 사는 방식의 근본적인 차이가 없고,128 오히려 사회 속에서는 더 복잡한 일과 핍박이 있으므로 주어진 명령을 잘 실현할 수 없을 것 같아도 더욱 적극적으로 하나님의 뜻을 분별해서 사는 모습을 보여 줄 것을 요구하는 것이다. 여기에 진정한 신앙생활이 있다. 우리의 믿는 바를 사는 것이 바로 여기서 나타난다.

친구로부터 온 영예와 면류관인 것처럼 여길 것이라는 뜻이다." 그러나 마지막 부분의 논의는 좀 지나친 듯 싶다.

123 Achtemeier, 201; Cranfield, *Shorter*, 480.

124 Cf. K. Stendahl, in *Harvard Theological Review* 55 (1962): 344-55, cited in Fitzmyer, 326. 스땅달은 바울의 일반적인 원리와 쿰란 문서들을 연관시키면서 이런 결론에로 나아갔다.

125 Cf. Fitzmyer, 326.

126 명령법이 현재 명령법인 점에서 이런 의미를 제시하는 Lenski, 262f.를 보라. 그러나 의미는 늘 맥락에 따른 것이므로, 이런 문법적 요점을 너무 강조하지 않도록 주의해야 할 것이다.

127 Cranfield, *Shorter*, 480.

128 그리스도인은 그 두 영역 모두에서 "은혜의 구성하는 능력 아래"(under the structuring power of grace) 있어야 한다는 Achtemeier, 201도 참조하라.

4. 결론: 우리 정황에의 적용

한국적 상황 가운데서 성도의 모습이 어떻게 나타나고 있는가 하는 것과 본문이 제시하고 있는 수준 높은 성도의 삶의 모습을 대조해 보는 것은 우리에게 큰 도전이 될 것이다. 본문이 보여 주고 있는 높은 수준의 삶이 참된 영적인 삶이며, 신앙적인 삶이다. 이와 대조할 때 우리가 흔히 신앙적인 행동이고 삶이라고 말하는 것은 때때로 너무 자기 중심적이고, 자기 욕심을 채우기에 급급한 이기적인 모습으로 나타나는 경우가 많이 있다. 이 점이 우리가 심각하게 반성할 모습이라고 여겨진다.

1) 교회 공동체 안에서의 삶에의 적용

무엇보다도 가장 부족한 것이 지체 의식임이 드러난다. 우리의 신앙생활은 매우 개인주의적이고, 지체를 섬기는 것이나 지체와 함께 그리스도의 몸인 교회를 세워간다는 의식이 매우 부족하다.

(1) 은사대로 섬긴다는 의식도 부족한 것으로 여겨진다.

(2) 거짓 없는 사랑에서도 부족하여 사랑하며 존경하기를 서로 먼저 하는 일도 드물다.

(3) 현대 사회에서는 손 대접하는 일에서도 우리는 문제가 있음이 드러난다.

(4) 그리고 근본적으로 우리들은 많이 게으르다. 부지런히 열심을 품고 주를 섬김으로 주어진 역할을 감당하지 않는 것이다. 헌신의 부재 – 그것이 우리들의 가장 큰 문제일 수 있다.

2) 교회 밖에서의 삶에의 적용

사람들과 진정으로 함께 하는 일, 할 수 있는 대로 모든 사람으로 더불어 평화하는 일에서 우리는 문제가 있음을 드러내고 있다. 결국 우리는 악에게 지고 있으며 선으로 악을 이기는 일에서 실패하고 있다. 그러므로 끊임없이 선한 일을 추구해 가는 일만이 우리에게 주어진 과제가 될 것이다. 우리는 항상 "악을 미워하고 선에 속해야" 하기 때문이다(9절).

이렇게 살아가려고 할 때 우리 마음속에 혹시 이렇게 하면 이 세상을 살아갈 수 없을 것이라는 염려와 불안이 있을 수 있다. 바로 이런 정황에서 우리는 "우리가 알거니와 하나님을 사랑하는 자 곧 그 뜻대로 부르심을 입은 자들에게는 모든 것이 합력하여 선을 이루느니라"(롬 8:28)는 말을 상기(想起)해야만 한다. 또한 불안이 엄습하여 올 때 우리는 "누가 우리를 그리스도의 사랑에서 끊으리요 환난이나 곤고나 핍박이나 기근이나 적신이나 위험이나 칼이랴… 그러나 이 모든 일에 우리를 사랑하시는 이로 말미암아 우리가 넉넉히 이기느니라"(롬 8:35, 37)는 말씀을 기억해야만 한다. 그러므로 그리스도인이 이 세상에서 살아가는 것은 처음부터 끝까지 하나님 신뢰 가운데서 사는 것이다. 그렇게 하는 것만이 이 본문이 말하는 가르침을 실현하는 것이다.

4장

서원하는 일에 대하여

과거에나 현대에나 하나님 앞에 서원(誓願)하는 고귀한 일이 오용(誤用)되고 있는 일들이 비일비재(非—非再)하다. 이런 오용들에 직면해서 우리는 성경이 말하고 있는 서원의 바른 의미를 살펴보고, 그런 성경의 가르침의 빛에서 우리의 생각과 실천을 바로잡는 일을 해야만 한다.

1. 서원 일반에 대한 성경적 이해

1) 성경적 서원 이해

성경에서는 무엇보다 먼저 하나님 앞에서 서원하는 문제에 있어서 우리가 매우 주의하고 조심해야 할 것을 강조한다. 서원을 함부로 해서는 안 된다는 것이다. 물론 서원만이 아니라 도대체 하나님 앞에서 하는 모든 말에 있어서 우리는 매우 주의해야만 한다는 것을 성경은 매우 강조한다. 하나님의 엄위(嚴威)와 거룩하심[구별되심]을 생각할 때 이것은 매우 당연한 일임에도 불구하고, 성경 시대에나 역사 가운데서나 현대에도 하나님의 엄위성을 생각하지 않고 하나님 앞에서 함부로 행하는 일이 너무나도 많기에 성경에서는 아주 분명히 하나님 앞에서 함부로 입을 열지 말라고 말씀하신다: "너는 하나님 앞에서 함부로 입을 열지 말며"(전도서 5:2). 더 나아가서 하나님 앞에서는 깊이 생각하지 않고서 "급한 마음으로 말을 내지 말라"고 하신다. 그리고 하나님 앞에서는 "마땅히 말을 적게 할 것이라"(전 5:2)고 하신다.

그리고 서원에 대한 성경의 이렇게 고도(高度)한 입장을 생각하면 사람들이 하나님 앞에서 서원한 것은 반드시 지켜져야만 한다는 것은 매우 당연한 일이다. 왜냐하면 "하나님은 하늘에 계시고 너는 땅에 있"(전 5:2)기 때문이다. 그러므로 하늘에 계신 엄위하신 하나님 앞에서 행한 서원에 대해서는 존재 전체를 다해 책임을 져야 한다.

2) 잘못 서원한 경우에는 어떻게 해야 하는가?

그런데 하나님의 엄위성을 바로 생각하지 않고 잘못 서원한 경우에는 어떻게 해야 하는가? 그 때에도 하나님 앞에 서원한 것이므로 반드시 지켜야 하는가? 이런 질문을 하게 되는 동기가 참으로 하나님을 엄위하게 생각하고서 그 엄위하신 하나님 앞에서 서원한 것이니 책임을 다해야 하겠다는 것이라면 이 태도는 귀한 것이다. 이런 경우, 즉 하나님 앞에서의 진지한 책임감을 가지고 서원에 대해 생각하려는 경우라면, 우리는 그 진지한 태도가 하나님 앞에서 의미 있게 받아들여졌음을 생각하면서 다음과 같은 고민에로 진전해 나갈 수 있다. 즉, 진지하게 엄위하신 하나님 앞에서 고민하는 것이라면 그 서원의 내용이 과연 제대로 된 것인지, 잘못된 것인지를 깊이 있게 검토해야만 한다.

그런 검토의 결과로 만일에 자신이 서원한 내용이 성경에 비추어서 잘못된 것이 아니라면, 그 때에는 계속해서 그 서원에 대해 전적인 책임을 지려고 해야 한다. 그 내용이 옳을 것일 때는 나의 경솔함이 그 서원의 동기라고 해도 후에 하나님의 엄위성을 깨닫게 되었을 때에는 그 내용을 전인격을 다해 수행하려고 해야만 한다. 성경은 "네가 하나님께 서원하였거든 갚기를 더디게 말라. 하나님은 우매자를 기뻐하지 아니하시나니 서원한 것을 갚으라"고 하시기 때문이다(전 5:4).

그러나 그렇게 검토해 보았을 때 자신이 이전에 한 서원이 성경적으로 잘못된 것임을 발견했을 때는 동일한 진지함을 가지고서, (1) 하나님 앞에서 하나님의 엄위를 무시하고 함부로 입을 연 것에 대해서 회개하고, (2) 잘못 서원하여 한번 하나님 앞에서 서원한 것을 지키지 못하게 된 것에 대해서 깊이 회개해야만 한다. 그리고 (3) 동일한 회개의 심정으로 자신이 잘못 서원한 것을 파기해야만 한다. 예를 들어서, 하나님 앞에 2,000억을 헌금하겠다고 서원했다고 해보자. 그런데 이 사람은 평생을 모아도 2,000억을 모을 수 없는 사람일 경우에는 어떻게 해야 하는가? 그 때에는 하나님 앞에서 잘못 서원했음을 회개하고서 서원을 조정하거나 파기해야만 한다. 그러나 다시 한번 더 강조하지만, 이 때에 그는 하나님 앞에서 진지한 태도와 하나님의 엄위를 존중하는 태도로 그리해야 하는 것이다. 다시 말하지만 그저 사람들 앞에서 자신이 잘못 말했었노라고 하는 정도의 마음을 가지고 이전에 서원한 것을 파기해서는 안 된다.

아무리 잘못 서원한 것이라도 하나님 앞에서 서원한 것인데 그것을 파기할 수 있느냐고 생각하거나 반문할 사람들을 위해서 한 가지 예를 들어보기로 하자. 중세 때에는 평생 혼인하지 않고 하나님 앞에서 독신으로 자신의 삶을 다 드리겠다고 서약하는 독신 서약이 많이 행해졌었다. 그러나 종교 개혁 때에 이런 중세의 관행을 성경적으로 검토해 본 결과로 루터와 칼빈 등 많은 개혁자들은 이전에 행한 독신 생활에 대한 서원이 비성경적이고 잘못된 것임을 깨닫고서 진지하게 하나님 앞에서 회개하며 자신들의 이전 서원을 파기하고, 그것을 공표(公表)하는 의미로 혼인한 일이 있다. 이런 행위는 그저 독신 생활이 싫어서나 하나님을 무시해서가 아니라, 이전의 서약과 서원의 내용이 성경적으로 잘못된 것임을 깨달았기 때문에 나온 것이다. 그러므로 우리들도 성경의 내용에 비추어서 우리의 서원한 것이 잘못된 것임을 발견했을 때는 진지한 회개의 심정과 하나님의 엄위를 존중하는 태도로 우리의 서원을 파기해야만 한다. 그것이 성경의 가르침을 진정 존중하며 하나님의 엄위성을 바르게 인정하는 것이다.

그러나 성경적 근거와도 상관없이 하나님 앞에서 행한 서원을 지키지 않으려는 동기가 조금이라도 작용해서 우리들이 서원한 것을 파기하려는 것이라면 상황은 매우 다르다. 사실 이 서원에 대한 질문이 이런 동기에서 나올 수 있기에 우리는 매우 주의해야 한다. 예를 들어서, 하나님 앞에 서원한 것이 (그것이 물질이든지, 자신의 생애를 어떻게 살겠다고 한 것이든지를 막론하고) 아까워져서 자신이 그것을 행하지 않으려고 하는 것이라면, 그것은 이전에 서원한 것만큼이나 그러나 그 이상 하나님의 엄위성을 무시하는 것이 된다. 이 때에는 "서원하고 갚지 아니하는 것보다 서원하지 아니하는 것이 나으니"(전 5:5)라는 말씀이 아주 적절하다고 할 수 있다. 그러므로 이런 경우에는 자신의 동기에 대한 좀더 진지한 반성이 필요하다. 이 때는 진정으로 하나님 앞에서 회개하며 자신의 마음을 고치는 일이 필요할 뿐이다.

3) 이 모든 문제를 근원적으로 해결하는 방법은?

이런 잘못된 일들을 시정하는 것은 결국 성경이 요구하는 하나님 앞에서의 바른 태도를 다시 회복하는 길뿐이다. 하나님과 바르게 관련하지 않는 사람들은 결국 모든 문제 가운데 있게 된다. 그들이 하나님을 하나님으로 바로 알고 그 엄위하신 하나님 앞에 바로 서기 전에는 그 복잡한 문제들이 제거될 수 없다. 상당히 많은 경우에 우리들이 가진 복잡한 문제들은 바로 여기서, 즉 하나님 앞에서 바로 서 있지 않은 데서 생기는 것이라고 할 수 있다.

하나님 앞에 서는 일 – 이것만이 서원에 대한 모든 문제뿐만이 아니라, 우리의 모든 문제를 해결하는 길이다. "하나님 앞에 홀로 서라"고 외치던 이전 선배의 의도가 바로 여기에 있다. 하나님 앞에서의 그 진지함을 가지고 있으면 우리가 생각하는 서원과 관련된 모든 문제가 다 사라지는 것이다. 그래서 모든 말씀 앞에 "네 발을 삼갈지어다 가까이하여 말씀을 듣는 것이 우매자의 제사 드리는 것보다 나으니"라고 말씀하시는 것이다(전 5:1).

4) 우리 주변의 상황들에 대한 실제적 의견 제시

그러므로 이런 상황 속에서 우리는 다음과 같은 것들을 진지하게 생각해야 한다.

(1) 하나님 앞에서 서원하는 일, 하나님 앞에서 기도하는 일, 하나님 앞에서 입을 여는 일에 있어서 우리는 참으로 주의해야 한다. 함부로 입을 열지 아니하도록 주의해야 한다.

(2) 잘못된 내용의 서원에 대해서는 회개하는 마음을 가지고 서원을

파기해야 한다. 물론 이것도 죄이다. 그러나 잘못된 서원을 지속하는 것은 더 큰 죄이므로 그것을 바로잡는 일을 하는 것이다.

(3) 이보다 더 심각한 문제는 사람들을 부추겨서 사람들로 하여금 잘못된 서원을 하게 하는 일은 모두 없어져야만 한다. 예를 들어서, 예배당 건축을 위해 분에 넘치는 헌금을 작정하게 한다든지 하는 일들은 아주 심각한 문제로 여겨져야 하는 것이다. 군중 심리를 이용해서 사람들을 자신들이 할 수도 없는 것에로 이끌어 들이는 일을 하지 않도록 교회 지도자들은 최선을 다해야 한다.

그리고 모든 그리스도인들은 우리를 이렇게 유도하는 이들의 잘못된 유도에 넘어가지 않도록 주의하면서, 성령님을 의존하고서 진지하게 자신이 하나님 앞에서 결단하고 하나님의 뜻을 수행하는 사람이 되도록 힘써 나가야만 한다.

2. 자신이나 자녀를 하나님 앞에 바치는 서원에 대해

하나님 앞에 서원하는 일과 관련해서 흔히 있는 오해들 가운데 하나로 자신이나 자녀를 하나님께 바치는 서원과 관련된 오해가 있다. 구약에 나타난 몇몇 경우들에 근거해서 자녀들 가운데 첫째 자녀를 하나님께 바친다고 서원하는 일이 있고, 그것은 그 자녀가 목회자나 선교사가 되도록 하는 일이라고 생각하며, 그것이 그 서원한 사람이나 자녀들을 심리적으로 돕기도 하고 억압하기도 하는 현상이 우리들 교회 안에 많이 있다. 과거에는 이런 것들이 매우 거룩하며 영적인 것이며 장려할 만한 것으로 논의된 일도 많이 있었다. 이런 현상에 대해서 우리는 과연 어떻게 생각해야 하는가?

1) 구약에서 자녀를 하나님께 바치는 일에 대한 이해

출애굽 이후의 이스라엘에게 있어서는 기본적으로 "사람이나 짐승이나 무론하고 초태생은 다 거룩히 구별하여 [하나님께] 돌리도록" 되었다. 그것은 특히 하나님의 것이라고 하신 것이다(출 13:2). 이는 처음 유월절 때에 이집트의 사람과 짐승의 초태생은 다 죽었는데, 이스라엘은 (장차 오실 메시아이신 그리스도의 십자가 죽음을 예표[豫表]하는) 문 인방과 설주에 그 피를 바른 그 어린양의 피로 인해 자신들의 초태생이 살아 남은 것에 대한 기억과 감사의 표였다. 그러므로 초태생의 수컷은 다 여호와께 희생(sacrifice)으로 드리고, 그 장자들은 짐승으로 대속(代贖)하도록 하신 것이다(출 13:12, 13, 15). 하나님께서는 초태생은 "내 것"이라고 말씀하시기도 하신다(출 13:2, 12). 그러나 엄밀하게 생각해 보면, 그것은 첫째 아들만이 여호와께 속해 있음을 표하는 것이 아니다. 오히려 첫째가 대표하는 것처럼, 이스라엘 백성의 자녀들이 모두 다 주께 속해 있음을 표하는 행위라고 이해해야 한다.

마치 이스라엘 백성들이 가나안 땅에 들어가 수확을 하면 매년 토지소산의 첫 이삭 한 단을 드려 제사장이 그것을 요제로 드릴 때(레 23:9-14), 그 첫 열매만 하나님 것이고 나머지는 자신들의 것이라고 생각해서는 안 되는 것과 같다. 그러므로 초태생을 드리는 일은 (1) 어떤 서원으로 드려지는 것이 아니고 구속함을 받은 이스라엘에게는 그 초태생이 당연히 여호와의 것인데, (2) 이는 초태생만 여호와의 것이라는 의미가 아니라, 모든 자녀는 다 여호와의 것임을 대표하는 것이라고 할 수 있다.

물론 구약에서는 특별히 자신이나 자녀를 주께 드리는 서원의 예가 나온다. 사사기 11:29-31, 34-40에 나오는 입다의 경우가 그러하고, 사무엘상 1:22-28에 나타나는 한나의 예가 그러하며, 나실인의 경우가 그러하다(민 6:2-21). 그러나 이것들은 매우 예외적인 경우였고, 그 경우들도 매우 다양했다. 입다의 경우에는 딸을 주님께 드리되 처녀로 드리고, 한나의 경우에는 아들을 드리되 제사장을 돕는 아이로 드렸는데, 그가 하나님의 인도하심 가운데서 이스라엘의 중요한 사사와 선지자 역할을 하게 되었다. 또한 나실인은 자신이 일정한 시기 동안 서원하여 자신을 구별하여 드릴 수 있었고, 때로는 삼손이나 세례 요한의 경우처럼 하나님께서 친히 그것을 요구하신 일이 있었다(삿 13:3-5; 눅 1:15). 그러나 이렇게 주님께 자신과 자녀들을 드린 예들은 매우 예외적인 것이었고, 일반적인 것이라고 하기 어렵다. 그리고 이것들은 구약 시대에 있었던 경우들이다.

2) 신약적 의미에서 하나님께 바쳐진 자녀들은 누구인가?

그런데 예수 그리스도께서 십자가에서 모든 희생제의 본체로서의 희생제적 제물로 드려진 시대, 그리하여 구약의 의식법적 요구를 다 이루신 시대인 신약 시대에 오면 초태생의 자녀가 특별히 주께 속한다는 개념조차도 없다. 오히려 **그리스도인의 모든 자녀들은 다 하나님께 속한 은혜의 자녀들로 여겨진다.** 그들은 다 그리스도 안에서 거룩한 자들로, 즉 구별된 자들로 여겨지는 것이다. 심지어 부모 중에 한 편만 예수를 믿는 이의 자녀도 "거룩하니라"라고 단언되었다(고전 7:14). 그러므로 그리스도인의 자녀들은 다 구별된 자들이며, 언약의 자녀들이다. 따라서 신약에서는 장자(長子)만 주님의 것이고, 나머지는 그렇지 않거나 덜한 것이 아니다.(사실 구약에서의 원칙도 모든 자녀가 다 주님의 것이었음에 유의해야 한다). 그러므로 우리의 모든 자녀들은 다 주님의 것이므로, 다 주님께 바쳐진 아이들인 것이다.

3) 이렇게 주님께 바쳐진[聖別된] 모든 자녀들은 어떻게 살아야 하는가?

이렇게 우리의 모든 자녀들은 다 주님께 바쳐진 자녀들, 즉 성별된 자녀들이다. 그리고 이렇게 주님께 바쳐진 자녀들은 주님께서 그들에게 주신 은사와 재능에 따라 주님께서 맡기신 일을 감당해야 한다. 그러므로 적법한 일이고 그의 재능과 은사에 부합한 것이라면 어떤 **어떤 자녀가 어떤 일을 하든지, 그가 진정 주님께 속한 사람의 의식을 가지고 하는 것이라면 그 모든 것이 다 주님께서 시키신 거룩한 성직(聖職)을 맡아 감당하는 것이다.** 그것이 교사의 일이든지, 간호사의 일이든지, 장사하는 일이든지, 디자인하는 일이든지, 음악하는 일이든지, 건축하는 일이든지를 막론하고 말이다. 따라서 신약적 개념에서 보면 중요한 것은 목사직이나 선교사직만이 아니다. 주님께서 그들을 그 일에로 불러 시키셨다면(*vocatio*) 이 모든 일들이 다 성직(聖職), 즉 구별된 직분이라는 의식을 가져야만 한다. (물론 이 때에 목사직이나 선교사직을 회피하려는 마음이 작용해서도 안 된다. 주님께서 그런 은사를 주셨고, 그런 소명을 주신 이들은 그런 일에로 자신을 헌신해야 한다. 여기서의 핵심은 목사직이나 선교사직만이 성직이 아니라는 것이다).

또한 중요한 것은 장자(長子)만을 주님께 바치는 것이 아니라, 우리들의 모든 자녀들을 하나님께 특별히 구별된 자로 잘 양육하는 일이다. 모든 자녀들이 다 주님께서 시키신 일을 제대로 감당하게 되도록 우리는 자녀들을 위해 기도하며, 그들과 함께 기도하고, 주의 교양과 훈계로 양육해야 한다. 우리의 모든 자녀들이 다 주님께 바쳐진 자녀들로서 그들의 일생을 살아가도록 말이다. 우리의 자녀들이 모두가 주님의 가르침 안에서 자라나 주님의 가르침에 자신을 헌신하지 않는다면 우리는 우리의 양육의 책임을 다 감당하지 못하는 것이 된다. 이렇게 우리의 자녀가 주님께 속한 자녀라는 것을 확언하며 믿음으로 고백하는 의식이 바로 유아 세례식이다.

4) 유아 세례의 진정한 의미 회복을 위한 제언

그런 의미에서 그리스도인들에게 있어서 유아 세례는 그 부모에게 있어서나, 유아 세례를 받는 이에게 있어서나, 그 교회 공동체 모두에게 있어서 매우 중요한 일이다. 우리가 유아 세례식을 하는 것은 그저 전통 때문에 하는 것도 아니고, 그저 우리의 마음을 다 드리고 자녀들을 드리기 위해 하는 것도 아니다. 그것은 우리의 자녀가 우리가 속한 은혜 언약에 속한 자녀라는 것을 믿음으로 고백하는 의식이며, 우리의 자녀들이 언약의 자녀이므로 가정과 교회 내에서 언약의 자녀답게 자라나도록 **부모와 온 공동체가 하나님 앞에서 서약하는 일이다**. 그러므로 우리는 이런 의미에 충실한 유아 세례식을 행하며, 그 의미에 걸맞은 교육을 힘써 하여 우리의 자녀들이 진정 주께 드려진 자답게 자라나서 그들의 입으로 신앙을 고백하고, 우리의 신앙을 유지 발전시키며, 다음 세대의 교회와 사회 속에서 하나님 나라를 더 잘 증시(證示)하는 이들이 되도록 힘써 나가야만 한다.

● 유아 세례의 의미에 대한 더 깊은 연구를 위한 참고 문헌 :

이승구, 『성령의 위로와 교회』 (서울: 이레서원, 2001).

Norman Harper, *Make Disciples*, 이승구 옮김, 『현대 기독교 교육』 (서울: 엠마오, 1985) (개정역: 서울: 토라, 2005).

5장

소위 "영성" 문제에 대하여

- 다른 종교인들의 "영성" 강조에 대해서 그리스도인은 과연 어떤 태도를 가져야 하는가?

들어가는 말

요즈음 우리 사회에서 사람들이 관심을 많이 기울이는 주제들(전쟁, 핵문제, 반전, 평화 등) 가운데 하나로 소위 "영성"(spirituality)이라는 주제가 있다. 이는 이 세상이 세속화되면 될수록 물질적인 것과 그것에 사로잡힌 우리의 삶에 대해 환멸을 느끼고 문제의식을 가진 사람들의 일반적인 추구의 하나로 나타나고 있다. 불교적인 "영성", 특히 티베트 불교적인 "영성"이 한동안 사람들의 마음을 사로잡기도 하였고,1 베트남 출신의 스님 틱낫한(Thich Nhat Hanh, 1926 ~)의 공동체 운동이 추구하는 영성에 사람들이 마음을 기울여서 어떻게 우리가 "화"나 "분노"에서 벗어날 수 있는가에 관심을 갖기도 하며,2 무소유에 대한 소박한 강조와 실천에 마음을 쓰기도 하고,3 도교나 선을 하는 이들이나 단(丹)과 같은 것과 관련된 영성에도 신경을 쓰며, 특히 서구에서 많이 그러하지만 그 영향

---

1 Cf. 달라이 라마, 『티벳트 성자와 보낸 3일』, 심재룡 옮김 (서울: 솔, 1999); 『달라이 라마가 설법한 37 수행법』 (서울: 정우사, 1999); 『달라이 라마의 네 가지 진리: 깨달음의 메시지』, 주민황 옮김 (서울: 숨, 2000); 『마음을 열어 주는 명상법』, 황국산 옮김 (서울: 예문당, 2000); 젯슨 퍼마, 『달라이 라마 이야기』, 김은정 옮김 (서울: 자작, 2000); 『깨달음의 길』, 진우기 외 옮김 (서울: 부디스트웹닷컴, 2001); 『명상으로 얻는 깨달음』, 지찬영 옮김 (서울: 가림출판사, 2001); 『달라이 라마 자유로의 길』, 강도은 옮김 (서울: 이론과 실천, 2002); 『오른 손이 하는 일을 오른 손도 모르게 하라』, 노솔 옮김 (서울: 나무 심는 사람, 2002); 『마음을 비우면 세상이 보인다』, 공경희 옮김 (서울: 문이당, 2002); 『달라이 라마의 마음 공부』, 이현주 옮김 (서울: 해냄출판사, 2002); 『달라이 라마의 아주 특별한 선물』, 강주헌 옮김 (서울: 청아출판사, 2002); 『달라이 라마의 반야심경』, 주민황 옮김 (서울: 무우수, 2003); 『달라이 라마의 연민』, 한영탁 옮김 (서울: 이다 미디어, 2003); 『달라이 라마의 관용』, 이거룡 옮김 (서울: 아테네, 2003); 『평화롭게 살다 평화롭게 떠나는 기쁨』, 주민황 옮김 (서울: 넥서스, 2003); 『행복』, 손민규 옮김 (서울: 문이당, 2004); 『달라이 라마의 365일 명상』, 강주헌 옮김 (서울: 청아 출판사, 2004); 『달라이 라마 죽음을 이야기하다』, 이종복 옮김 (서울: 북로드, 2004); 『달라이 라마 삶을 이야기하다』, 진현종 옮김 (서울: 북로드, 2004); 『마음』, 나혜목 옮김 (서울: 큰나무, 2004).

2 Cf. 틱낫한, 『귀향』, 오강남 옮김 (서울: 모색, 2001); 『화』, 최수민 옮김 (서울: 명진 출판사, 2002); 『거기서 그것과 하나 되시게』, 이현주 옮김 (서울: 나무 심는 사람, 2002); 『틱낫한의 사랑법』, 이현주 옮김 (서울: 나무 심는 사람, 2002); 『부디 나를 참 이름으로 불러다오』, 이현주 옮김 (서울: 두레, 2002); 『지금 이 순간 경이로운 순간』, 최혜륜 옮김 (서울: 한길, 2002); 『마음에는 평화, 얼굴에는 미소』, 류시화 옮김 (서울: 김영사, 2002); 『마음을 멈추고 다만 바라보라』, 류시화 옮김 (서울: 꿈꾸는 돌, 2002); 『힘』, 진우기 옮김 (서울: 명진 출판사, 2003); 『미소짓는 두 스님』, 고정아 옮김 (서울: 파랑새어린이, 2003); 『내 스승의 옷자락』, 진현종 옮김 (서울: 청아 출판사, 2003); 『비움』 (서울: 중앙 M&B, 2003); 『사랑의 가르침』, 박혜수 옮김 (서울: 열림원, 2003); 『주머니 속의 조약돌』, 김이숙 옮김 (서울: 열림원, 2003); 『구름 속의 외딴집』, 강경화 옮김 (서울: 열림원, 2003); 『이른 아침 나를 기억하라』, 서보경 옮김 (서울: 지혜의 나무, 2003); 『죽음도 두려움도 없이』, 허문명 옮김 (서울: 나무 심는 사람, 2003); 『틱낫한 스님의 반야 심경』, 강옥구 옮김 (서울: 장경각, 2003); 『미소짓는 발걸음』, 권도희 옮김 (서울: 열림원, 2003); 『어디에 있든 자유로우라』, 류시화 옮김 (서울: 청아 출판사, 2003); 『틱낫한 스님의 금강경』, 양미성, 김동완 공역 (서울: 장경각, 2004); 『마음 모음』, 허우성 옮김 (서울: 나무 심는 사람, 2004); 『소를 찾아가는 10가지 이야기』, 최수민 옮김 (서울: 나무 심는 사람, 2004); 『아! 붓다』, 진현종 옮김 (서울: 반디 미디어, 2004); 『마음 속의 샘물』, 이해인 옮김 (서울: 계림 북스쿨, 2004); 『틱낫한의 상생』, 진우기 옮김 (서울: 미토스, 2005).

3 Cf. 법정, 『무소유』 (서울: 범우사, 1999); 지 명, 『발우: 수행자의 그릇 발우에 담긴 무소유와 깨달음의 지혜』 (서울: 생각의나무, 2002).

하에서 우리나라에서도 인도와 힌두교적 영성에 많은 이들이 관심을 기울이기도 한다. 특히 이와 관련해서는 류시화 시인의 시작과 번역, 작품 활동과 그의 행보가 미치는 영향도 있다고 할 수 있다.4 또한 소위 "영성 운동"을 시작해 온 천주교회의 영성 운동과 영성 훈련, 또는 그런 것을 좀더 현대적으로 순화시켜 제시하고 있는 헨리 나우웬(Henry Nouwen) 같은 천주교적 저술가의 주장들에 대해 많은 이들이 많은 관심을 기울이고 있다.5 이런 것들에 대해서 성경을 믿고 그리스도에 의지하며 성령님의 인도하심을 받아 나간다고 하는 그리스도인들은 과연 어떤 태도와 반응을 보여야 할 것인가? 이것이 이 글을 쓰게 된 기본적인 동기이다.

1. 이 세상의 영성 운동들에 대한 기독교적 반응

일단 사람들이 이처럼 세속적인 사회 속에서 물질적이고 경제적인 것

---

4 특히 위의 턱낮은 글에 대한 번역과 畏經態, 『선의 황금시대』, 류시화 옮김 (서울: 경서원, 1986); 류시화, 『삶이 나에게 가르쳐 준 것들』 (서울: 푸른숲, 1991); 『하늘 호수로 떠난 여행』 (서울: 열림원, 1997); 바바하리다스, 『성자가 된 청소부』, 류시화 옮김 (서울: 정신세계사, 1999); 류시화, 『지구별 여행자』 (서울: 김영사, 2002); 로이 아모르, 『성서속의 붓다』, 류시화 옮김 (서울: 정신세계사, 2003) 등을 보라.

5 Cf. 헨리 나우웬, 『여기 지금 우리와 함께 하시는 하나님』, 장미숙 옮김 (서울: 은성, 1995); 『영혼의 양식』, 박동순 옮김 (서울: 두란노, 1997); 『영적 발돋움』, 이상미 옮김 (서울: 두란노, 1998); 『거울 너머의 세계』, 윤종석 옮김 (서울: 두란노, 1998); 『상처입은 치유자』, 최원준 옮김 (서울: 두란노, 1999); 『예수님을 생각나게 하는 사람』, 피현희 옮김 (서울: 두란노, 1999); 『예수님과 함께 걷는 삶』, 김명희 옮김 (서울: 한국기독학생회출판부, 2000); 『모든 것을 새롭게』, 윤종석 옮김 (서울: 두란노, 2000); 『친밀함』, 윤종석 옮김 (서울: 두란노, 2001); 『안식의 여정』, 윤종석 옮김 (서울: 복 있는 사람, 2001); 『기도의 삶: 꼭 필요한 것 한가지』, 웬디 윌스 그리어 옮김 (서울: 복 있는 사람, 2001); 『나우웬과 함께 하는 아침』, 편집부 옮김 (서울: 한국기독학생회출판부, 2001); 『춤추시는 하나님』, 윤종석 옮김 (서울: 두란노, 2002); 『예수 우리의 복음』 (서울: 복 있는 사람, 2002); 『긍휼』, 김성녀 옮김 (서울: 한국기독학생회출판부, 2002); 『세상의 길 그리스도의 길』 (서울: 한국기독학생회출판부, 2003); 『헨리 나우웬의 영성편지』, 윤종석 옮김 (서울: 복 있는 사람, 2003); 『영성의 씨앗』, 송인설 옮김 (서울: 그루터기 하우스, 2003).

이상의 것을 향해 관심을 기울이는 것에 대해서 우리는 일단 긍정적인 평가를 할 수 있다. 점점 많은 이들이 이 세상의 자연적인 과정이 전부인 것처럼 말하며 모든 것을 그렇게 닫혀진 세계(closed system)의 과정으로 설명하려고 하는 자연주의적 세계관(naturalism)에 사로잡혀 가고 있을 때에, 물질 문명 속에서 살면서도 그것에 사로잡히지 않고 그것 이상의 것을 추구하여 나가고 있는 것에 대해서 우리는 큰 의미를 부여할 수 있다. 비록 미약하나마 사람들의 마음속에 있는 영원을 사모하는 마음이 드러나고 있는 흔적을 우리는 이런 데서 발견할 수 있다. 이런 데서 사람은 이 세상이 제공하는 물질과 경제적인 것만으로는 만족할 수 없는 물질적인 것 이상의 존재임이 드러나는 것이다. 그러므로 그것은 이 자연과 물질만으로는 우리 마음에 있는 큰 공허를 메울 수 없음을 지시해 주는 일종의 표(sign)로 여겨질 수 있다. 그것은 이 세상만으로 만족할 수 없는 인간들의, 영적인 것과 영원에 대한 뿌리깊은 갈망의 몸짓이요 절망의 부르짖음으로서의 의미를 지닌다고 할 수 있을 것이다.

그러나 문제는 이렇게 그들 나름의 "영성"에 대한 추구는 진정한 영이신 하나님으로부터 인간들의 마음을 빼앗아 가는 역기능적 요소도 있다는 데에 있다. 그것이 그들 스스로의 판단으로 성공적인 것이면 더욱더 그러하다. 이 점을 우리는 한 순간도 잊어서는 안 된다. 참 하나님과 관련해 있을 때만 우리의 존재가 가장 정상적이고 바른 상태에 있는 것이며, 그렇지 못할 때에는 우리가 아무리 고도한 영적 발전 상태와 비슷한 것을 드러낸다고 할지라도 우리는 "진정한 영성"에 이르지 못한다. 따라서 타종교인들이 영성을 강조하고 나온 것은 한편으로는 상당히 갸륵한 일이지만, 또 한편으로는 그것이 그들 자신과 그리스도인들을 속일 수 있는 아주 위험한 일이 될 수도 있음을 우리는 주목하지 않을 수 없다.

그들이 말하는 정상(頂上)의 영적 상태에 이른 이들을 기독교적 관점에서는 과연 어떻게 평가해야 하는가? 성경과 기독교적 관점에 근거해서 아주 냉정하게 말하자면, 그들도 물질문명 가운데 사로잡혀 있는 이들과 마찬가지로 결국 하나님 앞에서 바르지 못한 상태에 있는 것이며, 따라서 그들의 그렇지 않다는 주장에도 불구하고 결국 바른 영성을 지니고 있지 못한 사람이다. 그리스도를 의지하고 그리스도의 속죄의 공로를 적용받는 중생한 사람이 되어야만 그의 영혼이 바른 상태에 있는 것이기 때문이다. 그러므로 성경적 관점에서 냉정하게 말하자면, 이 세상의 영성 주장자들은 참된 영성을 보거나 찾지 못하고 그저 변죽만 울리는 것이며, 좀더 심각하게 말하자면 참된 영성으로부터 사람들을 오도(誤導)하는 것이다.

그러나 기독교 밖에 있는 이들이 그들 나름의 "영성"을 주장하고 추구하는 것 앞에서 그리스도인인 우리는 일종의 "도전"도 받아야만 한다. 그리스도 없이도, 성령님과의 직접적인 연관성 없이도 소위 고도의 "영성"을 말하며 그 결과로 그들의 윤리적인 수준이 고양되었다면, 그리스도와 성령님과 관련하여 살아가는 그리스도인들, 즉 참된 영성을 회복한 그리스도인들은 과연 얼마나 더(a forteori) 고도한 상태에 있어야 하겠는가? 또한 그 결과로 그리스도인이 드러내는 윤리적인 수준이 얼마나 고도(高度)의 것이어야 하는가? 그러나 우리 자신을 비롯해서 우리 주변의 많은 그리스도인들이 주님께서 약속하시고 성령님 안에서 우리에게 주시며 명하신 그런 수준에 있지 못하다는 현실은 우리에게 매우 큰 도전이 된다. "너희의 의가 바리새인과 서기관의 의보다 더 낫지 아니하면"이라고 말씀하신 우리 주님의 말씀은 여기서도 적용될 수 있다. 우리가 진정 그리스도와 그의 공로에 의지하면서, 한 순간 한 순간을 성령님께 의존하여 살아가느냐 하는 것을 판단하는 시금석 가운데 하나는 과연 이 세상 사람들이 말하는 영적인 사람 수준 이상의 것을 성령님께 의존하여 드러내고 있느냐 하는 것이다. 진정한 교회와 진정한 그리스도인은 이 세상에서 핍박받고 조롱과 멸시도 받지만, 이런 점에서는 이 세상 사람들로부터 칭송을 듣는 이들이기 때문이다. 그러나 작금 한국 교회는 여러 면에서 이 세상의 칭송을 듣기보다는 비난을 더 받는 존재가 되어 버렸다. 그러므로 이런 점에서 오늘의 한국 교회는 스스로를 깊이 반성하면서 과연 우리가 어느 수준에 이르렀는지를 점검해 보아야 한다. 우리가 과연 성령님의 가르치심과 인도를 바르게 따라가고 있는가? 우리의 일상적인 삶에 이르기까지 우리는 과연 철저하게 성령님께 의존해 가는 모습을 보이고 있는가?

그러나 또한 이 세상의 영성 주장가들과 우리를 비교하다가 우리가 의식하지도 못하고 알지 못하는 가운데 이 세상의 영성의 영향을 받을 수도 있으니 매우 주의해야 한다. 이 세상의 소위 "영성" 주장은 그 나름의 독특한 강조점을 지니고 있다. 그러므로 그런 것들에 유의하지 않으면 그리스도인들이 이 세상의 "영성" 주장의 영향을 받기 쉽고, 실제로 교회와 그리스도인들은 역사 가운데서 그런 영향들을 많이 받아 왔다. 따라서 우리는 우리 스스로의 역사와 우리 자신의 모습을 철저히 성경에 비추어서 우리 가운데 있는 혼합적이고 잘못된 영성 추구를 근절하도록 해야 한다. 예를 들어서, 플라톤주의가 영향을 미친 이상한 영성 운동의 하나로 영지주의 사상과 신플라톤주의 영향 아래 있었던 사상 등은 인간의 몸을 무시하면서 몸을 억압하고 고행주의적인 길로 나아가야 영을 고양시키는 것으로 생각하였고, 정통 기독교에도 그런 영향을 오랫동안 미쳐 왔다. 따라서 이런 영향 아래 있는 영성 운동은 인간의 몸을 억압하고, 일종의 고행주의적 방법을 제시하는 성향이 있다. 신비주의적 영성 운동가들도 다분히 그런 강조를 가지고 있는 것이 사실이다. 수도원 운동에서도 때때로 이런 강조점이 영향을 발휘해 왔고, 로마 가톨릭의 여러 종단들은 그들 나름의 영성 훈련을 강조하는 중에 이런 색채를 띠어 온 것도 사실이다. 특히 현대의 영성 운동과 관계 깊은 이그나티우스 료욜라의 생각에도 녹아 있는 이런 사상에 우리는 주의하지 않을 수 없다. 따라서 오늘날의 소위 기독교 영성 운동 가운데서도 이전에 이런 영성 운동의 영향하에 있는 것들이 많이 있다. 인간의 영을 추구하는 것이 몸을 무시하게 하고, 몸과 관련된 것은 될 수 있는 대로 억압하도록 하는 것이라면 우리도 그런 특성을 드러내는 것이 되기 때문이다. 그런 것들보다는 요즈음 간간이 회자(膾炙)되는 "일상 생활의 영성"을 말하는 이들의 접근과 노력이 성경적 세계관에 훨씬 더 근접하는 것이라고 할 만하다. 물론 이런 것이 우리의 삶을 온전하게 성령님께 의존하게 하지 않는다면 우리를 하향 평균화시켜서 실질적인 기독교적 영성이 드러나게 하지 못하게 하는 것이 되지만 말이다.

그러므로 우리는 우리의 영성 운동 가운데 이런 영육 이원론에 근거하여 몸을 무시하고 억압하는 요소가 있는지를, 또한 그것을 버려 버린다고 하면서 실질적으로 우리를 하나님과 성령님의 가르침과 인도하심으로부터 벗어나게 하는 것이 있는지를 잘 살펴야만 한다. 우리의 생각과 삶의 태도와 우리의 운동 가운데 우리가 의식적으로나 무의식적으로 이런 잘못된 영육 이원론과 그에 근거한 가르침을 받아들여 온 것이 과연 없는지를 우리는 철저하게 검토해서 그런 요소들을 불식시키려고 해야 하며, 또한 단일성을 강조하다가 하나님께 우리를 온전히 드리는 것을 무시하도록 하는 것이 없는지를 생각하면서 매우 주의해야만 한다.

마지막으로 "영성" 문제와 관련하여 오래 전부터 필자가 주장하던 바를 다시 한 번 강조하는 것으로 이 글을 마무리하고자 한다. 과거나 현재나 미래에도 사람들은 그들 나름의 방법으로 영성을 추구해 왔고, 또 추구해 갈 것이다. 그러므로 그런 것을 강조하다가는 기독교가 참으로 제시하는 참된 영적 생명과 그런 영적 상태를 모호하게 할 위험성이 많이 있다. 그러므로 기독교회가 이런 문제를 잘 유의하게 될 때까지는 일단 "영성"이라는 말에 대해서는 일종의 모라토리움을 선언하는 것이 좋을 것이다. 그렇지 않고 이를 마구 사용하기 시작하면 참으로 기독교적인 "영성"을 흐리게 하는 결과를 가져오기 쉬운 것이다. **(1) 그리스도의 유일하신 구속에만 의지하여 하나님 앞에 서서, (2) 성령님의 인도하심을 받아 나가는 그런 진정한 기독교적 영적인 삶**을 추구하면서 우리는 모든 그리스도인들이 이런 인식 위에 바로 서서 그런 성령님을 의존해 가는 생활을 제대로 잘 감당해 나가기까지는 일단 다른 이들의 영적인 주장과 섞여서 우리를 모호하게 할 수 있는, 특히 천주교회의 주장과 섞여서 우리를 오도하기 쉬운 "영성"이라는 말을 당분간 사용하지 않는 것이 좋을 것이다.

그 결과로 일정 시간이 흐른 뒤에 모든 그리스도인들이 다른 이들의 영성 추구가 펠라기우수주의적인 자기 주장이나 반(半)-펠라기우스주의적(Semi-Pelagian)인 신인 협력적인 추구라는 것을 명확히 의식하게 되면, 그 때에는 우리가 **온전히 하나님께서만 베풀어 주시는 구원에 의존해서 모든 것을 성령님의 인도하심을 따라 살아 나가는 그런 삶과 그런 상태만**이 진정한 영성의 표현임을 말할 수 있을 때가 올 것이다. 그러므로 그런 날이 오기까지 우리는 경각심을 가지고 (그렇게 하지 않으면 항상 오해를 불러일으킬 수 있으므로) "영성"이라는 말과 표현들을 사용하지 말고, 우리만이라도 그리스도에게만 의지하여 하나님 앞에서 성령님을 의존해 살아 나가는 삶을 살아가야 할 것이다.

이런 삶을 위해 도움이 될 수 있는 책을 한 권 추천하면 김홍전, 『성신의 가르치심과 인도하심』 (서울: 도서출판 성약)을 들 수 있다. 부디 우리 모두가 그런 진정한 성령님의 가르치심과 인도하심에 충실한 삶을 살아갈 수 있기 바란다.

2. 소위 "영성" 문제 일반에 대한 개혁신학적 반응

이 문제를 논의하는 일을 기회로 해서 우리는 참된 기독교적인 영성 개념을 분명히 규정해야 할 것이다. 일반적 영성 운동이나 영성 개념, 더 나아가서는 로마 가톨릭의 영성 운동이나 영성 개념과도 다른 복음주의적 영성 개념을 분명히 규정해야 하는 것이다. 영성 문제를 고찰하는 이 기회를 빌어서, 참으로 기독교적인 영성 개념의 규정과 실천을 위해 다음의 요청을 하고자 한다.

이제 우리네 한국 교회에서는 **'영성 훈련'이라는 말을 전혀 사용하지 말아야 한다.** 우리가 위에서 강조한 바와 같이, **"그리스도의 유일하신 구속에만 의지하여 하나님 앞에 서서 성령님의 인도하심을 받아 나가는 그런 진정한 기독교적인 영적인 삶을 추구하는"** 참된 영성은 훈련으로 되어지는 것이 아니기 때문이다. 이런 문제와 관련해서 훈련이라는 말을 사용하는 것은 오히려 잘못된 영향과 문제만을 야기한다. 도대체 영성 훈련이라는 이름으로 행해지는 것의 실태를 정확히 보라. 성령님께서 우리를 훈련시키는 것이 있을 수는 있으나 인위적인 훈련은 언제나 잘못된 것이다.

더 나아가서, 다시 한번 더 말하자면, 오해를 낳기 쉬운 **'영성'**이라는 용어의 사용에 대해서 한동안은 모라토리움을 선언하는 것이 좋을 것이다. 그 대신에 우리들은 성경 자체와 개혁신학이 늘 강조해온 용어인

'경건'(pietas, piety)이라는 말을 사용하는 것이 좋을 것이다. 그리고 "하나님 아버지 앞에서 정결하고 더러움이 없는 경건은 곧 고아와 과부를 그 환난 중에 돌아보고, 또 자기를 지켜 세속에 물들지 아니하는 이것이니라"라고 말하는(약 1:27) 야고보가 말한 그런 경건이 우리에게서 나타나도록 해야 한다.

성경의 가르침을 통해서 하나님의 경륜 전체(the whole counsel of God)를 잘 파악하고, **그 하나님 경륜의 빛에서 자신들의 삶을 하나님께서 이 땅에서 해 나가시려 하시는 바에 온전히 헌신해야만** 한다. **그것도 온전히 성령님께 의존해서 말이다.** 그것이 진정한 영적인 삶이기 때문이다. 하나님의 경륜에 무관심한 삶은 전혀 영적인 것이 아니다.

따라서 개인주의적 신앙에서 벗어나 교회가 진정한 그리스도의 몸, 즉 하나님 나라를 증시(證示)하는 종말론적인 공동체로 드러나도록 교회의 지체 의식에 충실한 신앙 생활을 힘써야 한다. 즉, 우리는 개인적으로나 교회적(공동체적)으로나 하나님 나라를 중심으로 하는 하나님 나라 백성으로서의 삶을 살아가야 한다. 그것이 우리가 이런 복잡한 영적 혼란기에 참된 하나님을 알게 된 사람으로서 살아가는 유일한 방법이다.

● 바른 "영성" 이해에 대한 더 깊은 연구를 위한 참고 문헌 :

Stibbs, Alan Marshall and J. I. Packer, *The Holy Spirit Within You*. London: Pickering and Inglis, 1980. 이승구 옮김, 『그리스도인 안에 계신 성령』 (서울: 웨스트민스터 출판부, 1996).

John Owen, 『그리스도인의 영성』, 조호영 역 (서울: 보이스사, 1998).

김홍전, 『중생자의 생활』 (서울: 성약, 2003).

_____, 『성신의 가르치심과 인도하심』 (서울: 성약, 2000).

_____, 『내가 산을 향하여 눈을 들리라』 (서울: 성약, 2002).

이승구, "'영성' 문제에 대한 기독교 세계관적 접근: '영성'과 성경적 경건", 『기독교 세계관이란 무엇인가』, 개정 증보판 (서울: SFC, 2014, 최근판 2016), 221-52 (9장).

_____, 『우리 이웃의 신학들』 (서울: 나눔과 섬김, 2014, 최근판, 2015), 특히 1-3장.

6장

예수 믿는 이는 죽으면 어떻게 되는가?

- 성경이 말하는 신자들의 사후 상태

요즈음 교계에는 사후 상태에 대한 이상한 간증과 그와 관련된 책들이 많이 나돌아 다닌다고 한다. 이런 상황 속에서는 여러 사람들이 말하는 이상한 이야기들을 일일이 언급해서 그 문제점을 드러내는 것도 중요하지만, 궁극적으로는 **성경이 말하는 신자들의 사후 상태를 분명하고도 적극적으로 드러내는 것이 최선**이라고 여겨진다. 그러므로 이 글에서는 성경이 말하는 사후 상태의 정확한 모습을 진술하여 성경적 사후 상태에 대한 이해를 분명히 하고, 여러 사람들로 하여금 다른 생각을 가지지 않도록 하는 일에 도움을 주려고 한다. 우리들의 궁극적 목적은 어떤 이들이 어떤 잘못된 생각을 하고 있다는 것을 드러내려는 데 있지 않고, 성경이 말하는 바를 적극적으로 잘 제시하여 나가는 데 있기 때문이다. 이런 성경적 이해가 확산되어 나갈 때만 교회가 건강하게 설 수 있는 것이다.

1. 사후 상태에 대해서 생각하는 성도들의 기본적인 시각

기본적으로 성도들은 예수님을 구주와 주님으로 믿는 자신들은 그리스도의 공로로 말미암아 이미 이 세상에서도 영생을 누리고 있고, 죽은 후에도 그 영혼이 영생을 누리며, 또한 그 후에는 죽은 자들 가운데서 부활하여 영원히 영생을 누리게 된다는 것을 유념할 필요가 있다. 그러므로 우리들의 죽은 다음의 상태가 성도들에게 대해 최종적인 것처럼 생각하는 것은 바르지 못한 태도가 아닐 수 없다. 우리는 언제나 그리스도 안에서 우리가 지금 누리고 있는 영생과 새 하늘과 새 땅에서의 부활체가 누리는 영생의 극치의 빛에서 사후 상태를 이해해야 한다. 그러므로 과거부터 신학에서는 사후 상태의 첫 부분을 '중간 상태'(the intermediate state)라고 말하는 일이 일반적이었다. 이는 개개인의 죽음과 부활 사이의 기간, (성도를 중심으로 말하자면) 지금 우리가 누리는 영생과 극치 상태에서 누릴 영생 사이에 있는 시기, 즉, 중간기(中間期, intermediate period)의 상태라는 의미로 사용된 것이다.

그리고 성경에 의하면, 중간 상태는 신자들의 중간 상태인 "하늘"에서의 삶과 불신자들의 중간 상태인 불신자의 영혼만이 "지옥을 미리 맛보는 것"으로 나뉘어진다. 웨스트민스터 신앙고백서가 표현한 바와 같이, 최고의 하늘(the highest heaven)과 지옥(hell) 이외에 다른 중간 상태는 없다. 즉, 천주교회가 말하는 연옥(purgatory) 같은 것은 있지 않다.

연옥에 대한 생각은 성경의 지지를 받지 못하는 잘못된 생각이 중세기에 발전한 것이다. 중간 상태는 "최고의 하늘"과 "지옥"뿐이다. 성도들의 중간 상태는 "최고의 하늘"에서의 삶을 사는 것이고, 불신자들의 중간 상태는 지옥의 고통과 형벌에 미리 처해지는 것이다.

2. 성도는 죽으면 하나님께서 계신 그 곳, 즉 "하늘"(heaven)에 있게 된다.

성도의 사후 상태는 그리스도와 함께 하나님 면전에 있게 되는 것이라고 했다. 성경에서는 하나님께서 계신 곳을 "하늘"(heaven)이라고 한다. 이는 하나님의 편재성(遍在性), 즉 무소부재하심을 부인하면서 하나님께서는 오직 하늘에만 계신다는 말이 아니고, 하나님의 편재성을 인정하면서도 하나님께서는 이 세상을 초월하셔서도 계신다는 것을 중심으로 하여 표현하는 말이다. 하나님께서는 이 세상을 충만히 채우시면서 계시지만, 또한 이 세상을 초월하신다. 이 초월성을 중점으로 말할 때 하나님은 "하늘에 계심이로다"와 같이 표현하는 것이다. 그러나 또한 이 초월성을 중심으로 말하는 "하늘"이라는 말은(루터파 신학자들이 루터를 따라서 그렇게 생각하기를 즐겨하듯이) 장소성 또는 경역성(境域性, locality)을 전혀 배제(排除)하는 것이 아니다. 그 이유는 기본적으로 우리 주 예수 그리스도께서 부활하셔서 살과 뼈를 지닌 그러나 변화되신 몸을 가지시고 "하늘"로 올라가셨기 때문이다. 그리스도께서 그의 부활체를 가지고 있는 곳은 분명히 장소성을 가지고 있어야 하는 것이다. 그래야 그리스도의 부활이 진정한 의미를 지니게 된다.

그러므로 성도들의 영혼이 사후에 있게 되는 "하늘"(heaven) 또는 "최고의 하늘"(the highest heaven) 또는 삼층천(the third heaven)은 다 같이 하나님께서 계신 곳을 지칭하는 용어이다. 성경은 이것을 "낙원"(paradise)이라고 부르기도 했다. 고린도후서 12장에서 바울은 삼층천과 낙원을 동일시하고 있다. 예수님께서 십자가상의 한 편 강도에게 하신 말씀인 "오늘 네가 나와 함께 낙원에 있으리라"는 말씀은 그 문맥상 죽으면 그 영혼이 예수님과 함께 낙원에 있게 된다는 뜻으로 해석하는 것이 옳다. 여기서 낙원은 벌코프 등이 잘 지적하듯이 하나님께서 계신 그 "하늘"(heaven)을 의미하는 것이다(the paradise is the heaven). 한국 교회에서는 오랫동안 하나님께서 계신 그 "하늘"(heaven), 예수님께서 부활 후에 승천하신 그 "하늘"(heaven), 그리고 성도들의 영혼이 죽음 후에 있게 될 그 "하늘"(heaven)을 번역할 때 "천당"(天堂)이라는 용어를 써서 번역해 왔다. "예수 천당"이라는 구호에서 말하는 천당이 바로 이 heaven을 중국 사람들을 따라서 한자어로 번역하여 사용한 말이다. 이는 단순히 영어의 heaven에 대한 번역어로 보아야 한다. 그러므로 이 "천당"(天堂)이라는 말에 대해서 생각할 때 우리는 "하늘 집"이라는 뜻으로 한자어 풀이를 해서는 안 되고, 이는 그저 영어의 "heaven"이라는 말의 번역어로 사용된 것으로 보아야 한다. 그러므로 우리 성도들은 죽은 후에 그 영혼이 하나님께서 계신 그 "하늘"(heaven), 한국 교회에서 흔히 그렇게 불러 오던 대로 "천당"(heaven)에 있게 되는 것이다.

3. 중간 상태는 영혼의 상태이다.

그런데 사람이 죽으면 그 몸은 무덤에 묻히게 되고, 그리하여 그 몸은 썩게 된다. 그러므로 성도들이 "하늘"(heaven)에 있을 때 그는 몸을 가지지 않은 영혼으로만(pneuma asarkos) 있게 된다. 물론 중세 때에 사후에 하늘에 있는 성도들이 일종의 몸(a kind of body)을 가지는 것으로 생각하는 이들이 있었고, 그것은 "영체"(airy body)라고 부르는 일도 있어 왔다. 심지어 개혁파 신학자들 가운데서도 그런 생각을 한 이들도 있을 정도이다. 그러나 모든 바른 신학자들이 성경에 근거해서 바로 생각하여 온 바와 같이 죽은 다음의 상태는 영혼만이 그리스도와 함께 하나님 앞에 있는 상태이다. 영은 살과 뼈가 없는 것이다. 그러므로 중간 상태에 영혼이 그 어떤 형태의 몸을 가진다고 생각해서는 안 된다. 특히 히브리서가 말하고 있는 "온전케 된 의인들의 영들"이라는 표현에서 이를 확인 받을 수 있을 것이다(히 12:23).

그러므로 부자와 나사로의 비유에서 부자와 나사로가 몸을 가지고 있는 것은 그 비유가 사후 상태에 대해서 여러 가지 생각할 수 있는 중요한 교훈을 주는 비유적 표현으로 주어진 것이지, 그것이 문자적으로 성도들이 사후에 몸을 가진 것임을 가르치기 위해서 의도된 것이 아님을 분명히 해야 한다. 우리 주님께서 다른 곳에서 가르치신 것과 모순되는 것을 제시하면서 이 비유를 통해 신자의 사후 상태를 가르치시려고 해석할 수 없는 것이다. 성경에서는 일반적으로 중간 상태가 영혼만의 상태임을 분명히 한다.

그러므로 중간 상태는 영혼의 상태라는 것을 분명히 해야 한다. 그 영혼만이 있는 것이 과연 어떤 상태인지를 적극적으로 말하기는 쉽지 않다. 그러나 몸과 관련된 어떤 생각을 영혼의 상태에 부과해 넣지 않는 것이 매우 중요한 일이라고 판단된다. 이런 문제에 대해서 성경에 아주 분명한 언급이 있지 않으므로 이에 대해서 단언하기는 어렵지만, 성경의 가르침으로부터 가장 자연스러운 추론을 할 수는 있다. 그리고 성경에 단언되어 있는 것뿐만 아니라 그로부터 자연스럽게 추론할 수 있는 것도 성경적인 것으로 받아들이는 좋은 해석의 전통을 따라서 우리는 사후 상태의 영혼이 흰 옷을 입고 있다든지, 집에 사는 것이 아니라고 할 수 있다.

특히 성도들이 중간 상태를 지내게 되는 "하늘"에서 흰 옷을 입고 있다는 내용의 간증들은 요한 계시록에 나타나는 하나님을 찬양하는 "각 나라와 족속과 백성과 방언에서 (나온) 아무라도 셀 수 없는 큰 무리"가 "흰 옷을 입고 손에 종려나무 가지를 들고 보좌 앞과 어린 양 앞에 서서 찬양한다"는 표현들을 그 말씀의 본래적인 의도에 대해 오해한 것이라고 할 수 있다. 그들이 이 말씀을 문자적으로 이해하는 데서 문제가 생겨진 것이다. 그러나 이 말씀은 문자적으로 해석할 수 있는 것이 아니니, 이는 이들에 대한 다음 설명에서 분명해진다: "이는 큰 환난에서 나오는 자들인데 어린 양의 피에 그 옷을 씻어 희게 하였느니라"(계 7:14). 이 말을 문자적으로 취하면 그들의 옷은 붉어졌을 것이기 때문이다. 그러므로 "어린 양의 피에 그 옷을 씻어 희게 하였느니라"는 말씀은 어린 양의 구속으로 인해 정결케 함을 받았다는 뜻으로 이해해야만 한다. 따라서 이는 문자적으로 구원 받은 이들의 영혼이 지금 하늘에서 흰 옷을 입고 산다는 뜻으로 이해해서는 안 되는 것이다.

또한 구속 받은 이들의 영혼이 집에서 사는 것이 아님은 "하나님의 말씀과 저희의 가진 증거를 인하여 죽임을 당한 영혼들이 제단 아래 있어" 부르짖어 기도하는 장면을 바라보면서(계 6: 9-11) 그들이 항상 제단 아래 엎드려 있다고 말할 수 없는 것으로부터 추론할 수 있다. 오직 영혼만 있는 상태를 이 지상에서 몸을 가지고 있는 상태에 근거해서 말하는 것은 옳지 않은 것이다.

4. 중간 상태에서 신자의 영혼은 안식하면서 기다리는 것이다.

또한 이렇게 순교자들과 증언자들에게 대해 "저희에게 흰 두루마리를 주시며 … 아직 잠시 쉬되"라고 말씀하는 것으로부터(계 6:11) 성도의 중간 상태가 기다리는 상태라는 것을 말할 수 있다. 과연 성도들은 무엇을 기다리는가? 본문의 직접적인 대답은 "저희 동무 종들과 형제들도 자기처럼 죽임을 받아 그 수가 차기까지 하라"는 것이다(계 6:11). 그러므로 하늘의 온전케 된 성도들의 영혼은 하나님의 구원 역사의 정해진 때가 차기까지 기다리고 있는 것이다. 사후의 하늘의 영혼은 기본적으로 그 일을 그치고 쉬며 기다리는 것이다. 물론 그 영혼이 항상 하나님 앞에 있는 것이므로 기도도 하며 찬양도 하며 즐거움을 누리며 있다. 그래서 바울은 "떠나서 그리스도와 함께 있을 욕망을 가진 이것이 더 좋으나"(빌 1:23)라고 말한다. 사는 것도 유익하고 죽는 것도 유익하다고 하면서 바울은 그 둘 중 어느 것을 가릴는지 알지 못한다고 하면서 결국 자신만을 생각하면 이 세상을 떠나서 주와 함께 있는 것이 더 좋다고 한 것이다. 그러나 그 상태가 성도들의 최종적 상태는 아니므로 성도들은 기쁨을 누리면서 하나님 나라가 극치에 이르기를 기다리는 것이다.

그러므로 하나님 나라가 극치에 이르기를 기다린다는 것은 우주적으로 말하면 우주 전체가 하나님께서 의도하신 최종적 목적에 도달하는 것을 바라며 기다리며 있는 것이다. 피조계 전체가 그리스도의 사역의 결과로 온전하게 회복되고, 하나님의 자녀들의 영광의 자유에 이르러 피조계가 허무한 것에 굴복하는 것에서 벗어나는 것을 기다리는 것이다(롬 8:19-21 참조). 이는 또한 개인적으로 말하면 우리가 부활체를 가지고 그 부활한 온전한 존재 전체를 사용해서 하나님의 뜻을 온전히 수행하게 되는 것을 기다리는 것이다.

5. 사후 상태를 바로 이해하는 성도는 이제 어떻게 해야 하는가?

이와 같이 성경적인 사후 상태 이해를 가지게 된 성도들은 이제 어떻게 해야 하는가? 다음과 같은 몇 가지를 분명히 하는 것이 중요하다.

(1) 우리가 그리스도의 십자가 공로에 근거해서 지금 여기서 누리고 있는 영생을 확신하고 그 영생에 부합한 삶을 살아가야 한다. 성령 안에서 사랑과 화평과 희락을 누리고, 그것을 전하는 도구로 살아야 한다.

(2) 사후에 우리가 그리스도와 함께 하나님 면전에 있게 될 것임을 분명히 믿으면서 우리는 죽을 때에도 "하늘" 소망을 가지고 죽음에 임해야 한다. 바울이 말하는 것과 같이 성도들에게는 죽는 것도 유익한 것이기 때문이다. 그리고 성경이 말하는 중간 상태에 대해서 정확하고 바른 이해를 가지고 그 상태가 몸을 가진 상태인 것과 같이 생각하지 말아야 한다.

(3) 그러나 성도의 사후 상태가 최종적인 상태인 것과 같이 생각하여 성경이 가르치는 온전한 영원 상태를 분명히 하지 않는 일로부터 벗어나야 한다. 성도들의 궁극적 상태는 부활체를 가지고 새 하늘과 새 땅에서 사는 상태이기 때문이다.

(4) 마지막으로 예수 그리스도를 개인적 구주로 믿지 않는 이들은 (a) 지금 여기서도 영생을 누리지 못할 뿐만 아니라, 그들이 죽기 전에 그리스도를 개인적 구주로 영접하지 않는 한 (b) 사후에도 "하늘"의 복락에 참여할 수 없으므로 그 영혼이 "지옥"의 고통을 미리 경험할 뿐만

아니라, 궁극적으로 (c) 영원 상태에서도 그 몸과 영혼이 "지옥"의 형벌을 영원히 받게 되는 영벌의 상태에 있게 될 것임을 분명히 의식하면서, 그들에게 그리스도의 천국 복음을 전하는 일에 힘써야만 한다.

● 그리스도인됨의 더 깊은 의미에 대한 참고 문헌 :

이승구,『성령의 위로와 교회』(서울: 이레서원, 2001, 개정판, 2005).

_____,『사도신경』(서울: SFC, 2004).

2부

오늘의 한국 사회 속의 기독교

7장

한국 사회의 다양한 사회적 문제들에 대한 기독교적 반응

모든 사회는 항상 그 안에 여러 종류의 문제를 가지고 있다. 이와 같이 모든 사회가 그 나름의 문제를 지니고 있지만, 특히 지금 우리 사회는 그 정도가 좀더 심각한 여러 문제들을 드러내고 있는 듯하다. 그러므로 오늘날 한국 사회 속에서 부각되고 있는 몇 가지 문제를 지적하고, 그런 문제들에 직면한 그리스도인들은 과연 그런 문제들에 대해서 어떻게 반응해 가야 하는지를 생각하는 것이 필요할 것 같다. 여기서 우리 사회의 모든 문제를 다 논할 수 없지만, 필자가 판단하기에 가장 심각하다고 생각되는 몇 가지 문제들을 언급하고 그에 대한 기독교적인 성찰을 시도해 보기로 하겠다.

1. 자살 권하는 사회 속에서 그리스도인의 생각과 책임은?

오늘날 우리 사회 속에서는 자살(自殺, suicide) 문제가 아주 심각한 문제로 제기되고 있다. 여러 종류의 사람들의 자살이 많이 보도된 것이 온 국민의 관심이 증폭되는 이유이기도 하다. 2003년 8월 4일에는 정몽헌 씨가 현대 그룹의 계동 사옥에서 투신 자살했는가 하면, 국민건강보험공단 인사 및 납품비리와 관련해 검찰 조사를 받아온 박태영 전남 도지사가 2004년 4월 29일에 반포대교 중간 지점에서 한강에 투신 자살했다. 특히 2005년 2월 22일에 일어난 영화 배우 이은주의 자살로 자살에 대한 세인들의 관심이 더 고조되었다. 더구나 이은주 씨의 자살은 2003년 4월 1일 홍콩의 배우 장국영이 자살한 것과 비교되면서 사람들의 자살에 대한 관심이 더 증가하였다. 더구나 2009년 5월 23일에 일어난 전직 대통령 노무현의 자살과 2018년 7월 23일에 일어난 정의당 노회찬 의원의 자살은 유명 정치인들이 범죄 사실에 대한 조사와 관련하여 자살로 그 모든 사건을 마무리하려는 의도를 지닌 자살로 우리 사회에 여러 심각한 의미를 던지고 있다. 그리고 자살의 사회적 필연성을 강조하는 일이 일반화되어서 우리 사회를 "자살 권하는 사회"라고 부르는 일도 점증하고 있다. 아마 매스 커뮤니케이션의 발달로 말미암아 자살하는 이들의 소식이 우리에게 잘 전달되기 때문에, 그리고 이런 사회적 현상에 대한 사회적 설명을 찾다 보니 이것이 좀더 심각한 사회 문제로 우리에게 다가오는지도 모르겠다.

그러나 사실 자살 문제는 새로운 문제는 아니다. 자살하는 일은 과거에도 있었고, 오늘날에도 많은 이들이 자살을 선택하려고 한다. 자살은 인간의 죄악과 타락이 만들어낸 인간의 항존적인 문제들 가운데 하나이다.

인터넷의 보급으로 말미암아 동반 자살 사이트를 이용한 동반 자살의 시도, 그리고 이런 일에 대한 우려 때문에 나타난 자살 예방 협회의 등장1 정도가 아마 근자에 나타난 새로운 일일 것이다. 사람들은 흔히 혼자 죽기 무섭거나, 혼자 죽기는 억울해서 이런 일이 있는 것이 아닌가 생각하고 있다. 또 우리 사회 속에서 나타나는 현상의 하나로 복잡한 사회의 구조 속에서 자살에로 내몰리는 듯이 자살하게 되는 일이 빈번하다는 것이다. 물론 최종적인 결단은 본인이 하는 것이지만, 그들 스스로는 자신들이 불가피하게 자살에로 내몰리고 있다는 느낌을 가지면서 자살에로 나아가는 일이 늘고 있다. 한국 사회 속에서 자살이 증가해 매일 36명씩 자살로 죽어가고 OECD 국가 중 1위에 해당하는 자살률을 계속 유지하고 있다.2 이렇게 자살을 권하는 사회 속에서 그리스도인은 과연 어떻게 생각해야 하고, 과연 어떤 역할을 감당해야 하는가?

1) 자살 문제에 대한 그리스도인의 기본적인 생각

그리스도인들은 근본적으로 이 세상 모든 문제에 대해서 바르게 생각할 수 있게 된 이들이므로, 자살에 대해서도 그리스도인들은 두 가지 정확히 대립되는 생각을 동시에 할 수 있어야만 한다. (1) 그 하나는 자살은 스스로 자신이기를 포기하는 연약한 방식이라는 생각이고, (2) 또 하나는 자살은 자신의 목숨을 자기 스스로 처리할 수 있다고 생각하는 강한 자기주장의 한 방식이라는 것이다. 그러므로 자살은 한편으로는 연약한

---

1 2003년 12월 18일에 "생명 존중의 정신을 이 사회에 구현하며, 자살의 예방을 위하여, 홍보, 교육, 연구와 프로그램 개발, 사업 및 정책적 제안 등 다양한 조직화된 활동을 전개해 나가는 것을 목적으로" 설립된 한국 자살예방협회 홈페이지 참조. Cf. http://www.suicideprevention.or.kr/

2 Cf. "하루 36명, 40분마다 1명 자살하는 나라…13년째 OECD 1위", 〈연합 뉴스〉, available at: http://www.yonhapnews.co.kr/bulletin/2018/01/22/0200000000AKR20180122153500017.HTML 중앙자살예방센터의 자료, available at: http://www.spckorea.or.kr/new/sub03/sub03.php

것이면서도, 또 한편으로는 지극히 강한 자기 주장이다.3 이렇게 자살은 두 개의 얼굴을 가지고 있는 야누스와 같은 존재이다.

물론 자살 심리에는 이것 외에도 또 다른 상반된 생각이 동시에 들어 있기도 하다. (1) 그 하나는 현존하는 삶이 전부이므로 이 생명을 끊으면 그것으로 끝이라는 생각과 함께, (2) 자살 이후에는 더 나은 것이 준비되어 있으리라는 망상(妄想)이다. 이와 같이 자살 심리는 여러 면에서 양면적인 성격을 지니고 있다.

물론 자살하는 사람이나 자살을 시도하는 사람은 이런 자살의 양면성에 대해 그렇게 깊이 있게 생각하지 못하는 경우가 많이 있다. 그들은 그저 어느 하나의 생각에 사로잡혀서 자살에로 나아간다. 자신에게 있는 문제가 너무 크므로 스스로는 이 문제를 해결하지 못할 때 스스로 생각한 최후의 방식으로 자살을 선택한다. 이 때 그는 아주 강한 자기 주장의 마음을 갖기도 하고, 자신의 잘못을 이것으로 보상하겠다는 어리석고도 잘못된 속죄 의식을 갖기도 하며, 그저 도피 의식을 가지기도 하고, (이렇게 사는 것보다는 차라리 죽는 것이 낫다는) 더 나은 것에 대한 동경을 가지기도 한다.

그리스도인은 이런 자살의 양면성과 복잡성을 누구보다 더 정확하게 이해할 수 있는 사람이다. 왜냐하면 그는 생명이 진정 무엇인지를 성경을 통해서 하나님으로부터 배워 아는 사람이기 때문이다. 그러므로 그리스도인은 예를 들어서 로미오와 줄리엣 이야기에 나타나는 것과 같은 아름다운 자살처럼 보이는 것도 하나님 앞에서 그리고 주어진 생명의 선물 앞에서는 있을 수 없는 것이라는 것을 비로소 정확히 알 수 있는

---

3 이 점에 대한 좋은 관찰과 지적으로 S. Kierkegaard, *The Sickness unto Death*, ed. and Trans. Howard V. Hong and Edna H. Hong (Princeton, New Jersey: Princeton University Press, 1980), 47-49를 보라.

사람들이다. 생명의 의미에 비추어서 생각해 본다면 도대체 아름다운 자살이란 없다.

2) 사회적 현상으로서의 자살 문제에 대한 그리스도인의 역할

그러나 그리스도인은 자살 문제에 대해서 정확한 이해만 가지고, 바른 생각만 가지고 있는 이들이어서는 안 된다. 그리스도인들은 개인적 자살이나 사회적 현상으로서의 자살 문제에 대해서도 일종의 책임 의식을 가지고 있어야 한다. 자살하는 이들을 그저 생명을 경시하는 이들로 무시하거나 그저 불쌍히 여기는 것으로는 그리스도인이 이 세상 속에서 제대로 된 생각을 하고, 제대로 그 역할을 감당하고 있는 것이 아니다. 그렇다면 그리스도인은 과연 자살을 권하는 사회 속에서 어떤 역할을 감당해야 하는 것일까?

첫째로, 그리스도인은 자신의 삶과 말과 행동, 때로는 상담과 격려로써 자신이 깨달은 생명의 참된 의미를 세상에 알려야 하는 사명을 지니고 있다. 우리가 하나님으로부터 온 생명의 의미를 알고 그리스도의 구속으로 말미암은 진정한 생명에 참여하여 그 영생 가운데서 사는 사람들이라면, 우리는 개인의 삶과 공동체적인 삶으로써 우리가 참여하고 있는 그 진정한 생명과 그 의미를 잘 드러내어야 할 책임이 있는 것이다. 우리가 이 일을 제대로 감당할 때 우리는 이 세상에 하나님으로 말미암아 주어진 진정한 생명을 드러내는 일을 감당할 뿐만 아니라, 온 세상에 하나님이 원하시는 생명을 전달하는 일도 하는 것이다. 여기에 그리스도인과 교회의 궁극적 존재 의미가 있다. 그리스도인인 우리는 이런 의미에서 이 세상에서 진정한 생명 운동을 하는 이들이다.

둘째로, 그런 생명 운동의 한 방편으로 우리는 생명의 진정한 의미가 무엇인지를 주위에 열심히 알려야 한다. 생명은 우리가 마음대로 좌지우지하는 것이 아니고, 우리에게 주어진 선물로서 그 생명이 주어져 있는 기간 동안 우리는 최선을 다해서 우리에게 주어진 의무를 수행해야만 한다는 생명에 대한 청지기 의식을 온 세상에 알려야 한다. 그런 논의의 한 부분으로 "따라서 우리는 스스로 생명을 끊을 수 없으며, 우리가 우리 생명의 주인인 듯이 생활하거나 죽어서도 안 된다"는 것도 잘 알려야 할 것이다. 우리의 생명의 의미에 대한 전달은 슈바이처의 "생명에의 외경"을 말하는 그런 정도의 것을 훨씬 넘어서는 것이어야 한다.

셋째로, 그런 생명 운동의 한 방식으로 자살 충동을 느낄 만하거나 사회적 압력으로 그런 유혹에 다가갈 수 있는 이들에게 직간접적으로 우리의 손길을 펴는 역할도 감당해야 한다. 복음을 전하여 그들이 진정한 생명의 의미에로 돌아오기 이전에 일단은 그들의 물리적 생명이 유지되어야 그들이 복음을 들을 수 있는 기회를 얻을 수 있기 때문이다. 그러므로 우리 주변의 연약한 이들을 돌아보는 일을 할 뿐만 아니라, 우리가 잘 모르는 위기에 빠진 이들도 돌아볼 수 있는 "선한 사마리아인"(Good Samaritans) 운동도 할 수 있는 대로 힘써서 해야 할 것이다.

넷째로, 주변에 자살한 이들이 있는 가정들에 대한 적절한 돌봄과 상담의 노력도 그리스도인이 힘써야 할 일의 하나이다. 이미 발생한 가족의 자살 때문에 어려워하는 이들이라도 품에 안고서 그 상처를 극복할 수 있도록 해야 하는 것이다. 이를 제대로 감당하지 않으면 또 다른 자살이 뒤따르게 되기 때문이다.

다섯째로, 우리 사회 속의 병리 현상처럼 나타나는 사회 구조적 문제 가운데서 자살을 선택하게 되는 일을 막기 위한 제도의 변화를 위한 노력도 끊임없이 힘써야 한다. 카드 빚 때문에 죽음을 선택하는 이들, 인간관계의 좌절 때문에 죽음을 선택하는 이들이 좀더 줄어 들 수 있게끔 우리 사회의 구조악이 조금이라도 줄어들 수 있도록 우리는 최선의 노력을 다해야 한다. 카드 제도를 좀더 잘 운용할 수 있도록 하고, 이 사회가 사람들의 생명을 존중하도록 하는 제도적 노력에 힘써야 한다.

3) 결어: 도피하려는 그리스도인들에 대한 도전

이렇게 많은 책임을 감당해야 한다고 말하면 대부분의 그리스도인들은 이 문제 앞에서 도피하려고 하게 된다. "우리가 우리 이웃을 지키는 자냐?"고 물으면서, 우리 스스로도 해결해야 할 문제가 너무 많아 우리들조차 자살 충동을 느낄 때가 여러 번 있다고 하면서 우리들조차도 연약한 울부짖음을 내보내게 된다. 바로 이런 것들이 우리네 기독교회와 그리스도인들이 매우 연약하다는 증거이다. 그렇기에 우리는 우리 스스로를 돌아보면서 우리가 과연 그리스도 안에서 그리스도의 부활 생명에 참여하는 이들인지를 깊이 있게 생각하면서, 우리가 이 세상 가운데서 벌여야 하는 풍성한 생명 운동의 한 부분으로 자살에로 내몰리는 이들을 도우려는 일에로 나아가야만 할 것이다. 우리는 하나님으로부터 참 생명을 부여받았을 뿐만 아니라, 생명의 참된 의미를 배운 이들이기 때문이다.

2. '로또' 열풍 속에서 그리스도인들은 과연 어떻게 해야 하는가?

1) 문제 투성이의 우리 사회와 그 단면들

온 나라가 야단이다. 북핵 문제로 야단이기도 하고, 제대로 준비하지 않은 결과로 발생한 인터넷 마비 사태로 야단이기도 하고, 대통령과 정권을 가진 이들이 자의적 판단에 따라 북한에 대규모 자금을 일종의 대가로 제공했다는 의혹이 대통령의 입으로 시인된 것으로 야단이기도 하고, 더구나 그것을 사법적 조사나 처리의 대상으로 삼을 수 없다는 이상한 논리의 말이 나온 것으로 야단이기도 하다. 그러나 일반 서민들에게 더 크게 다가오는 것은 온 나라를 몰아치는 '로또' 열풍이다. 2002년 여름 한반도를 뜨겁게 달구었던 월드컵 열기만큼이나 많은 이들이 '로또'에 열광하는 듯하다. 인생역전을 외치는 광고 때문이 아니라, 기하급수적으로 불어나는 금액 - 이제는 700억을 가질 수 있다는 말이 나오면서, 이전에 부정한 대통령들이나 그 주변 사람들이나 언급하는 줄 알았던 몇백 억을 말하고 거머쥘 수 있다는 생각 때문에서인지 많은 이들이 이 돈의 열풍 속으로 들어가는 듯하다.

2) 기독교적 기본 원리

이런 상황 가운데서 그리스도인은 과연 어떻게 생각하고 어떤 태도를 보이며 어떻게 행동해야 하는가? 비교적 대답하기 쉬워 보이는 듯한 이 문제 앞에서 이상하게도 많은 그리스도인들이 더 이상 답하기 쉽지만은 않다는 모습을 나타내 보이고 있다. 특히 어린 그리스도인들은(중고등부 학생들이든지, 청년들이든지, 아니면 이제 막 신앙생활을 하기 시작한 그리스도인들은) 자연스럽게 우리들도 이 분위기에 편승해 가야 하지 않는가 하고 생각하기도 하는 듯하다. "이 세상이나 세상에 있는 것들을 사랑하지 말라"고 하시고 "누구든지 세상을 사랑하면 아버지의 사랑이 그 속에 있지 아니하니, 이는 세상에 있는 모든 것이 육신의 정욕과 안목의 정욕과 이생의 자랑이니, 다 아버지께로 좇아 온 것이 아니요 세상으로 좇아 온 것이라"(요일 2:15-16)고 하신 말씀은 많은 그리스도인들에게서 이미 그 의미를 상실한 듯하다. 왜 그리스도인들조차 '로또'나 복권을 사서 그로부터 일확천금(一攫千金)을 하려고 하는가? 결국 따지고 들어가면

"죄된 인간성"(육체)의 "원하는 바"(정욕), 우리의 눈이 보기에 좋아 보이는 것에 대한 갈망, 그런 것을 차지하고 누리고 싶은 마음, 그리고 그렇게 하여 남들 앞에서 자랑하려는 (그것의 가장 겸손한 형태의 우리말로 "적어도 남들과 같이 살려는") 마음이 그 속에 있기 때문이다. 그러므로 결국 따지자면 인간의 죄의 근원적 본성이 아주 원초적인 형태로 인간을 자극하여 이런 일을 만들어 내는 것이다.

물론 이 세상에 많은 사람들은 이런 것을 다양한 다른 이유들로 화려하게 치장하기를 좋아한다. 이런 것을 통해 어떤 이들이 도움을 얻을 수 있다든지, 적어도 국가의 어떤 부분에 도움이 된다든지, 이전에는 주택 짓는 기금을 위한 것이라든지, 올림픽을 위한 기금을 마련하기 위한 것이라든지 하면서 말이다. 그런데 '로또'의 경우에는 이제 그런 명목도 없어지고 그저 수많은 돈을 차지하려고 하는 마음이 앞설 뿐이다. 물론 그런 상황에서 또 치장들을 한다. 그런 일확천금을 해서 그래도 좋은 일을 조금은 할 것이라고 말이다. 심지어 어린 그리스도인들은 선교나 구제, 예배당 짓는 기금으로 사용할 것이라고 말하기도 한다. (다시 말하지만 이는 다 참 그리스도인이 아니거나, 아주 어린 그리스도인들이 하는 생각임을 분명히 하기 바란다).

3) 기독교적 원리의 실천

그러면 그리스도인은 과연 어떻게 해야 하는가? 무엇보다 먼저, 모든 이들이 '로또' 열풍에 들뜰 때 우리는 다시 한번 더 근원적으로 우리의 죄악의 뿌리를 돌이켜 보아야 한다. 돈을 사랑하는 것이 일만 악의 뿌리라는 그 말씀을 다시 한번 기억하면서, 우리 마음속에 이 세상과 이 세상에 있는 것을 사랑하는 마음이 과연 없는가를 돌아보아야 한다. 그리고 그런 것이 있으면 즉시 회개하고 그 마음을 내어 버려야 한다. "하나님과 재물을 겸하여 섬기지 못하는" 것이기 때문이다(마 6:24).

그러나 그보다 더 중요한 것은 우리가 "이 세대를 본받지 말아야 한다"는 것이다(롬 12:2). 그리스도인들은 "사람을 따라 행하는 것"(고전 3:3), 즉 이 세상의 보통 사람들이 하듯이 하여 나가는 것에 대해서 늘 야단과 경고를 받아왔다. 고린도 교회의 형제들이 이 세상 사람들처럼 행하는 것을 보면서 바울은 "너희가 어찌 사람이 아니리요"(고전 3:4)라고 야단을 치고 있다. 즉, 그리스도인들은 "신령한 자"들로서 이 세대를 따라 살아서는 안 되며, 이 세상 사람들과 같아서는 안 된다는 것이다. 그리스도인들은 모든 상황 가운데서 마음을 새롭게 함으로 변화 받은 사람같이 "하나님의 선하시고 기뻐하시고 온전하신 뜻이 무엇인지 분별하도록 하라"는 명령을 받고 있는 것이다(롬 12:2). 내가 '로또'를 하여 돈을 얻는 것이 하나님의 뜻이라고 말할 그리스도인이 과연 있을 수 있겠는가 말이다. (그런데 아주 안타까운 것은 바로 그와 같이 생각하는 어린 그리스도인들이 우리 사회 속에 아주 많이 있다는 현실이다). 그러나 성령님의 인도하심을 따라 생각하는 이들은 결코 그런 생각을 할 수가 없는 것이다.

그렇게 생각하지 않고 자신만은 이런 것을 하지 않는 것으로 만족하고 있으면 우리가 그리스도인으로 할 바를 다한 것이라고 할 수 있을까? 그런 이들은 육체의 욕심을 따라 돈을 추구해 나가는 악한 일에 적극적으로 나아가지는 않는다고 해도, 그것으로서는 그리스도인으로서 자신들이 하여야 할 바를 다한 것이라고 할 수 없다.

우리는, 이 땅에 있는 건전한 시민들과 함께, 이런 일확천금을 향해 나아가는 사회적 분위기를 간접적으로 조장하는 정부 기관과 지방 자치 단체에 국민들의 사행심을 자극하여 자신들 기관에 유익을 얻으려는 모든 시도를 즉시 그만두도록 권고하는 일에 앞장서야 한다. '로또'뿐만이 아니라 모든 사행심을 자극하는 카지노, 경마, 경륜, 경정, 소싸움 등의 시설을 유치하거나 직접 건설하려고 하는 정부 기관과 지방 자치 단체에 대해 강한 반대와 경고의 소리를 발하여야 한다. 그리고 이런 것을 기업적으로 하여 궁극적인 유익을 추구하는 기업들의 비윤리성을 드러내도록 노력해야 한다.

그리고 우리 사회와 국민들 가운데 만연해 가는 한탕주의를 극복할 수 있도록 계몽하는 일에 그 누구보다도 앞장서야 한다. 한탕주의가 만연하는 그런 사회는 언제나 건전한 사회가 될 수 없다. 그런 사회는 결국 건실하게 노력해서 자신과 다른 이들을 잘 지지하려는 마음을 가지지 않게 하기 때문이다. 그러므로 이런 한탕주의 중심으로 가는 사회는 늘 불안하고, 사회적 위화감을 조성하는 사회가 되고 만다. 이는 '로또'나 주택 복권 문제에서만 나타나는 것이 아니라, 카지노나 경마 경륜, 경정 등에 몰두하는 데서도 나타나는 문제이며, 공무원들의 부정이나 여러 형태의 약탈과 강도 행위의 문제 속에서도 나타나는 문제이다. 이 모든 것이 제거되려면 우리 사회에 이런 사행심을 자극하는 것이나 한탕주의가 모두 사라지고, 모두가 건실하게 자신의 역할을 하여 자신과 가족과 이웃을 세우고 도우려는 태도를 가져야 한다. 따라서 그리스도인들은 이런 일에 대한 건실한 계몽자 역할을 해 나가야만 한다.

그런데 근원적으로 그 모든 것이 제거되는 것은 결국 십자가에서 그리스도와 함께 못 박히고 그리스도와 함께 살아나는, 즉 그리스도의 부활 생명에 참여한 삶을 살 때뿐이기에 우리는 이 땅의 모든 이들에게 복음의 사실을 전하고 권해서 이런 문제를 벗어난 사람과 공동체와 국가가 되도록 힘써야 하는 것이다. 그것만이 우리 개인과 사회와 국가의 근원적 문제를 해결할 수 있는 유일한 길이기 때문이다.

그래야 하는 그리스도인들이 이 '로또' 열풍 속에서 "우리도 그 분위기에 휩쓸리는 것도 있을 수 있는 일이 아닐까? 이런 것도 그저 이 세상에 재미를 더해 주는 한 가지 사소한 일이 아닐까? 혹시 하나님께서 내가 '로또'에 당첨되게 해 주시지나 않을까?" 등등의 아주 유치하고 어리석은, 즉 어린 생각만 하고 있다면 그 얼마나 우리를 부르신 부르심에 합당하지 않은 모습을 나타내 보이는 것일까를 깊이 생각해 보자.

3. 마법 열풍에 대한 우려

해리 포터에 대한 세인들의 관심이 고조되었을 때도 그랬지만, 특히 그 동화가 영화화되고 난 후에는 관심들이 더 있는 것 같아서 안타까운 마음이 더하다. 이 동화가 오랜 시간 동안 준비를 하여 아이들의 호기심을 자극하기에 충분한 형태로, 또한 영국의 분위기를 잘 전달하면서 21세기 사람들에게 파고드는 효과를 누리고 있다는 것을 부인해서는 안 된다. 여러 가지 요인들 가운데서 이런 준비와 시대적 적절함이 잘 맞아 사람들의 마음을 움직여 그것이 많은 이들의 독서 의욕과 영화 관람 의욕을 고조시킨다는 것은 좋은 일이다. 오늘날 같이 책을 잘 읽지 않으려고 하는 시대에 그래도 사람들이 열심히 읽으려고 하는 책이 있다는 것은 그래도 그런 대로 좋은 일이 아닐 수 없다.

그러나 이와 함께 사람들의 의식에 잘못 전달되는 것은 없는지를 심각하게 생각해 보아야 만 한다. 그저 재미만 있으면 된다는 생각이 상당히 지배적이지만, 그러나 그런 재미에 탐닉하는 동안에 우리들은 마땅히 가져야 할 생각을 상실하고, 그렇게 할 수 있는 시간을 상실할 수도 있기에 문제가 된다.

특히 그리스도인들에게 있어서는 시간을 낭비하는 것이나 아닌가 하는 경계의 마음을 가지면서 우리 주변의 문화 현상에 대해서 비판적으로 읽기를 시도하지 않으면 안 된다. 이는 서구의 세속적 사고가 어떤 식으로 사람들의 마음에 영향을 미쳐 왔는지를 잘 보여 주는 좋은 예라고 생각된다. 서구인들의 의식 속에 내재해 있는 그런 세속적 분위기에 영향을 미쳐 그들로 암묵리에 그런 마법의 세계를 동경하도록 한 것이 어느새 우리 사회에도 같은 영향을 미쳐 비슷한 형태의 동화 같은 소설들이 인터넷과 활자 매체를 통해 우리 주변에 나돌고 있음에 유의해야 한다.

그런 열풍 현상을 바라보면서 우리들은 우리 주변의 여러 현상에 대해 참으로 비판적 읽기를 시도하는가를 심각하게 물어야 하고, 그들이 대중들의 마음을 사로잡기 위해 그렇게도 오랜 세월 철저하게 준비하는 것에 비해서 우리는 이 사회 속에 우리의 사상을 일반화하고 전달하는 일에 과연 제대로 된 접근을 가져 왔는지를 반성해야 할 것이다. 그저 재미에만 탐닉하는 한 우리들은 그런 적극적인 문화적 대처를 잘 감당하지 못하게 될 것이다.

4. 이주 노동자들과 함께 사는 일: 하나님 나라와 여러 사람들이 어울려 사는 일

주지하다시피, 이 한국 땅에도 이제는 이런 저런 사정으로 여러 다른 나라들로부터 인종과 언어와 문화가 다른 분들이 와서 살며 여러 가지 일들을 감당하고 있다. 그 가운데는 주한 미군과 같이 우리네의 군사적 문제 때문에 와 있는 이들도 있고, 여러 외국 기업들에 파견된 외국인들과 같이 자신들이 원하는 여러 가지 경제적 활동을 하기 위해 와 있는 분들도 있고, 또 그들 중에는 소위 이주 노동자로서 한국의 여러 가지 일에 자신들의 노동력을 제공하면서 이곳에서 살고 계신 분들도 있다. 이렇게 서로 이질적인 사람들이 같이 어울려 살고자 할 때는 늘 여러 가지 문제가 나타난다. 과거 다른 나라에서도 그랬고, 지금 이 땅에서도 그러하다. 이런 문제들 앞에서 우리는 늘 가장 효과적인 문제의 해결만을 생각하게 된다. 물론 그런 것들을 생각하고 강구해야 하지만, 우리들은 단순히 현존하는 문제의 해결만을 생각하지 말고, 보다 근본적인 생각을 하는 것이 필요할 것이다.

1) 기본적 원리

무엇보다 먼저 우리는 같이 살아가는 사람들로서 서로에게 대해서 과연 어떤 생각을 가져야 하는가를 중심으로 생각해야 한다. 일반적으로 이런 상황에서는 상당히 많은 사람들이 그런 태도를 보이기 쉽지만, 특히 오랫동안 한 혈통을 강조해 왔고 비교적 고립된 삶을 살아오려고 했던 우리나라 사람들은 배타성과 차별 의식을 나타내기가 아주 쉽다. 일단은 우리가 가진 열등의식이 다른 문화나 다른 언어를 가진 분들과 관련한 우월 의식으로 잘못 투사되어 나타나기도 쉽다. 그러나 우리네 그리스도인들은 근본적으로 우리들 모두가 하나님 앞에서 같은 피조물이고 따라서 동등한 존재임을 의식하며 그것을 표현해 내야만 한다. 일단 이런 평등에 근거한 사랑과 동료애가 있어야만 다른 모든 문제 해결의 길이 열릴 수 있다. 원칙적으로 철저하게 그런 평등 의식을 가지고 우리와 다른 분들을 "우리 가운데 우거하는 나그네"로 여기면서 잘 도울 태도를 가질 수 있는 이들은 그리스도 안에서 이미 하나님 나라를 경험하고 있는 그리스도인들이다. 그리고 우리 그리스도인들은 모든 사람들을 이런 식으로 평등하게 대우하는 것이 그들을 진정한 인간으로 대우하며 그들의 인권을 보호하는 것이라고 우리 주변의 다른 한국 사람들까지도 잘 설득해 가야만 한다. 그런데 그리스도인들조차도 상당히 많은 이들은 그런 평등 의식을 바르게 가지고 있지 않은 것 같다. 바로 이런 점에 우리네 기독교계의 가장 큰 문제의 하나가 있다고 여겨진다.

둘째는 우리들이 어울려 살면서 여러 가지 복잡한 문제들이 발생하지 않도록 하는 제도적인 장치를 하는 것에 많은 관심을 기울여야 한다. 우리의 배타성과 사람들의 죄악성이 연관되면 우리는 그들이 우리 주변에 있는 것을 더욱 더 좋지 않은 시각으로 보게 된다. 심지어, 이주 노동자들의 경우에는 그들이 우리 주변에 와서 있게 된 것이 우리의 필요에 의해서 이루어진 일임에도 불구하고 우리는 그런 생각을 가지기 쉽다. 그러므로 무엇보다 먼저 서로가 서로를 위하는 존재로 있도록 하고, 그런 관계를 잘 보존할 수 있는 제도적 장치를 마련하는 일에 최선의 노력을 다해야 한다. 다시 말하자면, 이주 노동자들이 합법적으로 우리들 가운데 있으면서 이곳에서 일하며 진정 사람다운 삶을 살 수 있도록 하는 제도적 장치를 마련해야 한다. 또한 그들이 불법 체류자가 되지 않게끔 하는 모든 조치가 사전에 마련되어야 한다. 기독교 산업 사회 연구소에서와 국가에서는 그것을 위한 가장 효과적인 제도를 마련하는 데 상당한 노력을 기울어야 한다고 판단된다.

셋째는 우리가 필요해서 우리들에게 와서 함께 살아가는 이들을 우리가 좀더 적극적으로 도울 수 있는 방안에 대한 강구가 필요하다. 먼저는 합법적으로 우리들 가운데서 일하며 살아가는 분들의 복지, 그것이 아니라면 그들의 최소한의 인간적인 삶이 보장될 수 있도록 하는 데 신경을 써야 한다. 또한 여러 가지 이유에서 불법으로 이곳에 체류하고 있는 이들에게 대해서 그들의 문제를 속히 해결하도록 해주며, 그런 문제가 해결된 상황에서는 일단 본국으로 귀국한 뒤 다시 올 수 있도록 하는 일을 간접적으로 돕는 일도 할 수 있다. 이런 일들은 국가 기관과 NGO, 그리고 기독교 NGO들이 협력해서 이루어야 할 일이라고 여겨진다. 기독교 NGO들이 투명하게 그 일을 하여 나가고 각 교회들과 그리스도인들이 그런 NGO들을 도와 나갈 때, 우리는 이 어려운 일에 대해 효과적으로 대처해 나갈 수 있을 것이다.

마지막으로 이렇게 우리들 가운데 와 있는 형제 자매들에게 직간접으로 우리 가운데 있는 하나님 나라의 기쁨을 맛보게 하고, 그들에게 기회 있는 대로 하나님 나라의 복음을 전파하여 그들이 진정한 의미에서 하나님 나라 백성이 되어 그들이 고국으로 돌아가는 날에 복음의 경험을 가지고 가도록 하고, 그들이 그들의 입으로 자신들이 깨달은 하나님 나라의 복음을 전하게 하도록 하는 일에 힘을 써야 한다. 그것은 아마도 선교 사역을 가장 효과적으로 수행하는 방도의 하나가 될 것이다.

2) 이 문제를 가진 사회 속에서의 교회의 의미

이 일을 위해서는 먼저 우리네 한국 교회가 진정한 의미에서 신약 성경이 말하는 교회의 모습을 가지고 드러내도록 해야 할 것이다. 만일에 우리들이 참 교회의 모습을 지니고 있지 않으면 결국 그들은 잘못된 교회의 모습을 보고 경험하고 돌아가게 된다. 그러면 그들이 이 한국 땅에서 배운 것을 전달할 때에 잘못된 영향만이 증가될 것이기 때문이다. 우리가 주께서 원하시는 참된 교회의 모습을 지니고 있을 때에야 우리는 그들에게 복음의 참된 능력을 제시할 수 있을 것이고, 함께 하나님 나라 백성으로서의 의미를 지니면서 이 땅에서 하나님 나라의 다양성을 미리 맛볼 수 있을 것이다. 하나님 나라의 극치 상태에서 모든 나라와 민족과 방언과 족속 가운데서 나온 이루 다 셀 수 없는 수많은 사람들이 다 같이 우리 하나님을 높여 찬송드리며 경배하는 그 일을 여기서 미리 바라보는 이들로서 우리는 지금 여기서도 그 일을 선취(先取)해야만 한다. 우리 모두가 예수 그리스도 안에서 이루어진, 그리고 그의 재림 때에 극치(極致)에 이를 그 하나님 나라에 속한 이들로서 살 수 있도록 우리는 그 하나님 나라의 기쁨과 능력과 뜻을 모든 이들에게 보여 주어야 한다. 혹시 그들이 자신의 죄악 된 뜻과 마음을 고집하여 끝까지 하나님 나라의 백성 되는 것을 거부한다고 할지라도 우리로서는 끝까지 하나님 나라의 사랑과 능력을 보여 주도록 노력해야 하는 것이다. 바로 여기에 우리의 여러 가지 활동의 당위성이 있는 것이다.

5. 동성애 문제 : 성경이 말하는 이성애와 동성애

"사랑은 가치-중립적인 것인가?" 가끔 그리스도인들도 이와 같은 어리석은 생각을 하는 경우가 많은 듯하다. 그래서 사랑에 관한 한, 그리스도인이나 그리스도인이 아닌 사람이나 다 같은 것이 아닌가 하고 묻는 분들이 많다. 그러나 어머니의 모성애나 진정한 연애 감정은 모든 사람의 경우에 다 같은 것이 아닌가 하고 생각하는 것은 결국 사랑에 대한 낭만주의적이고 인간중심주의적인 생각의 표현일 뿐이다. 왜 그런가?

1) 기독교적 사유의 원칙: 계시 의존 사색

우리 그리스도인들은 **모든 것에 대해서 성경에 근거해서 생각하는 사람들**이다. 우리가 진정한 그리스도인이라면, 우리는 계시에 의존해서 사색[啓示依存思索]하는 이들이다. 그러므로 사랑에 대해서도 우리는 성경에 근거해서 생각해야 할 것이다. 그런 의미에서 우리에게 주어진 질문, "사랑, 사랑, 누가 말했나?"에 대해서 우리 그리스도인들은 사랑은 근원적으로는 하나님께서 말씀하신 것이라고 대답해야 할 것이다. 하나님의 말씀하심이 근본적으로 사랑의 행위였고, 사랑의 창조인 것이다. 그가 사랑하심으로 우리가 사랑을 알게 되었다. 따라서 사랑은 하나님에게서 찾아야 한다. 하나님께서 당신님에 대해서 자신의 어떠하심을 보여 준 것이 사랑의 기준이 된다. 참 사랑은 이처럼 무원칙적이지 않고, 분명한 원칙에 근거한 것이다. 그래서 바울은 "사랑엔 거짓이 없나니 악을 미워하고 선에 속하라"고 선언한다(롬 12:9). 이는 사랑 일반에 대해서 하는 말이지만, 남녀간의 사랑에도 적용되는 말이다. 모든 면에서 그러하니, 남자와 여자 사이의 사랑에 대해서도 하나님께서 내신 원칙에 따르는 것이 진정한 사랑의 표현이다. 그러므로 우리는 연애와 혼인, 그리고 성의 문제와 관련된 사랑에 있어서도 하나님께서 내신 어떤 원리가 있는지를 성경으로부터 찾아보려고 해야 한다.

2) 사랑에 대한 성경적 원리

하나님께서 사람을 창조하신 원리에 의하면, 남자와 여자가 사랑하는 것은 매우 정상적인 것이다. 하나님께서는 처음부터 사람을 남자와 여자로 만드실 계획을 가지시고, 먼저 남자를 만드신 후에(창 2:7), 사람의 독처(獨處)하는 것이 좋지 않으니 자신이 그를 위하여 돕는 배필[즉, 그에게 상응하는 돕는 자]를4 지으시리라고 말씀하시고(창 2:18), 남자로 하여금 자신이 혼자이며 누군가의 도움을 필요로 한다는 심리적 필요를 느끼게 하신 뒤에(창 2:19-20), 여자를 만드셔서 그 둘이 한 몸을 이루고 살게 하셨다(창 2:24). 여기에 사랑과 혼인의 시작이 있다. 사랑은 모든 면에서의 하나됨을 위한 가장 기본적인 정서이다. 영적, 정신적, 인격적, 신체적

---

4 이 어귀에 대한 논의로 이승구, 『인간 복제, 그 위험한 도전』 (서울: 예영, 2003), 제1장을 보라.

하나됨에서 사랑이 나타난다. 그러므로 진정한 하나됨을 위해서는 사랑이 필수적으로 있어야만 한다.

그런데 그 사랑은 결국 하나님을 중간 항(middle-term)으로 하는 사랑이다.5 즉, 그것이 진정한 사랑이라면 두 사람의 사랑 가운데는 항상 하나님이 계셔야 한다는 말이다. 다시 말해서, 두 사람이 사랑하면 할수록 하나님을 더욱 사랑하게 되며, 하나님을 사랑하면 할수록 사랑하는 이를 더욱 사랑하게 될 때에, 그것이 하나님께서 진정으로 의도하신 사랑이라고 할 수 있다. 그렇지 않고 사랑하는 사람에 대한 사랑이 하나님에 대한 사랑과 대립될 때 그것은 참된 사랑이 아니다. 그리고 참된 사랑은 결국 상대편을 세워주는(up-building) 것이어야 한다. 결국은 상대를 파괴하고 무너뜨리는 결과를 가져다주는 것은 참 사랑이 아니다.

3) 사랑에 대한 성경적 원칙에 따라 살펴본 동성애

이 두 가지 원칙에 따라 생각해 볼 때 성경이 이성애와 동성애에 대해서 어떤 태도를 나타내고 있는지는 아주 분명해진다. 결국 하나님을 사랑하는 것과 대립되지 않는 사랑은 하나님께서 내신 창조의 원리에 따라 사랑하며, 하나님께서 선언하신 말씀의 원리에 따라 사랑하는 것이다. 하나님께서는 처음부터 남자와 여자를 창조하시고, 그 둘이 한 몸이 되어 자녀를 낳고 번성하여 땅에 충만하고, 그리하여 온 땅을 하나님의 뜻대로 잘 다스릴 것을 원하셨다. 그리고 소돔과 고모라의 사람들이 남자의 모습을 하고 나타난 천사들과 "상관하리라"고 말하는 것으로 그들의 죄악상의 한 단면을 소개하고 있는 창세기 19:5, 7, 9를 볼 때, 그리고 구약적 하나님의 백성인 이스라엘 백성들에게 "너는 여자와 교합함 같이

---

5 Cf. S. Kierkegaard, *The Works of Love* (Princeton: Princeton University Press, 1993)의 여러 곳을 보라.

남자와 교합하지 말라, 이는 가증함이니라"(레 18:22)고 강하게 말하며, 이런 자들을 반드시 죽이라고 명하신 것을 볼 때(레 20:13), 더 나아가서는 심지어 "여자는 남자의 의복을 입지 말 것이요, 남자는 여자의 의복을 입지 말 것이라. 이같이 하는 자는 네 하나님 여호와께 가증한 자니라"(신 22:5)고까지 하는 것을 볼 때, 그리고 가나안 족속들과 이스라엘 중의 동성애적 행위를[남색, 男色] 비난하면서 말하는 것을 볼 때(왕상 14:24, 15:12, 22:46), 구약 성경이 동성애적 행위와 이를 유도할 수 있는 모든 것을 다 정죄하고 있다는 것은 아주 분명하다. 신약에서는 더 분명히 동성애적 행위는 부자연스러운 것이라고 천명하고(롬 1:26), 창조주의 의도를 벗어난 것이라고 선언한다(롬 1:25f.). 또한 바울은 이 세상의 현저한 악들을 열거하는 중에 동성애적 행위를 포함시켜 언급하고 있다(고전 6:9f., 딤전 1:9f.). 그러므로 하나님께서는 동성애를 죄악으로 간주하시며, 가증한 것으로 여기셔서 아주 분명하게 비난하시는 것이다.

물론 성경에 의하면 동성애만이 죄악인 것은 아니고, '정상적인 혼인 관계 밖에서의 모든 성 관계'가 다 죄악된 것으로 정죄되었다. 그러므로 우리는 동성애만을 정죄하고, 그런 이들이 특별히 더 잘못된 것으로 생각해서는 안 된다. 우리는 오히려 동성애의 죄도 다른 모든 성적인 죄와 같이 심각한 죄이고, 하나님에게서 정죄 받을 죄라고 말해야 한다. 그러므로 동성애자들도 다른 죄인들과 같은 죄인들이지, 그들이 더 심각한 죄인들이라고 생각할 수는 없다. 성경에 의하면, 모든 죄는 그 어떤 형태를 가진 것이든지 하나님 앞에서 다 심각한 것이기 때문이다.

그러므로 우리는 동성애를 비롯해서 모든 잘못된 사랑의 표현이 창조주 하나님의 의도에 반하는 것이므로 잘못된 것이라는 의식을 가지고, 하나님의 뜻에 따라서 바른 사랑을 하도록 해야 할 것이다. 하나님께서 우리에게 주신 가장 고귀한 선물들 중의 하나가 바로 서로 사랑하는 것이다. 그러나 가장 고귀한 것들은 타락하면 가장 추악한 것이 된다. 최선의 것이 타락하면 최악의 것이 되는 것이다.6 사탄과 뱀을 생각해 보라. 사탄은 하나님이 지으신 천사가 타락한 존재가 아닌가? 또한 뱀은 여호와께서 지으신 들짐승 가운데 가장 똑똑했다고 하지 않았는가? 그런 것이기에 사탄이 가장 잘 이용한 것이다. 또한 인간의 이성을 생각해 보라. 고귀한 기능을 담당하게끔 창조된 이성이 오용될 때 사람들로 하여금 하나님께 반역하도록 하고 하나님을 부인하게 하지 않는가 말이다. 이처럼 하나님께서 가장 고귀하게 창조해 주신 것일수록 타락하면 더 흉악하게 되기 쉽다. 그러므로 우리는 우리에게 주어진 가장 고귀한 능력의 하나인 사랑하는 일도 하나님의 의도와 하나님께서 내신 원리에 따라 행사하도록 해야 할 것이다.

4) 진정한 사랑을 위하여

사랑은 우리 존재 전체에 대한 요구이며, 존재 전체를 던져 넣는 것이다. 그것은 격정이며, 존재 전체의 갈망이고, 실존의 진정한 표현 가운데 하나이다. 그래서 아가서에서는 사랑은 "죽음 같이 강하고 … 이 사랑은 많은 물이 꺼치지 못하겠고, 홍수라도 엄몰치 못하는"것이라고 했다[아가 8:6, 7). 이런 사랑은 모든 것을 다 가지고서도 살 수 없는 가장 고귀한 것이다[아가 8:7). 그러므로 우리는 그 고귀한 것을 참으로 고귀하게 누리는 우리가 되어야 한다. 사랑을 내신 하나님의 의도에 따라서, 하나님의 뜻 가운데서 말이다. 그런 사랑은 이 세상의 진정한 아름다움[美]의 하나이다. 그러나 그런 사랑은 세상에서 너무나도 드문 것 같다. 오직 성령의

---

6 이는 일반적 원리처럼 진술되는 것이다. 근자에 이를 잘 표현한 것으로 캠브리지 대학교의 David F. Ford, *Theology* (Oxford: Oxford University Press, 1999), 강혜원, 노치준 옮김, 『신학이란 무엇인가?』 (서울: 동문선, 2003), 12를 보라.

도우심과 인도하심 가운데서만 우리는 이런 사랑 가운데서 "저가 내 안에 있고, 내가 저 안에 있다"는 말의 깊은 뜻을 맛보고, 누리며 살아갈 수 있다. 우리 모두가 이런 사랑, 주께서 말씀하셔서 이 세상에 창조해 내신 그런 사랑을 누려야 할 것이다. 그러나 이것은 그리스도의 십자가의 구속 안에서, 성령 안에서만 가능하다.

6. 동성애와 관련한 목회적 돌봄

동성애와 관련하여 다음 같은 여러 사람이 있을 수 있다: (1) 동성애에서 벗어난 사람들, (2) 동성애적 성향을 가지나 그것을 억제하는 사람들, 그리고 (3) 동성애를 억제하지 못하는 사람들. 이 모든 사람들에 대한 목회적 돌봄이 필요하다.

1) 동성애를 벗어난 사람들에 대한 목회적 돌봄

첫째로, 동성애를 벗어난 사람들은 될 수 있는 대로 다른 사람들과 같은 방식으로 하나님의 창조 원리에 따라서 살 수 있도록 격려하는 목회적 돌봄을 받아야 한다. 동성애를 벗어나는 것은 진정한 회개로부터 시작된다. 인간의 여러 죄 가운데, 동성애도 하나님께서 의도하지 않은 것이라는 바른 성경적 이해 가운데서 이를 죄로 여기고 하나님께서 원하시는 삶의 방향으로 나아가는 것이다.

그들 중의 일부는 동성애자들을 향한 사역에로 나아 갈 수 있으므로 그들은 과거에 자신이 동성애자였다는 것을 밝히고 다른 동성애자들이 회복되는 일을 적극적으로 돕는 일을 할 수 있다.7 그런데 이런 적극적 사역자들에 대해서는 좀더 체계적인 상담과 관리가 있어야 할 것이다. 만일에 이런 사역자나 사역을 돕는 분들 가운데서 또 문제가 발생하면 그것은 여러 면에서 더 심각한 문제가 되기 때문이다. 이는 교회 지도자들 가운데서 다른 성적인 문제가 발생하는 것이 교회의 문제가 되는 것과 같은 것이다.

그러나 대부분의 사람들은 회복된 후에는 이전에 자신이 동성애자였다는 것을 굳이 밝히지 않도록 하는 것이 더 좋을 것이다. 한국 사회, 특히 한국 교회 같은 분위기에서는 회복된 사람들이 과거의 전력을 밝히는 것이 과연 도움이 되는지 의심할 수밖에 없기 때문이다. 물론 목회자들과 그들의 가까운 친척들과 친구들은 그 사실을 알고 있으면서 그/그녀를 위하여 계속적으로 기도하고, 그/그녀가 정상적인 삶을 살아 갈 수 있도록 하는 강력한 "지지 집단"(supporting group) 역할을 해야 한다. 목회자들의 심방 가운데서 이런 분들에 대한 심방의 내용은 결과적으로 이런 분들이 정상적인 삶을 살아가는 것을 강화하고, 격려하는 것으로 나타나야 한다.

2) 동성애를 억제하는 사람들에 대한 목회적 돌봄

둘째로, 동성애적 경향을 지니고 있는데 그런 정향을 온전히 버려 버리지는 못하는, 그렇지만 자신의 동성애적 정향을 성령님께 의존해서 억제하는 사람들의 경우에는 더 세심한 목회적 돌봄이 요구된다. 이

---

7 그런 변화의 대표적인 예로 이요나 목사님의 경우를 생각할 수 있다. 최근에 나온 그의 자서전인 『리애(愛)마마 동성애 탈출』 (서울: Kinema in Books, 2015)을 보라.
또한 동성애자도 그리스도로 말미암아 변할 수 있다는 글을 쓴 이전 동성애자였던 팀 윌킨스 같은 분도 언급할 수 있다. Cf. Tim Wilkins, "What about Gays Needs to Change? It May Not be What You Think!"(http://christiananswers.net/q-cross/cross-gaychange.html).

경우에는 그/그녀가 정상적 혼인 생활을 할 수 없으므로, 스스로 자신의 성욕을 억제해야 하고, 누구에게나 있는 친밀감의 요구를 상당히 억제해야 하지만, 또한 그런 요구가 지속적으로 있기에 친밀함의 요구를 다른 식으로 대체할 수 있는 방안을 찾아 제공하고, 가까이 할 수 있는 사람들이 더 많이 있어야 한다. 이 경우에는 목회자, 전문적 상담자, 가족, 가까운 친구들이 지속적으로 관심을 가지고 돌보는 것이 필요하다. 이런 상태를 죽을 때까지 가지고 갈 수도 있기에 이런 유형에 있는 분들이 이 영적 전투에서 성공적으로 삶을 살 수 있도록 유도하기 위한 노력이 특별히 중요하다. 이런 사람들을 잘 돌보아서 이들 가운데에서 동성애적 성향을 온전히 벗어나도록 하는 것이 궁극적 목적이다. 그러므로 이것은 매우 중요한 사역의 하나이다.

혹시 자신이 동성애적 정향을 가지고 있다는 것은 어느 정도 의식하게 된 사람들을 그런 것을 외적으로 실천하지 않도록 하는 것은 매우 중요한 예방적인 활동이 된다고 할 수 있다. 이 경우에는 실제로 동성애적 행위를 경험한 사람보다는 억제할 수 있는 능력이 더 주어질 수 있다고 한다.[8] 이 경우에는 혼인에 대헌 성경의 가르침에 근거해서 인간의 성과 그것이 우리의 삶에서의 어떤 의미를 지니는 것인지를 잘 가르침 받아야 할 것이다.

3) 여전히 동성애 속에 있는 사람들에 대한 목회적 돌봄

셋째는 동성애적 성향을 가지고 있으면서 신앙도 가진다고 하지만 동성애적 정향을 피하지 못하여 때때로 동성애적 행위에로의 유혹을 받고, 또 때때로 그에 노출되는 사람들은 좀 더 세심한 돌봄의 대상이라고 할 수

---

[8] 이를 시사하는 Chad W. Thompson, *Loving Homosexuals as Jesus Would: A Fresh Christian Approach Paperback* (Grand Rapids: Brazos Press, 2004)을 보라.

있다. 이들은 동성애적인 죄를 범한다는 것 외에는 예수님을 믿은 후에도 지속적으로 죄를 짓는 우리들의 모습과 별반 다름이 없다. 이런 사람들에 대해서와 다른 형태의 죄를 짓는 우리들 모두에 대해서 우리는 이것이 죄라는 것을 명백히 하고, 죄에 대한 벌을 기꺼이 받으려고 하고, 성령님을 의존하여 그런 모든 죄로부터 벗어나기 위해 애를 써야 한다.

이를 위해서 첫째로 공예배에 참석하는 것과 개인적으로 성경을 읽고 기도하는 것에 특히 힘쓰도록 해야 한다. 이는 말씀 앞에 설 기회를 더 얻기 위한 것이요, 자신을 그 말씀에 철저히 순복시킬 기회를 얻도록 하기 위한 것이다. 하나님 말씀을 잘 알게 되고, 그 안에 표현된 거룩한 삶에 대한 하나님의 뜻에 익숙하게 되는 것이 가장 필수적인 것이다. 하나님의 말씀은 사람을 변화시키는 능력이 있기 때문이다.

동시에 이런 개인적인 노력을 강화하기 위해 개별적인 지도가 필요하다. 이 경우에는 전문적으로 준비된 목회자와 전문적인 상담자와의 정기적인 면담이 매우 중요한 역할을 할 수 있다. 그 전문적 면담에서는 자신의 죄를 정확히 드러내고 그 죄와 씨름하는 것이 필요하다. 성령님과의 교제 가운데서 죄를 죄로 인정하고, 그것을 미워하며, 다시는 그 죄를 범하지 않도록 애를 써야 한다.

이를 위해서 이런 사람들을 기도와 교제로 돕는 "지지 집단"(supporting group)이 반드시 있어야 한다. 이 "지지 집단"에 속한 분들은 자신들이 지지하는 분이 구체적으로 어떤 죄를 언제 범했는지를 모르는 것이 좋다. 그러나 항상 그와 같이 있을 수 있는 사람들이 있어야만 그가 다시 죄를 지을 수 있는 기회가 봉쇄되기 쉽다. 죄 지을 수 있는 유혹과 기회가 없도록 하는 것이 필요한 것이다.

그러나 무엇보다도 자기 자신이 자신이 행하는 것이 성경의 가르침에 반하는 죄라는 명확한 의식을 가지고, 그 죄와 싸우려는 의지가 있도록 하는 것이 급선무이다. 결국은 이것도 영적 전쟁의 하나이기 때문이다. 성령님을 의존해서 동성애의 유혹에 빠지지 않도록 해야 한다.

그러나 실패하고 죄를 지어도 그것을 죄로, 참으로 "죽을 죄"를 지은 것으로 알고, 참으로 십자가에 의존하고 성령님께 의존해서 다시 싸우려는 노력을 해야 하는 것이다. 평생 이 싸움을 해야 한다. 동성애를 비롯한 모든 죄를 참으로 "죽을 죄"를 지은 것으로 알고 회개하는 것이 관건인데, 그래야 이 죄를 미워하고 이와 싸울 수 있기 때문이다.

7. 미투 운동으로 본 우리 사회 윤리의식과 젠더문화

미국에서 시작된 "미투(me too) 운동"이 우리나라에서도 큰 영향력을 나타내고 있다. 힘 있는 사람들이 자신들의 힘과 권력을 이용해서 다른 사람들을 성적으로 착취하고 이용하는 일에 대한 미약한 저항이 미디어와 사회의식의 발전에 근거해서 이제 시작되었다고 할 수 있다. 이렇게 시작된 이 일이 참으로 효과를 나타내려면 (1) 힘과 지위를 이용하여 다른 사람들을 성적으로 착취하고 이용하는 일에 대해서 지속적으로 사회적으로도 비판하고, 사법적으로도 강하게 처벌하는 일이 있어야 하고(사회적 비판과 강한 처벌), (2) 일종의 무고(誣告)와 같이, 그렇지 않은데도 그와 같은 일이 있었다고 하는 일을 잘 찾아내는 일이 절실히 필요하다(명확한 사실 판단의 필요성). 한동안만 그리하다가 얼마 후면 다시 사회적 관행이라고 여기는 방향으로 돌아가서는 미투 운동도 그저 한 시대의 유행이 되고 만다. 그것은 큰 불행이 아닐 수 없다. 부디 우리 사회 속에서 이 문제에 대한 논의가 한 동안만 들끓다가 지금 후에는 관심을 있다. 이들은 동성애적인 죄를 범한다는 것 외에는 예수님을 믿은 후에도 지속적으로 죄를 짓는 우리들의 모습과 별반 다름이 없다. 이런 사람들에 대해서와 다른 형태의 죄를 짓는 우리들 모두에 대해서 우리는 이것이 죄라는 것을 명백히 하고, 죄에 대한 벌을 기꺼이 받으려고 하고, 성령님을 의존하여 그런 모든 죄로부터 벗어나기 위해 애를 써야 한다.

이를 위해서 첫째로 공예배에 참석하는 것과 개인적으로 성경을 읽고 기도하는 것에 특히 힘쓰도록 해야 한다. 이는 말씀 앞에 설 기회를 더 얻기 위한 것이요, 자신을 그 말씀에 철저히 순복시킬 기회를 얻도록 하기 위한 것이다. 하나님 말씀을 잘 알게 되고, 그 안에 표현된 거룩한 삶에 대한 하나님의 뜻에 익숙하게 되는 것이 가장 필수적인 것이다. 하나님의 말씀은 사람을 변화시키는 능력이 있기 때문이다.

동시에 이런 개인적인 노력을 강화하기 위해 개별적인 지도가 필요하다. 이 경우에는 전문적으로 준비된 목회자와 전문적인 상담자와의 정기적인 면담이 매우 중요한 역할을 할 수 있다. 그 전문적 면담에서는 자신의 죄를 정확히 드러내고 그 죄와 씨름하는 것이 필요하다. 성령님과의 교제 가운데서 죄를 죄로 인정하고, 그것을 미워하며, 다시는 그 죄를 범하지 않도록 애를 써야 한다.

이를 위해서 이런 사람들을 기도와 교제로 돕는 "지지 집단"(supporting group)이 반드시 있어야 한다. 이 "지지 집단"에 속한 분들은 자신들이 지지하는 분이 구체적으로 어떤 죄를 언제 범했는지를 모르는 것이 좋다. 그러나 항상 그와 같이 있을 수 있는 사람들이 있어야만 그가 다시 죄를 지을 수 있는 기회가 봉쇄되기 쉽다. 죄 지을 수 있는 유혹과 기회가 없도록 하는 것이 필요한 것이다.

그러나 무엇보다도 자기 자신이 자신이 행하는 것이 성경의 가르침에 반하는 죄라는 명확한 의식을 가지고, 그 죄와 싸우려는 의지가 있도록 하는 것이 급선무이다. 결국은 이것도 영적 전쟁의 하나이기 때문이다. 성령님을 의존해서 동성애의 유혹에 빠지지 않도록 해야 한다.

그러나 실패하고 죄를 지어도 그것을 죄로, 참으로 "죽을 죄"를 지은 것으로 알고, 참으로 십자가에 의존하고 성령님께 의존해서 다시 싸우려는 노력을 해야 하는 것이다. 평생 이 싸움을 해야 한다. 동성애를 비롯한 모든 죄를 참으로 "죽을 죄"를 지은 것으로 알고 회개하는 것이 관건인데, 그래야 이 죄를 미워하고 이와 싸울 수 있기 때문이다.

7. 미투 운동으로 본 우리 사회 윤리의식과 젠더문화

미국에서 시작된 "미투(me too) 운동"이 우리나라에서도 큰 영향력을 나타내고 있다. 힘 있는 사람들이 자신들의 힘과 권력을 이용해서 다른 사람들을 성적으로 착취하고 이용하는 일에 대한 미약한 저항이 미디어와 사회의식의 발전에 근거해서 이제 시작되었다고 할 수 있다. 이렇게 시작된 이 일이 참으로 효과를 나타내려면 (1) 힘과 지위를 이용하여 다른 사람들을 성적으로 착취하고 이용하는 일에 대해서 지속적으로 사회적으로도 비판하고, 사법적으로도 강하게 처벌하는 일이 있어야 하고(사회적 비판과 강한 처벌), (2) 일종의 무고(誣告)와 같이, 그렇지 않은데도 그와 같은 일이 있었다고 하는 일을 잘 찾아내는 일이 절실히 필요하다(명확한 사실 판단의 필요성). 한동안만 그리하다가 얼마 후면 다시 사회적 관행이라고 여기는 방향으로 돌아가서는 미투 운동도 그저 한 시대의 유행이 되고 만다. 그것은 큰 불행이 아닐 수 없다. 부디 우리 사회 속에서 이 문제에 대한 논의가 한 동안만 들끓다가 지금 후에는 관심을 끊어 버리는 일이 없어야만 미투 운동이 성공할 수 있다.

1) 우리 사회의 윤리 의식의 문제점

미국에서 시작되었고 전세계적으로 나타나고 있는 현상이기에 이는 우리 사회의 문제만을 드러내는 것은 아니지만, 이 짧은 글에서는 특히 우리 사회의 윤리 의식의 문제를 생각해 보기로 하겠다. 가장 큰 문제는 우리 사회가 성(性)의 고귀성에 대한 의식을 상실했다는 데에 있다. 다른 성적인 문제가 있는 데에도 그런 것은 미투 운동에 속하는 것이 아니라고 하면서 명확히 권력 관계의 갑(甲)에 해당하는 사람들이 권력 관계의 을(乙)에 해당하는 사람들에게 행한 강압적인 성폭행과 성추행에만 한정시켜 논의하자는 것은 미투 운동을 통해 우리 사회의 어떤 면을 발본색원하자는 의도에서 그렇게 주장하는 것이라는 면에서 일면 의미 있기도 하지만, 결국 우리 사회의 성 윤리 의식이 좀 낮추어져 있다는 것을 보여 주는 단면이다. 사실 강압적인 것이 아니면 혼인 관계 밖에서의 성적인 관계는 남들이 전혀 관여할 것이 아니라는 분위기가 형성될까 무서운 면이 있다. 아니 솔직히, 이미 그런 의식이 우리 사회 내에 자리 잡고 있는지도 모르겠다. 미투 운동은 잘 작용한다면, 어떤 면에서는 일반 은총 가운데서 우리 사회의 성 윤리를 좀 성숙시킬 수 있는 계기가 될 수도 있다.

그러므로, 미투 운동을 계기로 일차적으로, 어떤 방식으로도 힘 있는 사람들이 힘없는 사람들을 성적으로 착취하거나 이용하지 않도록 하는 일이 이 땅에 정착되도록 해야 한다. 같은 영역에서 함께 일하는 사람들 간의 관계에서도 그러하고, 전혀 관련이 없는 이들 간에도 성적인 착취나 이용이 사라지도록 하는 데 다들 힘써야 한다. 이성간에도 그러하고, 동성 간에도 그러하다. 여기까지가 미투 운동을 보는 일반적인 사람들의 의견이다.

그러나 우리는 좀더 나아가 이하에 언급할 문제들도 생각해야만 한다. 대표적인 것이 군대 내에서 상급자와 하급자간의 성적인 이용과 착취의 문제이다. 이것은 여러 이유에서 엄히 금해져야 하고 이런 금지에 우리 사회의 구성원들 모두가 동의하는 운동이 일어나야 한다. (물론 군대 내에서 상호 동의하에 성적인 관계를 가지는 것의 문제도 심각하게 다루어져야 할 것이다).

또한 성적인 착취와 이용에는 사실 근자의 미투 운동은 언급하지 않으려고 하는 다음 문제도 포함된다는 것을 분명히 의식해야 한다. 그것은 일종의 보수와 보상을 댓가로 성적인 착취와 이용을 하는 것이다. 매매춘(買賣春)이라고 언급되는, 또 원조 교제라고 언급되는, 또는 연예계에서는 스폰서됨이라고 언급되는 일들도 사실은 문제라는 것을 우리 사회 안의 모든 사람들이 인식하여 그런 것도 심각하게 문제시하는 일이 일어나지 않는다면 우리 사회의 윤리 의식은 아주 낮은 수준에 있는 것이다. 경제적인 보수와 보상을 제공하는 것도 결국은 그런 것을 제공하는 사람이 다른 사람의 성(性)을 사는 것으로 여겨질 수 있기 때문이다.

더 나아가, 모든 면에서 좀 더 건전한 성 문화가 우리 사회에 정착하도록 하려는 노력이 있지 않으면 그것은 결국 우리 사회의 성윤리를 낮추는 것이 된다. 우리는 이점도 온 국민에게 알려야 한다. 미투 운동을 기회로 이런 문제도 인식시키는 기회로 삼았으면 한다.

2) 젠더 문화?

때로 이 문제를 "젠더 문제"의 하나라고 언급하는 사람들이 있다. 그런데 이 용어를 아무 의식 없이 사용하면, 현대의 일정한 부류의 사람들이 사용하는 젠더 이데올로기에 사로잡히는 결과가 된다는 것을 명확히 의식해야 한다. 근자에 사람들이 사용하는 "젠더"(gender)라는 용어는 타고난 성은 중요하지 않고 자신이 스스로 규정한 성[사회적 의미의 성]이 중요하다는 의미에서 사용하는 용어다. 그러므로, 이런 용어를 주로 사용하는 사람들이 말하는 우리 사회의 젠더 문화의 문제점은 (1) 아직도 상당히 많은 사람들이 타고난 성(性) 중심으로 자신들의 성(性)을 규정하려고 드는 것이며, (2) 자신이 규정한 자신의 성(그것에는 자신의 성을 결정하지 않은 상태도 포함된다고 한다. 이른바 "Q" people – queering people)에 따라 사람들이 자신을 대우하지 않는 것이고, (3) 미투 운동과 관련해서는 사회적 지위를 사용하여 강압적으로 자신의 젠더를 착취하거나 이용하려는 모든 것이라고 본다. 그러므로 (3)에 해당하는 것만을 문제 삼는 것 자체가 이들이 말하는 '새로운 젠더 문화'를 확립하는 것의 한 부분이다. 이 분들은 궁극적으로 우리 사회의 젠더 문화를 바꾸려고 한다. 그래서 근자에 일어나고 있는 미투 운동을 사용해서도 우리의 젠더 문화를 바꾸려고 하는 것이다.

앞서 말한 (3)을 문제시하는 것은, 조금은 다르지만, 우리가 처음에 언급한 미투 운동이 비판하고 고발하려는 점과 겹치는 부분이 있다. 그래서 우리와 이런 젠더 운동을 하시는 분들이 이 문제에 대해서는 같은 비판을 할 수 있다. 사회적 지위를 이용한 강압적인 성관계와 성추행 등은 거의 모든 사람이 문제라고 보고 있는 것이다. 이 점에서는 거의 모든 사람들에 의해서 상당히 비슷한 문제가 지적되고 있음을 발견할 수 있다.

이런 상황 속에서, 일단은 미투 운동으로 그것이 문제라는 것이 언급되고, 모든 사회의 성원들이 그것은 문제라고 말하는 것은 좋은 일이다. 이런 것조차도 문제가 아니라고 말하는 사회는 그야말로 심각한 사회일 것이니 말이다. 얼마 전까지 미국과 우리를 비롯한 거의 모든 사회가 불편해 하면서도 쉬쉬하면서 그런 것은 별 문제가 아닌 듯이 취급하던 것을 미투 운동의 과정에서는 그것이 심각한 문제라고 누구나 말하는 상황이니, 우리는 계속해서 우리 사회가 이런 문제들을 심각하게 여기는 사회가 되도록 함께 노력해야 한다.

그러나 그에 머무른다면 우리 사회 내에서 어떤 분들이 매우 의도적으로 일으키려는 젠더 혁명(gender revolution)에 자신들도 모르게 포괄되는 것이 되고, 암묵리에 우리 사회가 이렇게 변화된 젠더 문화를 받아들인 사회가 되기에 우리는 매우 주의하여야 한다.

3) 나가면서

그러므로 우리는 미투 운동이 일어나는 이 상황 속에서 미투 운동의 직접적인 사례들만 바라보아서는 안 된다. 그에서 더 나아가 우리 사회의 성 윤리 의식이 진정 고도(高度)한 것이 되도록 노력해야 한다. 그리고 궁극적으로 그것은 우리들의 노력에 의해서는 다 되지 않고 진정 사람들을 변화시키는 놀라운 능력이 있어야만 가능하다는 것을 의식하고 그런 놀라운 능력에 의존하는 데에까지 간다면 그것은 일반 은총에 더해서 특별 은총의 은혜를 누리는 것이 된다.

그러나 그렇게까지는 아니라고 해도, 우리 사회가 그래도 사람들이 살만한 사회가 되려면, 일반 은총 가운데서, 일차적으로 미투 운동이 고발하고 비판하는 사례들이 더 이상 발생하지 않도록 하는 데 힘써야 한다. 다음 같은 일을 행해야 할 것이다.

(1) 성적 착취와 추행에 대해서 강하게 "아니요(No!)"라고 말하는 일의 **일상화** (이런 점에서 "me first (나 먼저 바르게 하기) 운동"과 "with you (연약한 이들과 함께 하기) 운동"이 중요하다.)

(2) 이런 문제를 문제로 제기하는 일이 가능하게 하는 사회되기 (즉, 이런

문제를 제기하는 사람에게 그 어떤 피해도 있지 않도록 하는 일 보장)

(3) 이 문제와 관련해서 피해를 보지 않도록 하는 절차적 합리성을 가진 사회되기 (정확한 조사 가능성 보장, 사실일 경우 엄정한 처벌 실시)

그리고 그에서 더 나가 혼인 관계 밖에서의 성적인 관계의 문제점을 문제로 느끼도록 하는 일에 힘써야 한다. 이것이 일반 은총 가운데서 우리 사회 구성원들 모두가 할 수 있는 일의 최대한 일 것이다.

8. AI 시대의 생명윤리를 어떻게 천명할 것인가?

이 세상이 급속도로 변화하면서 인공 지능(artificial intelligence)이 급속도로 발전하고 있다. 문제 해결 방식으로 하는 일반적 추론을 고성능 컴퓨터를 사용한 인공지능으로 하게 함은 물론이거니와 이제는 지각(perception)도 하며 고도의 학습은 물론 자연 언어에 가깝게 표현하는 것까지를 익히게 해서 인공 지능이 지식을 표현해 내는 것(knowledge representation)도 잘 하고, 소위 사회적 지능(social intellegience)과 창조성까지를 어느 정도 가지고 있어서 일반 지능에서도 인간 보다 더 뛰어난 양상을 보이고 있다. 더 발전하면, 인공지능이 인간을 지배할 수 있는 가능성이 그저 공상 과학물(SF fiction)에서만이 아니라 현실적으로도 나타날 수 있는 이 때 우리는 과연 무엇을 생각해야 하는가?

1) 인공지능이 할 수 없는 것은 무엇인가?

점점 인공지능이 할 수 없는 것이 줄어져 가는 인상을 받는다. 처음에는 단순한 연산을 빨리 하는 것 중심으로 발전시킨 것이 이제는 인공 지능 스스로 학습을 하고 그 결과를 도출해 낼 수 있어서 이제는 각 방면에서는 인간이 할 수 있는 모든 능력 보다 더 뛰어난 능력을 나타내고 있다. 체스를 전문적으로 하는 인공 지능(1997년에 당시 체스 챔피온이었던 Garry Kasparov를 이긴 IBM이 개발한 체스 전문 컴퓨터 Deep Blue, 그 이후 이스라엘 팀에 의해 개발되어 계속해서 그 이전은 물로 이거니와 2002년부터 계속해서 세계 컴퓨터 체스 경연(the World Computer Chess Championship)에서 우승하여 기록을 경신하고 있는 Deep Junior, 바둑을 전문으로 하는 인공 지능(2016의 Alpha Go) 등이 각 영역에서 인간의 능력을 앞지른 것은 물론이다. 그래서 이제는 의료적 진단을 하는 일에도 인공지능이 더 신뢰를 얻어 가고 있으며(IBM이 만든 Dr. Watson, Google이 만든 수술 로보트 "Verily"), 수식 투사와 펀드 운용에서도 금융-인공지능에 의존하려는 시도가 나타나고 있다. 이제는 이 모든 능력을 종합한 소위 일반 지능(general intelligence)에서도 인간을 앞설 가능성이 있다는 예측이 나오고 있다.

그래도 아직까지 다음 세 영역과 관련해서는 인공 지능이 할 수 없는 것이 지적되곤 한다. 그 하나는 "감정" 문제이다. 최대로 노력하면 인공 지능이 감정을 가진 것처럼 할 수는 있지만 참으로 "감정"을 가질 수 있는지에 대해서는 아직까지 회의적 시선이 더 많이 있다. 물론 소설과 영화 등에서는 이미 감정을 지닌 인공 지능을 가진 존재가 나타나기도 한다(예를 들어서, 2013년에 미국서 개봉한 "Her"라는 영화에서 "데오도어"라는 사람의 비서겸 반려자 역할을 하는 듯한 고성능 컴퓨터 "사만다" 같은 존재). 그러나 아직 실제로 감정을 지닌 인공지능이 나오지는 못했다. 인공지능의 고도의 추리력이 결합하여 결국 감정에 가까운 것을 나타낼 수는 있을지 몰라도 아직까지 "감정"과 그것을 참으로 인간적으로 표현하는 능력을 인공적으로 만들지는 못했다고 여겨진다.

두 번째로 인공 지능이 하지 못하는 것은 도덕적 판단이다. 어떤 조건 하에서 어떻게 판단해야 할지는 입력할 수 있고, 따라서 일정한 조건 하에서 스스로 판단하게 프로그램을 주어 판단하도록 만들 수도 있지만 아직까지는 도덕적 판단을 하는 인공 지능은 없다. 물론 이것은 '도덕적 판단이 무엇인지?'를 선결(先決)해야만 결론내릴 수 있는 아주 복잡한 문제이다. 우선은 식물이나 감정을 가지고 그것을 표현할 수 있는 동물도 도덕적 판단을 할 수 없다는 전제에서 인공 지능도 도덕적 판단을 할 수 없다고 말할 수 있다. 도덕적 판단은 인간이 내려 주어야 하고, 인공지능에게 그에 부합하는 프로그램을 주어야 그에 따라 판단을 할 수 있다. (대부분의 인간들이 바른 도덕적 판단을 하지 않으니 이것은 쓸데없는 것이라는 논의가 우리를 무색하게 해서는 안 된다. 그래도 인간은 원칙상 도덕적 판단을 하도록 되어 있는 존재이기 때문이다.)

세 번째로 궁극적으로 인공 지능에게는 "영혼"이 있지 아니하다. 고도의 네크워크를 통해서 특이점(singurality) 이상을 지나가 그들의 독특한 존재를 가질 수 있을 것으로 표현될 수는 있지만 전통적 의미의 영혼을 가지지 않은 것이다. (대부분의 사람이 영혼이 있는 것에 신경 쓰지 않는다는 것이 우리를 무색하게 해서도 안 된다.)

그러므로 인공 지능은 결국 사물(thing, it)이고, 인간들이 사용하는 것이다. 물론 인간들이 잘 하지 않으면 인공 지능의 지배를 받을 날이 곧 올 수 있다. 그 지배는 사소한 일로부터 시작된다. 이전에 사람들이 하던 사소한 일을 하지 않고 인공 지능에 의존하는 것으로부터 (예를 들어 전화 번호 기억과 사용 등) 시작해서, 점점 더 많은 일들을 인공 지능이 할 것이다.

2) 생명윤리적 사유, 생명 윤리적 책임

바로 여기서 우리는 생명 윤리적 사유를 해야 한다. 인공 지능은 아무리

발달해도 인간적 생명체는 아니다. 그러므로 인공 지능은 생명 윤리적 판단을 할 수 없다. 사람이 윤리적 판단을 할 수 있으며, 따라서 생명 윤리적 판단도 사람이 할 수 있고, 해야만 한다. 따라서 사람이 (윤리적 판단에 따른 행위를 하는) 윤리적 책임을 져야 한다.

그러므로 윤리적 책임을 물을 수 없는 인공 지능을 과연 어디까지 발전시켜야 하는 지에 대해서 사람들이 미리 깊은 생각을 해야 한다. 대부분의 공상 과학물에서는 일부 윤리적 판단을 하지 않는 사람들이 자신들의 욕심과 목적을 위해 계속 개발해 가다가 급기야 인공 지능 스스로 아주 놀라운 진전을 이룬다는 생각을 한다. 그렇기에 요즈음 논의되고 있는 트랜스 휴먼(trans-human), 그리고 트랜스 휴머니즘(transhumanism) 논의에 대해서 우리가 깊이 생각해야 할 점이 있다. 그저 인공 지능과 인간을 결합하는 것이 최선이거나 책임 있는 기술의 사용이 아니라는 것을 깊이 생각하면서, 트랜스 휴머니티를 주장하는 것의 문제점을 지적해야 한다.

20세기 후반 일반 윤리학자들 중에 프린스턴의 윤리학자 피터 싱거(Peter Singer)와 같이 물질주의적 관점과 진화론을 투철하게 생각하는 입장에서는 결국 인권과 동물권을 구별하기 어려우니 동물권을 말해야만 결국 인권을 말할 수 있다는 생각이 나타난 것과 같이, 21세기에는 결국 인건과 인공 지능을 지닌 존재의 구별을 말하기 어려우니 결국 트랜스 휴먼에 대한 생각을 가지고 인간을 포스트 휴먼(post-human) 상태에로 이끌어 가기 위한 철학적 사유를 하며 그런 움직임을 일으켜야 한다는 논의가 나타나고 있는 것이다.

3) 결론: 하나님과 인간과 인공지능

그러므로 궁극적으로는 성경이 말하는 하나님을 잃어버리고, 사람들이 그 마음에 하나님 두기를 싫어할 때 사람들에게서 온갖 복잡한 생각과 사태와 온갖 죄악들이 나타난다. 이 인공 지능시대에도 우리의 모든 문제를 해결하려면 결국 살아계신 하나님께로 갈 수밖에 없다. 여기에 우리의 궁극적 "이것이냐-저것이냐(Either/Or)"가 있다. 살아 계신 하나님과 함께 생각하고 살 것이냐, 아니면 점점 더 그것을 버려 버릴 것이냐, 그 결과 중의 하나가 살아 계신 하나님의 생각을 따라서 생각하며 사는 계시 의존 사색과 계시 의존적인 삶이냐 아니면 인공 지능을 극도로 발전시켜 결과적으로 그 지배를 받고, 그것과 함께 멸망할 것인가 하는 것이다.

이를 지나친 이분법이라고 무시하면서 그 중도에 사려고 하다가 모든 자유를 빼앗기는 날이 올 수 있음을 의식하면서 참으로 하나님 앞에 서서 참된 인간이 되어[성경적 인간성의 회복], 참으로 인간적 사유를 하고 [계시 의존 사색], 참으로 인간다운 윤리적 판단을 하며 [계시 의존 윤리], 참으로 인간다운 삶을 사는 데로 나아가야 할 것이다. 이것이 인공 지능 시대에 우리가 전할 복음이며, 인공 지능 시대에 우리가 추구하고 나갈 하나님 중심적 문화의 방향이다.

● 사랑 문제에 대한 더 깊은 연구를 위한 참고 문헌 :

S. Kierkegaard, *The Works of Love* (Princeton: Princeton University Press, 1993).

Jonathan Edwards, 『사랑과 그 열매』 서문강 옮김 (서울: 청교도 신앙사, 1999).

Anders Nygren, *Agape and Eros*, 고구경 옮김, 『아가페와 에로스』 (서울: 크리스챤다이제스트, 1998).

8장

테러와 전쟁, 그 이후 상황 속에서의 그리스도인의 생각

1. 테러 상황 앞에서

2001년 9월 11일에 발생하여 전세계인들을 놀라게 한 미국에 대한 테러 사태와 그에 대한 미국의 대응들을 우리는 어떻게 생각해야 하는가? 먼저 기본적으로 이 모든 것을 "선과 악의 대립"이나 "종교간의 투쟁", 또는 "문명의 충돌" 등으로 보는 시각은 매우 잘못된 것이라는 점을 분명히 해야 할 것이다. 이번 일은 근본적으로 이 세상의 모든 문제와 악은 인간들이 만들어 내고 있다는 것을 단적으로 보여 준다. 기본적으로 잔인하고도 대담한 테러의 방법 자체가 그러하고, 그것이 가져온

무시무시한 결과가 그러하며, 또한 이런 사태 앞에서 다른 이들만을 비난하며 그들을 다시 공격의 대상으로 삼는 태도에서 그것이 명확히 드러난다.

그리고 여기서 인간들의 태도와 행동에는 전적으로 선한 것만 있거나 전적으로 악한 것만 있는 것이 아니라는 것이 극명하게 나타난다. 예를 들어서 좀더 구체적으로 말한다면, 테러리스트의 악한 행위가 오직 악한 동기에서만 되어졌다고 할 수도 없으니, 그들로서는 그들 민족이나 종교에 대한 사랑이 작용하고 있는 측면이 있기 때문이다(물론 그것이 잘못 표현된 측면이 강하지만 말이다). 마찬가지로, 미국의 강력한 대응이 오직 정의를 시행하고자 하는 선한 동기에서만 나오는 것이라고도 하기 어려울 것이다. 한편에서 테러리스트와 그에 어느 정도 동조하는 이들은 이 사태가 결국은 부시 행정부의 강한 외교적 태도에서 온 것이라고 할 것이고, 또 한편에서 미국은 이렇게 무시무시한 사태를 만들어 내는 테러리스트들의 인간성의 문제를 지적할 것이다. 그러나 실상은 이 사태의 직접적 원인이 된 테러리스트들도 문제이고, 그것을 간접적으로 부추긴 미국의 패권주의적 외교 정책도 문제라고 할 수 있다.

또한 테러에 대한 대응과 관련해서 말한다면, 만일 미국이 무차별 폭격을 하는 등의 방법을 사용한다면 그것도 죄악이요 문제지만, 그것을 촉발시킨 테러리스트들과 그런 집단과 연관성을 강하게 지닌 탈레반 정권도 문제였다. 그러므로 이 복잡한 연쇄 관계를 지닌 세상에서는 어떤 한쪽만이 잘못했다고 말하기가 매우 어렵다. 우리는 단지 비교적으로 말해서 어느 편이 악이 더 적은가를 중심으로 말할 수 있을 뿐이다. 이처럼 타락한 모든 인간의 말과 행동과 감정과 그 표현에는 어느 정도의 악과 어느 정도의 선이 같이 있음을 이번 사태가 단적으로 잘 보여 준다. 이처럼 우리들의 모습 속에는 늘 윤리적으로 모호함이 나타나고 있다. 그러므로 우리들은 이런 윤리적으로 모호한 인간의 태도와 행동 가운데 악한 요소들을 적나라하게 드러내서 그것들을 지적하여 우리 자신과 다른 이들의 문제점들을 바로 보고, 그것을 극복하고자 노력해 나가야 할 것이다.

그리고 그 모든 문제를 극복할 수 있는 길은 한편이 자신이 당한 모든 공격과 부정의와 손실에도 불구하고, 원수를 갚지 않으려고 하면서 상대를 용서해 가려고 하며, 그 모습을 바라보는 주변의 사람들이 그 상황 가운데서 진정으로 희생당하는 이를 바르게 보고, 그를 위한 작업을 해 주는 데서만이 찾을 수 있다. 그러나 이것은 사람의 힘으로는 이루어지기 어려운 일이 아닐 수 없다. 만일 이번 사태 앞에서 미국이 무조건 용서한다는 자세를 취한다면 과연 미국 국민들이 그대로 있겠으며, 다음 선거에서 부시와 공화당을 지지하겠는가? (역사는 테러와의 전쟁을 선포하고 그 방향으로 나아간 부시를 재선시키는 방향으로 나아가지 않았는가?) 또 테러리스트들은 그런 미국의 희생을 놀라운 눈으로 바라보면서 자신들의 죄를 회개하겠는가? 전혀 그렇지 않고, 그들은 또 다른 테러를 자행하고 더 과격해져 갈 것이다. 그러나 미국의 행정부 수반과 그 국민들은 스스로를 위해서 정의의 이름으로 또 다른 문제를 일으키는 방향을 향해 가려고 할 것이 뻔한 것이다. (그리고 실제 역사는 그런 식으로 진행되어서, 아프가니스탄의 탈레반 정권에 대한 전쟁과 대이란 전쟁이 발생했다.) 이 모든 것은 이 세상이 문제 상황 앞에서 취하는 전형적인 태도를 잘 보여 주는 대표적인 예가 된다고 할 수 있다. 이 세상은 자신이 모독당하는 것을 참지 못하고, 모든 수단을 동원해서, 심지어 무력과 폭력을 사용하고 극단적인 전쟁의 길을 택하면서도 그것을 정의의 구현이라는 미명을 동원하여 설명하면서까지 자신이 원수를 갚아 보려고 하는 것이다. 그것이 이 세상이 살아가는 방법이고, 이 세상의 방식이다.

바로 이런 상황 가운데 우리 주 예수 그리스도의 십자가의 길의 의미가 있다. 그 길은 이런 상황에서 그저 수모를 당하고, 오해를 받고, 모든 어려움을 당하고, 그 어려움 가운데서도 연약해지지 않고 견디면서 묵묵히 고난을 받아 가는 것이다. 그것만이 온 세상을 구원하는 길이기 때문이다. 그런 예수님의 구속의 도리를 아는 사람들은 아주 때때로 이런 십자가의 길을 따라가려 했다. 자신에게 돌 던지는 자들을 위해 기도했던 스데반이나 자기 아들을 죽인 사람을 양자로 삼으려 하던 손양원 목사님의 모습이 바로 그런 예가 될 것이다. 우리 주님의 유일하고 독특한 구속 행위에 나타난 자기희생의 원리를 배워서 그에 조금이라도 가까운 것을 드러내 보려고 노력하는 신잉인의 모습이 여기 있다고 할 수 있다.

참된 신앙인들이 성령님의 은혜와 도우심 가운데서 이런 지기희생과 자기 죽음, 자기 부인의 길로 나갈 때에야 이 세상에는 악이 조금 덜해질 수 있다. 물론 당장은, 즉 단기적으로는 우리가 이런 방식을 취하여 나아갈 때 이 세상에 악이 더욱 성행하는 것을 보게 될 것이다. 그러나 우리가 섬기는 하나님께서는 악한 행동과 악한 사람들을 살펴보시며, 그의 가장 공정하시고 바른 판단에 상응하는 일을 하실 것이다. 그래서 원수 갚는 것을 내게 맡기라고 주님은 강조하신다. 이것이 악한 우리의 마음에는 좋은 해결책으로 여겨지지 않는다. 우리는 우리의 손으로 원수 갚고, 정의를 시행해야 한다고 생각한다. 그러나 그렇게 계속하다가는 이 세상은 무법천지의 세상이 되어 버릴 것이다. 각기 자신의 원수를 갚으려고, 보복을 하려고 온갖 무력을 다 동원하는 중국 무협소설이나 미국의 서부 개척 시대와 같은 모습을 드러낼 것이다. 그런 사회에서는 힘있고, 무력을 잘 사용하는 사람들이나, 그런 사람들을 잘 고용할 수 있는 경제력 있는 사람들이 자신들의 힘을 드러내며 힘있고 유력한 사람들로 나타나게 된다. 지금 우리가 바라보는 현실이 국내적으로나, 국제적으로나 바로 그런 것이 아닌가?

그렇게 되지 않게 하려면 공정하고 객관적인 외적인 세력이 나서서 이 문제를 해결하려고 해야 한다. 피해 당사자가 나서는 것은 오히려 악만을 증가시킨다. 그런데 국제 사회에서는 그렇게 나설 수 있는 국제적 기관이 별로 없고 또 UN이나 국제 사법재판소가 실상은 상당히 무력하므로, 결국은 미국 중심의 보복 사태가 벌어지는 것이다. 그 결과로 마치 큰 아이와 작은 아이가 싸우는 꼴이 벌어지는 것이다. 그 때에는 온 반 친구들(온 나라들)이 나서서 이 문제를 해결하거나, 선생님께서 해결해 주셔야 하지 않겠는가? 그래야 진정한 해결이 있을 것이다. 그렇지 않으면 아이들의 싸움만 계속될 것이다.

그러나 바로 이런 것이 우리의 현실이다. 국제 연합이 있어도 국제 연합이 진정 국제 분쟁을 해결하지 못하고, 그런 기관조차도 결국 복수심에 가득한 미국의 들러리 역할만 하는 것이 우리의 현실이다. 이 세상은 결국 이런 문제를 근본적으로 해결해 낼 능력이 없다. 그러므로 우리는 하나님의 해결책만이 우리의 모든 문제들에 대한 근본적 해결책이라는 것을 절감하게 된다. 그 하나님의 해결책을 바라보면서 우리는 혹시 그에 조금 가까운 길로 나아가려는 노력을 해 볼 수는 있을 것이다. 국제 사회의 객관적인 조정과 재판을 요청하든지(그러나 그것이 얼마나 어렵고, 미국민의 마음에 안 들겠는가?), 아니면 비폭력의 대응을 해가는 길을 찾아가야 하는 것이다. 이것이 이 세상에서 우리가 하나님의 뜻에 조금 가까이 나간다고 하면서 취할 수 있는 방도들이다. 비록 이 세상은 그것이 비현실적이고, 악의 세력에 우리를 내어 주는 것이라고 할지라도 말이다. 그것만이 악으로 악을 대항하지 않고, 선으로 악을 이기는 방도이다. 그러나 그것은 이 세상에 어떤 가시적으로 큰 효과는 내지 못할지도 모른다. 그 과정에서 우리는 죽어 갈지도 모른다. 그러나 그런 길로 갈 때에 하나님의 정의는 살아서 역사하실 것이다. 역사 가운데서, 그리고 안 되면 역사를 너머 이루어지는 최후의 심판에서 말이다. 그것이 그리스도인들이 악의 문제 앞에서 생각하고, 취해 나갈 바른 태도이다.

2. 미국에서의 국가적 기도와 추도의 날에 대해

한국 시간으로 2001년 9월 24일 밤 미국의 주요 인사들이 루즈벨트 대통령이 그 초석을 놓았다고 하는 성공회 예배당인 워싱턴 국가 대성당(Washington National Cathedral)에 모여서 국가 기도 예배(National Prayer Service)를 드렸다. 한편으로 보면 이는 그 어려운 순간에 미국 전체가 하나님께 회개하고 돌아가기를 염원하고 다짐하며, 주께서 상처받은 이들을 위로해 주시기를 기원하는 국가적인 규모의 예배라고 생각할 수도 있었다. 사실 누가 어떤 순서를 맡고, 그 예배의 내용이 어떻게 진행되려는지를 알기 전에는 필자의 마음에도 (이것도 정치적으로 이용하려는 의도가 있지 않나 하는 의구심이 어느 정도는 있었지만) 그래도 하나님 앞에서 사는 미국인들의 한 단면을 보여 주는 것이구나 하고 호기심과 일종의 부러움에 찬 마음으로 미국 방송사의 생방송을 지켜보기 시작했었다. 부시 대통령이 "추도의 날"(Day of Remembrance)을 선포하고, 수많은 이들을 이 예배당에로 초청하여 국가 기도 예배를 드리려고 한다는 것 자체가 흥미로웠고, 속속 도착하는 미국의 요인들, 지미 카터 전 대통령 내외, 포드 전 대통령 내외, 부시(George Bush) 전 대통령 내외, 클린턴 전 대통령 내외와 딸 등등이 도착하고, 거의 마지막에 부시 대통령(George W. Bush) 내외가 예배에 참석하러 오는 모습, 그리고 이 예배에서 빌리 그래함 목사가 설교를 할 것이라는 안내 방송을 들은 것은 우리들로 하여금 평소에는 새로운 이교주의적(new paganistic)인 모습을 드러내던 미국이 이런 비상시에는 기독교 정신을 다시 살려내는 것이지나 않을까 하는 생각을 하게 했었다.

그러나 소위 국가 기도회가 진행되면서 우리는 잘못 생각하고 있었다는 생각을 굳혀 가게 되었다. 그것은 단지 예배를 인도하러 같이 들어선 이들이 성공회 감독과 성직자들, 천주교의 추기경, 연합 감리교회의 목사, 유대교의 랍비, 이슬람교의 성직자 등등이었다는 것에서만 온 것이 아니다. 찬송을 할 때는 그래도 전통적인 찬송이 많이 사용되었지만, 미국 자체를 높이는 듯한 곡도(America the Beautiful) 예배 중에 포함되었고, 상당히 이것을 미국적인 의식으로 생각하게 하는 요소들이 많이 있었다. 또 참석자들의 태도와 모습에서도 그런 생각이 배어 나왔다. 대통령 경호원들이 기도 시간에도 눈을 뜨고 주위를 지켜보아야 한다는 것은 그래도 이해할 만했다(그 전 주 화요일 10시간 동안 에어포스 원(Air-force One)을 타고 있어야 했던 미 대통령의 안전에 대한 고려를 생각하면 말이다). 그러나 상당히 많은 이들은 그저 의식으로 이 일에 참여한 것 같다는 느낌을 강하게 갖게 되었다. 앞부분에 있던 역사 속의 대통령들과 그들 주변의 이들만 보아도 말이다.

이 소위 예배식을 지켜보면서 우리 마음속을 떠도는 궁극적 질문은 과연 이 예배를 받으시는 분이 누구신가 하는 것이었다. 모든 예배 순서 진행자들은 어떤 의미에서 그들의 용어 사용에 있어서 매우 신중했다. 이슬람교 성직자는 아마 코란의 한 부분을 읽고, 그에 근거해 기도하는 중에 "하나님"(God) 또는 "주"(Lord)라는 용어를 사용했고, 상당히 많은 이들이 이 전례를 따랐다. 산상수훈의 8복을 읽었던 천주교 추기경도 아마 "주"라고 했던 것 같다.("이것은 우리 주의 복음입니다"). 예수님의 이름을 언급한 이는 연합 감리교회의 목사와 빌리 그래함뿐이었다. 연합 감리교회의 목사는 한편으로는 기도하는 자세를 취하자고 하면서 기도를 시작하여 여기 모인 이들이 기도한다는 것에 대해 익숙하지 않음을 지적하는 듯했으나, 여러 신앙의 대상을 대표해서 예수의 이름으로 기도한다 하고 이상스러운 기도를 드린 듯했다. 빌리 그래함은 이 상황 속에서도 복음을 전하는 노력을 했고, 십자가가 우리의 죄를 없앴다는 것은 그리스도인에게만 해당하는 것임을 말하기도 하고, 그런 신앙에로 초청도 했으나, 그는 자신이 말하듯이 이미 나이 먹어 힘없는 사람이라는 인상도 강하게 주었다. 그의 특성적인 사자후는 연약해졌고, 결국 이 십자가에로의 초청이 얼마나 많은 이들의 마음을 움직였는지는 모르겠다. 이미 그 주요한 이유는 이런 복합적인 예배식에서 행한 설교였다는 그 정황적 요인이었을 것이다. (이 이상스러운 상황에서 떼어낸 그의 설교는 상당히 미국적이었지만, 그리고 정치적이었지만, 그래도 여전히 복음 증거적이었다고 할 만하다. 그리고 그가 미국은 영적인 갱신이 필요함을 강조한 것은 높이 살 만하다). 그러나 이 소위 예배식에서 가장 감동적인, 가장 멋있는 말은 거의 마지막 순서에 조지 부시 대통령 자신이 행한 연설이었다는 것도 (이것은 나만의 생각이 아니고, 전체적인 분위기가 그런 평가를 내리도록 할 것이다) 이 예배식의 궁극적 목적이 무엇인지를 다시 생각하게 한다.

과연 누가 예배를 받으셨는가? 기독교의 삼위일체 하나님?, 알라?, 유대교의 여호와? 이 셋이 다 구약에 근거하고 있으니, 구약의 하나님? 아니면, 그들의 예배식의 첫 순서로 불렀던 "우리 조상의 하나님"(The God of Our Fathers)? 물론 각자가 생각이 달랐을지도 모른다. 그렇다면 그것은 각기 다른 하나님을 예배하는 기도회와 예배식이었던가? 요나를 다시스로 인도해 가던 선상의 선원들과 승객들의 기도회는 그런 것일 수밖에 없었을 것이다. 그러나 이런 상황에서 이런 식의 기도회를 해야 할 것인가?

어쩌면 사회를 담당했던 성공회의 여성 감독이 시사하듯이 여러 신앙의 사람들이 "기도하는 집"(house of prayer)에 함께 모여 한 하나님, 그들이 각기 다르게 부르는 한 하나님께 예배하려 한 것인지도 모른다. 그런 종교 다원주의적 하나님은 이런 예배식의 상황 가운데 과연 계셨을까?

그런 하나님에 대해서 우리 주 예수 그리스도는 무엇이라고 하실까? 그들이 언급했던 베드로와 바울은 무엇이라고 했을까? 예배식이 마쳐지는 모습을 보면서, 또 그 다음 날 아침에 그 예배식에 대해서 참으로 엄숙한 모든 신앙의 예배와 기도라고 보도하는 것 앞에서 오히려 나의 마음은 어두워졌다. 하나님께서는 과연 예배를 받으신 것일까? 아니면 그의 거룩한 이름이 모독 받으신 것일까?

이 예배식은 미국이 기독교 정신에로 돌아오고, 영적인 부흥에로 돌아오는 표가 아니라, 오히려 새로운 이교주의(new paganism)로 향하고 있다고 하는 또 하나의 징표가 아닐까? 이 예배를 대통령의 초청으로 한다는 것 자체가 그런 것을 보여 주는 게 아닐까? 전쟁을 앞두고 모든 이들의 마음을 모아 보려는, 정치가 종교를 이용해 보려는 또 하나의 시도는 아닐까? 우리의 마음은 우울해진다.

이런 상황 가운데서 우리는 어떤 일을 해야 할 것인가? 우리 하나님 앞에 진정으로 예배하는 운동이 벌어져야 할 것이다. 예배가 의식으로만 흐른 것의 전형적인 예 앞에서 우리는 참된 예배의 정신을 천명하고, 예배의 대상을 분명히 하고, 우리가 예배하는 이를 분명히 전하면서 "함께 하나님을 높이세, 하나님께 경배하세"라고 권면해야 할 것이다. 그리고 우리나라에서도 그 어떤 식으로든지 예배와 기도를 정치적 목적을 위해 이용하는 일이 없도록 우리들이 최선의 노력을 다해야 할 것이다.

3. 부시 대통령의 이중 잣대에 대한 안타까움

국내외의 상당히 많은 이들이 그 전쟁이 시작되기 전에나 진행되는 동안에도 미국의 대(對)이라크 전쟁은 잘못된 것이라고 생각하고 있었고, 전쟁이 끝난 후에도 상당수의 사람들은 여전히 그렇게 생각하고 있다. 물론 과연 얼마나 많은 이들이 그렇게 생각하고, 또 얼마나 많은 이들이 이 전쟁이 있을 수 있는 것이라고 생각하는지에 대한 정확한 여론 조사를 해 보는 것은 매우 중요한 일이라고 여겨진다. 노무현 정부는 북핵 문제 등과의 관련성 속에서 미국과의 관계를 위해 파병 쪽으로 이끌 수밖에 없었다면(그러나 과연 어떤 결정을 했었어야 국익에 진정으로 도움이 되는지는 사태의 진전을 살펴보면서 시간을 두고 오랫동안 연구하고 논의해야 할 커다란 논의의 주제가 될 수 있을 것이다), 이에 대한 대다수 국민의 의견을 국회가 반영해서 동의해 주지 않았더라면 국회와 행정부 모두가 승리하는(이 국제적으로 어쩔 수 없는 상황 가운데서의 win-win 정책?) 방향으로 이끌어 주었으면 하는 기대들도 가졌었다. 그러나 우리의 현실 정치는 그런 기대를 저버렸다.

　이 복잡한 상황 가운데서 우리는 미국 행정부의 결정과 행위에 대해 여러 가지 생각을 하게 된다. 그 중에서 가장 심각하게 생각된 문제는 부시 대통령의 이중 잣대 적용의 문제였다. 이라크 군에게 생포된 미군 포로의 숫자가 늘어가는 상황 가운데서 부시는 만일 이라크 군이나 행정부가 그들에게 대해 야만적인 행위를 하거나 그들을 전쟁에 이용하려고 하면 후에 전범으로 처벌할 것이라고 강조하며 말했다는 보도를 들으면서, 세상에 이것 이상의 이중 잣대 적용이 어디 있을까를 생각하게 된다. 전쟁 상황에서 이라크 군이 미군 포로를 마구 대하거나 그들을 이용하는 것이 후에 전범 처형의 근거가 된다면, 무수한 민간인이 작전 수행 과정에서 죽게끔 한 이 상황은 도대체 어떻게 설명해야 할 것인가?

여기에 "정글의 법칙"이 작용하고 있는 듯한 느낌을 가지지 않을 수 없다. 보다 힘있는 자가 연약한 자에게 대해서는 그들이 행하는 잘못은 전범으로서의 처형을 받아 마땅한 것이라고 말하는 것은 당연한 것이란 말인가? 강한 자가 행하는 여러 가지 폭력의 행사는 과연 정당화될 수 있는 것인가? 온 세상이 다 말하고 있는 이 "명분 없는 전쟁"을 시작하여 많은 사람들, 심지어 미국과 영국의 군인들까지를 사지에 몰아 넣은 자는 전범이 아닌가? 전쟁에 이긴 이들은 전범이 아니고, 진 자들만 전범일 것인가? 쓸데없는 전쟁을 일으키는 이들도, 전쟁 과정에서 지나치게 야만적인 행위를 한 자들과 마찬가지로 전범으로 여겨져야 할 것이 아닌가? 또한 미국 군인들을 그렇게 중요하게 생각하는 이가 자국의 여러 유익을 위해서 전쟁을 일으켜서 많은 이들을 어려움에, 심지어는 사망에 이르게 한 것에 대해서는 어떻게 생각해야 하는 것인가?

물론 후세인이 자국민들을 혹독히 다루던 독재자라는 것을 우리는 잘 알고 있고, 독재자 치하에서의 생활을 해 본 그 어려운 경험과 기억을 가진 우리들로서는 독재자의 제거가 매우 중요하다는 생각을 강하게 하게 된다. 그러나 과연 이 전쟁에서 가장 많은 군대를 파병했던 미국과 영국, 그리고 스페인 등이 후세인의 독재와 싸우기 위한 모든 노력을 이 전쟁 이전에 기울여 왔던가를 우리는 심각하게 물어야 한다. 우리가 이 전쟁에 군인을 파병할 때에도 우리는 이전에 과연 이라크 국민들에 대한 애정을 가지고 그들을 독재자의 손아귀로부터 자유롭게 하기 위한 평화적인 방법으로 어떤 노력을 과연 하여 왔던가를 물어야 할 것이다. 그래야만 우리가 부시처럼 이중 잣대를 적용하지 않는 이들이 될 수 있을 것이다. 평소에는 후세인 치하에서 어려움을 당하는 이라크 국민의 문제를 강 건너 불구경하듯 하다가 그를 제거하는 이 일이 정당화될 수 있는 일이라고 하는 것은 전혀 설득력이 없는 것이다. 우리가 파병을 하게 되었을 때, 그것은 결국 (한 가지 방식으로만 판단된) 국익을 위해서 이 시점에서 어쩔 수 없이 개입하게 된 것이므로 더욱 그러하다. 평소에는 이라크 국민의 삶에 대해서는 별 생각도 없던 우리가 무슨 근거로 후세인을 제거하여 이라크 국민을 해방시키는 일에 동참한다는 것인가? 과연 우리가 이라크 사람들을 위해 그들을 위하는 마음으로 이 전쟁에 참여하려고 하는 것인가? 위선을 던져 버리고 우리는 솔직해져야 한다. 우리 군대의 파병을 결정하는 사람들, 그리고 파병에 찬성하고, 이에 암묵리에 동의하는 우리는 사실 순전히 우리나라의 유익을 위해서만 이 문제에 대해서 생각하는 것이다. 그러므로 우리도 부시처럼 이중 잣대를 적용하는 사람들이 되는 것이다.

그렇기에 정신을 차린 이들이라면 좀 복잡하기는 해도 이 전쟁이 옳지 않은 것임을 선언하면서 이에 대해서 비판적인 거리를 가져야만 할 것이다. (그러나 우리 모두는 이 모든 일을 방치하고 구경하는, 또는 어떤 신문 기사가 아주 기가 막히게 표현했듯이 "관전하는 죄책을 같이 가지고 있는" 것이다. 그런 의미에서 부시의 전쟁을 막도록 최선을 다하지 못한 우리는 모두 같은 책임을 나누어 져야 할 것이다.)

부시의 이중 잣대 적용을 바라보면서 안타까움과 불편함을 느끼는 이들은 누구나 그와 비슷한 상황에 동조하거나 그와 같은 실수를 자신도 반복하지 않도록 노력해야만 한다. 우리자신도 이중 잣대를 적용하고 있는 사람들은 아닌가? 부시의 어리석음과 고집에 대해 강한 비판 의식을 가지는 우리는 이 질문을 우리 스스로에게 심각하게 해 보아야 할 것이다. 그리고 우리는 평소에도 우리 주변의 어려움과 자유의 박탈과 경제적 수난을 당하는 이들을 위하고 돌아보는 삶의 태도를 나타내 보여야 하는 것이다. 그래야 이번 일에 대해서도 진정 사람답게 생각하는 이로서 생각하고 활동하는 이가 될 것이다. 이 전쟁이 끝난 후에 우리는 고난당하는 이라크 백성을 위해 얼마나 많은 도움과 사랑을 베풀려 할 것인가? 과연 그런 일을 하고, 많은 도움을 베풀 것인가? 의료진과 건설을 위한 도움을 그 때 보내는 것이 우리의 마땅한 도리일 것이다. 그러나 그 때는 그 상황을 이용하여 우리가 경제적인 특수를 누리려고 혈안이 되지 않을까 두렵다. 마치 우리의 6·25 전쟁 기간이 일본에게는 그들이 국가적으로 재기(再起)하는 좋은 기회가 되었듯이, 우리가 이런 어려운 상황을 이용하려고 하고 그 상황에 편승하려고 한다면 사실 우리는 자국의 이익을 위해 전쟁을 일으켜 많은 이들을 괴롭히는 부시 대통령을 비판할 자격이 없는 사람들이 될 것이다. 부디 우리는 그런 이들이 되지 않았으면 한다.

4. "십자군 운동"(crusade)이라는 말은 오늘날 어떻게 사용되고 있으며, 또 어떻게 사용되어야 할까?

일단 이 말의 기원은 누구나가 다 아는 바와 같이 638년 아라비아가 예루살렘을 정복하자 유럽의 여러 나라가 1095년부터 1270년까지 8차례에 걸쳐서 벌인 예루살렘 탈환 전쟁이었다. 그 기본적인 동기가 어떠하였든지 전쟁의 과정에서는 인간의 욕심, 특히 지도자들의 욕심과 군인들의 육욕적 탈취와 만행이 난무한 전쟁이었음을 이제 모든 사람들이 다 인정하고 있다. 이슬람권에서만 이를 싫어하는 것이 아니라, 기독교 사학자들도 이 전쟁은 종교적 명분을 이용한, 세속적 전쟁의 성격이 강하다는 것을 분명히 한다. 물론 이 전쟁에 참여한 상당히 많은 이들이 주 예수님을 위하고 기독교권을 보호한다는 열망과 소신을 가지고 이 일에 참가하였다는 것도 부인할 수 없다. 그러나 십자군 운동 전체로 보면 그들의 그 순수한 동기가 다른 이들의 욕망과 육욕적 탈취와 한데로 뒤섞인 사건, 그야말로 이 세상에서 흔히 일어나는 사건과 같은 사건이었던 것이다.

그러므로 오랜 세월이 지난 오늘에서는 이 말이 "영적인 의미"로 사용되는 경우에는 상당한 타당성을 가질 수 있다. 영국에서 시작된 Christian Literature Crusade, 또는 미국의 Campus Crusade for Christ, 그리고 빌리 그래함 전도 운동의 경우에 사용된 crusade라는 말에서(e. g., London crusade, Moscow crusade) 볼 수 있는 바와 같이 말이다. 일종의 문화적이고 영적인 작업으로 이해하고 사용한다면 그것은 의미 있는 일이 될 것이다. 그러나 이 경우에도 이런 용어를 사용하는 모든 이들이 다 제대로 된 모습을 나타내는 것이 아니라는 것은 우리가 경험적으로 보아 온 지 오래이기도 하다. 그러므로 이제는 crusade라는 말을 이런 영적인 의미로만 사용한다고 해도 그것이 별 큰 의미를 잘 전달하지 못하는 세상이 되었다.

그런데 미국이 자신들이 당한 테러에 대한 보복을 바로 이 용어, crusade라는 말을 사용해서 표현한 바 있다. 그것도 대통령 자신이 그의 연설 가운데서 자주 그런 표현을 사용하였다. 그것이 아주 강한 인상을 준 것은 사실이다. 부시 대통령과 그의 보좌관들은 아마도 자신들은 선한 편에 속해 있고, 그런 편에서 선한 의도로 정의를 이루려고 한다는 인상을 심어 주기 위해서 의도적으로 이 용어를 사용한 것 같다. 그런데 이 용어에 대한 이슬람권의 강한 저항, 미국 국내의 중동 전문가들의 분석과 평가, 미국 국내외의 여론들이 미국 백악관 대변인(애리 플라이셔)으로 하여금 대통령이 이 말을 쓴 의도를 2001년 9월 18일에 다시 설명하게끔 하는 결과를 낳았다: "세계 여러 국가들이 단결해서 악한 세력을 격멸하자는 뜻이었다"고 말이다.

이런 데서 우리는 때때로 단어 하나가 얼마나 중요한가 하는 생각을 깊이 하게 된다. 깊이 생각을 하고 단어를 선별해서 그 누구도 오해하지 않고, 또 걸려 넘어지지 않도록 말하며 행동하는 이들이 되어야 할 것이다. 특히 종교적 함의를 지닌 말들에 대해서는 이전에 썼다고 무조건 그 말을 사용하기보다는 과연 성경이, 기독교 사상이 그 하나 하나의 용어에 어떤 의미를 부여하고 있는지를 꼼꼼히 돌아보면서 말을 해야 할 것이다.

5. 반전, 평화 운동의 효과적인 방안은?

이라크 전쟁이 계속되는 시점에도 조금이라도 생각이 있는 이들은 이 세상의 다른 많은 이들과 함께 미국의 대 이라크 전쟁에 대한 반대와 평화 운동을 벌였어야 한다고 생각했었다. 아마도 그 시점에서는 그렇게 하는 것이 가장 인간다운 행동을 하는 것이 되었을 것이다.

그렇다면 어떻게 해야 가장 효과적으로 그 시점에서 반전, 평화 운동을 할 수 있었을 것인가? 일단 우리의 이런 생각이 우리들 주변에 분명히 각인되도록 하는 일이 우리들이 해야 할 첫째 과제였던 것 같다. 왜냐하면 그런 상황에서는 어떻게 생각해야 하는지 몰라 헤매는 이들이 있었기 때문이며, 또한 이런 문제에 대해 별로 생각하기를 싫어하는 이들이 더욱 많이 있기 때문이었다. 많은 이들이 이 문제에 대해서 참으로 바르게 생각하는 일이 일반화된다면 우리의 현실적인 문제에 대해 우리가 취할 수 있는 방안이 쉽게 마련될 수 있을 것이다.

그러나 이런 생각을 많은 사람들에게 알리는 일은 그 어떤 수단을 취하더라도 하기만 하면 되는 것은 아니다. 우리는 가장 효과적으로 다른 이들을 설득할 수 있는 방법을 찾아야만 한다. 즉, 우리는 우리 주변에 있는 이들로 하여금 이런 문제에 대해서 좀더 깊이 생각하도록 하고, 그 결과로 그들의 생각을 바꾸기 위해 설득하고 노력하는 것이기에 그들을 가장 효과적으로 설득하기 위한 방안을 취해야 한다. 다시 말해서, 도덕적인 설득을 위해 가장 효과적인 방안을 취해야 하는 것이다.

그러기 위해서는 평소에 이상한 인물로 생각되던 이들이 이 문제에 대해 어떻게 생각하는지를 많은 이들에게 알리는 것은 오히려 역효과를 낳는 것이 된다. 그리고 평소에 이상한 일에 의견을 내던 단체가 자신들의 견해를 강조하면서 소리내는 것도 역시 역효과를 내는 것이 된다. 오히려 평소에 우리 모두의 존경을 받던 이들이 하나 둘씩 이런 생각을 하고 있음을 친친히 알려서, 그 말을 듣는 이들 각자가 깊이 생각하여 이 문제에 대한 생각을 스스로 정리하도록 하는 방안을 취해야 할 것이다. 결국은 각자가 생각해서 바른 의견을 가지도록 해야 하기 때문이다. 그렇게 하지 않는 것은 사회적, 언어적 폭력의 한 양상이기 때문이다.

따라서 우리는 다른 사람들을 설득하려고 할 때에 사람들의 수에 의존하거나 사람들의 힘에 의존하거나 무력에 의존하는 등 모든 형태의 물리적인 힘에 의존하지 아니하도록 해야만 한다. 특히 사람들을 많이 동원해서 힘을 과시함으로써 어떤 결과를 얻으려고 하는 것은 결국 믿을 수 없는 사람들의 힘에 의존하는 것임을 깨달아야 한다.

둘째로, 전쟁 중인 이라크 백성들을 전반적으로 돕는 일, 특히 어린이들이나 부녀자들과 부상자들을 돕기 위한 활동에 열심을 내었어야 한다. 우리 자신이 바로 이런 상황에 있다면 어떨 것인지를 생각하면 우리로서는 이런 일에 힘쓰지 않을 수 없다. (특히 이전에 전쟁의 경험을 가져 본 우리로서는 그렇게 생각함이 마땅하지 아니한가?) 생각 있는 모든 이들이 조금씩이라도 전쟁의 포화 가운데 있는 이들을 돌아보는 일에 힘쓴다면 이는 전쟁 속에 있는 이들을 실질적으로 돕는 것이 되고, 또한 이 전쟁을 행하는 이들에 대한 가장 효과적이고 도덕적인 비난의 행동이 될 수 있다. 전쟁 후에도 우리는 이라크의 불쌍한 백성들을 효과적으로 돕는 일에 힘써야 한다. 이라크가 필요로 하는 것은 한 발에 7억 달러가 넘는, 그리하여 수많은 사람을 동시에 효과적으로 살상할 수 있는 미사일이 아니고, 사랑과 복음이기 때문이다. 만일 우리가 이번 전쟁 과정과 전후에 사랑과 복음을 전달하지 않는다면 우리는 수많은 이라크 사람들을 영원히 잃게 될 것이다. 마치 십자군 원정 당시 그들이 지나간 지역의 많은 이들을 우리가 잃었던 것과 같이 말이다.

셋째로, 우리는 이 복잡한 상황에 대한 바른 판단에 근거한 기도를 하나님께 드렸어야만 한다. 이것은 가장 중요한 문제였다. 그런데도 마지막에 이를 언급한 이유는 이 문제에 대한 바른 생각이 있어야 바른 기도를 드릴 수 있기 때문이다. 많은 그리스도인들이 있지만 이 문제에 대해 깊이 있고 바르게 기도하는 일을 많이 경험하지 못했다. 많은 이들은 이런 상황에서 과연 어떻게 기도해야 하는지를 모르는 것이다. 따라서 이 문제에 대해 바르게 생각하게 된 이들은 어떻게 하더라도 나름의 판단에 근거하여 이런 상황에서 하나님의 뜻에 가장 일치하는 것이라고 판단되는 것을 위해 기도해야만 한다. 이라크 전쟁이 마쳐지고 전후 상황이 진행되는 지금도 이런 생각을 해야만, 후에 이와 유사한 상황이 전개될 때 그리스도인으로서 우리가 어떻게 해야 하는지가 나타나게 되는 것이다.

우리는 전쟁 중에도 이라크 땅에도 진정한 평화가 찾아오도록, 그들에게 폭격이 아니라 사랑의 선물이 전달될 수 있도록, 저들의 눈에서 피맺힌 눈물이 아니라 기쁨에 넘치는 미소와 기쁨의 눈물이 흐를 수 있도록, 그리고 궁극적으로 저들에게도 복음이 전해져서 그들이 그저 전쟁이 끝나서 오는 평화 정도가 아니라 진정한 평화, 이 세상이 줄 수 없는 그런 진정한 평화를 얻고, 진정한 기쁨을 누릴 수 있도록 기도했어야 한다.

　이라크 백성들만이 아니라 미국이나 서방 정부의 결정에 따라서 이 전쟁에 나가 싸우는 그 나라 군인들을 위해서도 우리는 기도했었어야 했다. 저들은 자신의 결정권을 가지고 전장에 나간 것이 아니었다. 20세 안팎의 젊은이들도 많이 있다고 하니, 그 어린 병사들이 이 전쟁의 와중에서 얼마나 마음이 완악해 지기 쉽고, 또 고통을 받을까, 그들도 또 얼마나 무서울 것이며, 또한 얼마나 심정이 복잡할 것인지를 생각한다면, 우리가 어찌 그들을 위해 기도하지 않을 수 있을까? 그들이 자신들의 행하는 "명령받은 죄악"을 어떻게 해결하지 못해 어려워 할 때에 그들을 진정으로 도울 자기 누구인가? 전쟁으로 인해 가장 피해 입을 사람들이 바로 전쟁에 나가 싸우고 죽고, 혹은 살아남아 평생을 복잡한 감정 가운데서 살아 나가야만 하는 그들이기도 하다는 것을 잊지 말아야 한다. 그들도 이라크 백성만큼이나 진정한 복음의 능력으로 새롭게 함을 받아야 할 불쌍한 인생들이다.

　그들과 함께 이 전쟁을 지휘해야 하는 가장 불쌍한 이들을 위해 우리는 기도했었어야 한다. 이왕 시작했으니 지금 와서 끝낼 수도 없는 이런 복잡한 상황 속에 몰려 들어간 그 불쌍한 정책 결정권자들과 군 지휘관들을 위해 그들이 사태를 정확히 파악해서 자존심을 버리고 다들 잘못을 인정할 수 있기를 위해 기도했었어야 한다.

　이런 상황에서 부시가 더 잘못했다고, 후세인이 독재를 오래한 것이 더 잘못이라고 서로 비난하는 것이 무슨 의미가 있단 말인가? 그들의 상호 책임 추궁을 위한 목소리가 높아 갈수록 애매한 백성들과 병사들만 죽음에로 몰아가는 것이다. 이런 폭력의 상황 가운데서는 다 그 상황에서 잘못을 인정하는 것, 그것도 하루 빨리 인정하는 것만이 그들 모두가 살길이다. 전쟁이 오래 가면 부시가 승리하고, 미국이 포기하면 후세인이 승리하는 것인가? 그렇지 않고 모두가 비난받을 일을 지속하는 것이라는 의식의 확산이 필요한 것이다. 이제 남은 전쟁은 결국 명분 없는 싸움에서 명분과 자존심을 지키려는 것일 뿐이다. 그러나 이 상황에서 명분이 어디 있고, 자존심이 어디 있는가? "Shame on you"를 외치던 수상 소감은 그의 주장만이 아니라 이 상황에 있는 모든 이들에게 주어지는 것이다. 빨리 이 전쟁을 그만두는 것만이, 그리고 모든 책임을 다 같이 지는 것만이 이 문제를 해결하는 길이다. 그러나 우리의 현실은 그렇지 않음을 본다. 힘있는 자들이 자신들의 힘을 주장하며 지금까지 어려움을 양산하고 있는 것이다.

6. 전후의 이라크를 생각하며

전쟁이 끝나고 이제 이라크인들의 통치에로의 민정이양을 한 이 상황에서 미국은 이제는 이라크만이 아니라 전세계에 미국식 민주주의를 전파하겠다고, 그러므로 이라크에서 그들이 행한 것은 미국식 민주주의의 확산을 위해 정당한 일이었음을 합리화하면서 자신들의 온 세상에 대한 사명을 강조하고 있지만, 이라크의 복잡한 문제는 사실 많이 해결되지 않은 채 있다. 일단 미국이 승리하는 방식으로 전쟁이 마쳐졌고, 후세인이 잡혀서 재판을 받고 하는 이 과정 가운데서 우리는 이 과정이 진행되면서 가졌던 모든 감정과 생각은 전부 잊고서 주어진 결과적 현실만 가지고 생각하게 되기가 쉽다. 만일에 우리가 이렇게 결과론적인 사유를 가진다면 우리는 항상 앞으로 나타날 모든 문제에 대해서도 결과를 가지고 판단하여 가기 쉽다. 그러나 이 복잡한 군사적, 국제 정치적 현실 속에서는 잘못하면 현실주의와 힘의 사용만이 최종적인 목소리를 발하게 될 것이다.

그러므로 그리스도인들이 앞장서서 이 복잡한 상황 가운데서 그저 결과만 가지고, 결과 후에 사람들이 붙이는 수사만 가지고 역사적 평가를 하지 않도록 해야 할 것이다. 21세기 초를 후대의 학자들은 미국의 패권주의가 고도로 드러나던 시대로 평가할 것이다.[1] 그 때 그에 대해서 전세계의 그리스도인들은 무엇을 하고 있었느냐는 말을 듣지 않으려면, 우리는 매순간 주어지는 현실 가운데서 그리스도인다운 판단과 기도를 해야 할 것이다. 패권주의가 드러나는 시대마다 그 시대의 양심은 그 패권주의의 흥기(興起)에 대해 예언자적 비판의 소리를 높였던 것처럼 미국의 양심 있는 그리스도인들이 그리해야 할 것이고, 우리는 우리대로 그들의 외침을 여러 방면에서 도와야 할 것이다. 그것이 이 시대의 세계 정세를 바라보는 우리들이 이 세상에 대해서 할 수 있는 일을 하는 것이다.

● 전쟁 문제에 대한 더 깊은 연구를 위한 참고 도서 :

신원하, 『전쟁과 정치』 (서울: 대한기독교서회, 2003).

Arthur Holmes, ed., *War and Christian Ethics: Classic and Contemporary Readings on the Morality of War* (Grand Rapids, Michigan: Baker, 2005).

---

[1] 워싱턴 포스트와 ABC 방송이 2005년 3월 10일-13일 성인 1001명을 상대로 실시한 미국에서의 조사에 따르면, 응답자의 51%는 '이라크전이 실수'라고 응답했다고 한다. 2005년 3월 16일자 조선일보 강인선 미국 특파원의 기사 참조:

http://www.chosun.com/international/news/200503/200503160390.html.

9장

환경 문제와 그리스도인

그리스도인은 어떤 의미에서 이 세상 전체에 대해서 책임을 가진 사람이라고 할 수 있다. 이 세상은 우리 주 예수의 십자가 사건으로 인하여 우리의 아버지 되신 하나님께서 창조하셔서 우리에게 다스리도록 주신 세상이며, 주의 구속으로 말미암아 이루시는 하나님 나라가 그 안에서 실현되는 무대이기 때문이다. 따라서 이 세상의 그 어떤 이들보다도 그리스도인들은 우리 세상 전반의 환경 문제에 깊은 관심을 가져 나가야만 한다. 일단은 지금 당장 어떤 특별한 일을 못한다고 해도 이 세상에 대해서 그런 태도와 의식을 가져 나가는 것이 모든 일의 좋은 출발점이 될 수 있을 것이다.

1. 몽골 지역의 사막화 문제 앞에서

이 환경 문제에 대해서 생각하는 일의 하나로 먼저 몽골 지역의 사막화 현상 문제를 나누어 보고자 한다.1 지난 40년간 우리나라의 거의 1/3에 해당하는 지역이 초원에서 사막으로 변해 가고 있다고 한다. 기본적으로 온 세상 전체의 에너지 사용의 결과로 지구 온난화 현상이 근본적 이유라고 할 수 있고, 이 상황 속에서 사막화를 더욱 촉진시키는 몇 가지 일들이 나타나 몽골 지역의 사막화가 급속히 진전하고 있다. 세월이 흐르면서 중국으로 가는 길 없는 길들에 자동차가 많이 다녀서 초지를 점점 없애고, 나무가 없는 지역이 많으므로 점점 더 많은 지역의 사막화가 이루어지고 있다고 한다. 여기에 이들이 유목민들이라는 것이 더욱 사막화를 촉진하는 요인들로 지적되기도 한다.

우리는 이런 문제에 대해 깊은 의식을 가져야 한다. 초지와 사막에 맞닿아 있는 곳들에서 확연히 볼 수 있는 사막화 현상 등은 우리로 하여금 심각한 위험을 직시하게 한다. 특히 우리와 관련해서는 이곳에서 시작되는 모래 바람이 결국 봄철의 황사 현상의 원인이 되어 가고 있다고 한다. 우리와 관련된 현상이기에 우리의 환경 의식에 더 큰 영향을 미칠 수 있는 좋은 사례가 될 수 있다고 여겨진다.

이 문제의 해결을 위해 몽골 정부와 주민들의 노력이 요구되지만, 여러

---

1 이 문제에 대한 유엔 환경 홈페이지 자료로 다음을 보라.
http://www.unep.or.kr/boards/anony_board/board_read.php?group=2&no=79&page=10.
또한 환경 운동연합의 자료로는 다음을 보라:
http://cice.kfem.or.kr/cgi/last.cgi?table=epds&class=all&id=1220&cnt=1074&page=3&user=guest.

면에서 그들의 노력만으로 해결될 수 없는 이 현상에 대해서 세계의 많은 사람들이 같이 신경을 써야 할 것이다. 사막 지역에서도 잘 자라나는 나무를 많이 심어 방풍림을 조성하면 일단 모래 바람이 움직여 가는 것을 저지하고, 사막화의 진전을 많이 막을 수 있다고 한다. 그것이 일단은 우리가 가장 관심 있게 보아야 할 점이라고 생각된다. 그 밖의 요인들, 중국과의 무역을 위한 자동차 도로의 건설이나 다른 것들은 몽골 정부 자체가 힘써야 할 일이라고 쳐도 말이다.

이웃 나라인 중국은 '녹색 장성'(綠色長城) 조성 제4기 공사를 2001년에 시작했다고 한다. 2001~2010년에 진행되는 이 녹색 장성 조성 공사는 몽골 지역에서 불어오는 황량한 모래바람을 막고 내몽골 지역으로 확산되고 있는 사막화 현상을 저지하기 위해 동서로 길게 인공 방풍림을 조성하는 사업인데 1978년 덩샤오핑(鄧小平) 집권시 100년 앞을 내다보는 장기 계획으로 시작됐다고 하며, 이 방풍림은 전체 길이가 무려 4,480km로 2050년에 완공 예정이라고 한다.2

이런 다른 곳에서의 나무와 식목의 필요성을 생각하면서 우리는 우리가 사는 곳에도 이렇게 식목이 필요한 곳은 없는지를 생각해야 한다. 물론 몽골 지역의 식목 문제에도 어떻게 해서든지 도울 방안을 생각하면서 말이다.

이 글을 쓰면서 우리나라 곳곳의 개발 현장이 어떻게 되어 가고 있는지 궁금해진다. 우리의 환경 문제에 관하여 우리의 정부 관계자들은 별로 깊은 관심을 가지는 것 같지 않다고 느껴지는 것은 무엇 때문에 생긴 피해 의식일까? 우리의 환경 의식의 전환이 절실하게 필요한 때인 것 같다.

---

2 이에 대한 보도 자료로 한국문화 관광정책연구원 홈페이지에 실린 다음 보도를 보라: http://www.kctpi.re.kr/magazine01-frame.htm?num=1605.

2. 쓰레기 문제 앞에서의 창조 신앙

여름철 피서들을 다녀온 큰 결과 중의 하나가 전 국토에 쓰레기가 넘쳐 난다는 것이다. 홍수가 나도 사방에 있던 쓰레기가 집적되는 문제를 경험했었는데, 피서철에 우리 국민들이 우리 산하 곳곳에 남기고 가거나, 숨겨 놓은 쓰레기가 엄청나다고 한다. 일단 나만 편하면 된다는 사고 방식이 이런 결과를 낳는 듯하다. 결과를 생각하지 않는 행동 양식, 모든 이들이 나와 같이 하면 어떻게 되는가를 전혀 고려하지 않은 삶의 방식이 이 쓰레기 문제와 관련해서도 나타난 것이라고 생각된다. 이 문제와 관련해서 우리는 무엇을 어떻게 해야 할까?

1890년 미국 최초의 국립공원으로 지정되었으며,[3] 1984년 10월 31일에 유네스코 세계 유산 지역의 하나로 등록되었고,[4] 매년 100만 명 이상의 관광객을 유치하고 있는 미국 요세미티(Yosemite) 국립공원은 1980년 세계 국립공원 사상 처음으로 '공원관리종합계획'(GMP)이란 프로젝트를 수립하여, 그 첫 작업으로 공원 안의 자가용을 추방했다고 한다. 폐쇄된 자동차도로는 대부분 자전거 전용 도로로 전환했다는 것이다.[5] 그리고 더 나아가 자연 보호를 위해 국립공원 자체를 50년간 폐쇄할 것을 검토하고 있다는 이야기를 들은 적이 있다. 이것은 일부의 사람들에게는 그들의 평생 그곳을 구경도 못하게 될 조치를 단행한 것이다. 얼마나 적극적으로 자연을 보호해 보려는 조치인지 모르겠다. 우리 사회 속에서 일정 지역에

---

[3] 요세미티 국립 공원 홈페이지에 실린 정보 참조: http://www.nps.gov/yose/
[4] Cf. http://www.unesco.or.kr/whc/wor_630_4.html; http://www.nps.gov/yose/
[5] 이에 대해서는 다음 홈페이지의 2004년 3월 24일자 게시된 내용을 참조했다:
http://columnist.org/ref/2004/040327-974.htm(이규섭의 해외여행 (3)/ 미국 요세미티).

대해서 이런 보호 조치를 하면 어떻게 될까? 일부 몰지각한 사람들이 때로는 객기로, 또 자신의 사회적 영향력을 사용해서 그런 곳만을 찾아 자신들만 즐기는 결과가 나타나지는 않을까?

그러므로 문제는 어떤 보호 조치나 법의 규제보다도 결국 우리들의 의식이다. 물론 행정 당국자들은 최선을 다해서 어떤 것이 우리네 국토와 산하를 참으로 잘 보존할 수 있는 방도인지에 대한 바른 정책을 마련하고 보호 조치도 하고, 법령의 강화도 해야 할 것이다. 그러나 그 모든 것을 참으로 유효하게 하는 것은 이 문제와 관련해서도 시민 의식이 성장하는 것이다. 시민 의식의 상실이 우리 사회 곳곳에 쓰레기 더미를 만들고 있다면, 이것을 고칠 수 있는 유일한 방도도 결국은 성숙한 시민 의식의 고양뿐이라고 할 수 있기 때문이다.

이런 쓰레기 천국 현상에 대해서 그리스도인들은 과연 어떤 위치에 있는지 묻고 싶다. 다른 사회 문제에 대해 비그리스도인들의 시민 의식과 그리스도인들의 시민 의식이 현상적으로는 별로 다른지 않은 것들을 보면, 아마 그리스도인들도 이 문제에 대해서 나는 책임이 없다고 할 사람들이 드물지도 모르겠다. 그런 우리네 그리스도인들에게는 다시금 창조 신앙의 상기를 요청하고자 한다. 우리 하나님께서 이 세상을 창조하셨다는 것을 참으로 믿는다면, 그 자연을 이렇게 쓰레기로 뒤덮게 할 수 있느냐고 말이다. 이 쓰레기 천국 현상을 바라보면서 창조를 믿는 그리스도인들은 쓰레기 더미 생성의 원인자여서는 안 되고, 그것을 많이 제거하는 이들로 나타나야 할 것이다.

어느 산에서 묵묵히 쓰레기를 줍는 나이 드신 분을 뵌 일이 있다. 그분의 모습을 지켜보면서 산 속 푸르름 아래서 느끼는 경외감과 같은 경외감이 몰려왔던 경험이 있다. 그런 분들이 우리 사회 속에서 점점 더 늘어가야 하는데 하는 마음이 강하게 드는 세상이다.

3. 새만금 간척 사업 문제 앞에서

2001년 5월 25일 정부가 새만금 간척 사업 재개를 결정한 이후에도 많은 사람들, 특히 환경을 우려하는 많은 사람들이 이 문제에 대해서 안타까움을 보여 왔다. 그 동안 별로 사업의 진척이 없었는데, 본격적인 작업이 이루어질 것이라는 소식이 들렸었다.

그것을 안타깝게 여긴 이들이 2002년 4월 9일(화) 오후 1시부터 새만금 갯벌 살리기 범종교인 기도회('새만금 죽음의 방조제를 생명의 갯벌로!')를 열었다. 전라북도 부안군 새만금 전시관 앞에서 기독교, 천주교, 불교, 원불교 신도들과 환경 단체, 지역 주민 등 300여명이 참석한 가운데 모임을 하였다. 일단 모임을 마치고, 새만금 간척 사업이 진행 중인 방조제를 향하던 집회 행렬은 방조제를 가로로 막고 선 덤프 트럭과 철조망에 막혀 행진을 멈추고, 더 나아가려는 것을 저지하는 50여명의 인부들이 행렬을 저지해 시비가 붙었다고 한다. 급기야 서로를 향한 욕설이 나타났고, 심한 몸싸움과 실랑이가 벌어졌고, 이 과정에서 인부 1명이 병원에 실려 가는 등 양측 모두 부상자가 발생하는 불상사가 발생했다고 한다. 결국 행렬은 철조망을 절단하고 인부 틈새를 뚫고 나서야 방조제에 올라 새만금 갯벌을 바라보며 모임을 진행했다고 한다.

그 당시 이런 소식에 접하면서 우리의 마음은 언제나 많이 어두워졌다. 의견을 정당하게 개진하는 일과 폭력적으로, 또 과도하게 나아가지 않아도 의견을 고려하고 들어 주는 일이 별로 없기에 좋은 의견을 말하려는 이들도 결국은 일의 효과를 위해 폭력과 극단적인 방법을 사용하여 결국은 목적하는 바를 향해 나아가야 하겠다는 생각이 우리를 지배하는 이런 구조가 우리의 마음을 아프게 한다.

이런 일들은 관련된 모든 이들에게 상처만을 주는 것 같다. 이 사건 발생 후에 기자들에게 새만금간척사업에 대한 전반적인 사항을 설명한 정한수 공무 부장은 다음과 같이 말했다고 한다:

> 시민 단체들이 전문적인 환경 제안을 해주길 바란다. 1조 7천억원 중에 1조 4천억원이 투자된 상태다. 그냥 놔두면 갯벌은 없어진다. 매일 72억톤의 물이 왕래해 방조제가 견디지 못한다. 결국 이것도 저것도 안 되는 상황만 되고 만다. 투자는 했는데 회수하지 못하게 되고, 일부만 이득을 본 채 끝나는 것이고 국제적으로도 망신이 된다.

이는 아마도 이 일의 추진을 맡은 실무자가 할 수 있는 성격의 말이라고 생각된다. 결국은 정책 결정자들이 담당해야 할 책임을 이 문제에 대해서 궁극적이 결정 책임권이 없는 이들이 맞서서 싸우는 듯한, 그 수모를 담당해야 하는 모습을 본다. 그 분이야 이 일의 정책 결정에 크게 참여했겠는가? 그저 이 일의 마무리를 담당하는 사람으로 현장에서 이런 상황에 부딪혀 자신의 입장에서 말하게 된 것이 아니겠는가?

그러나 그 분의 말 가운데서 환경 단체들과 "시민 단체들이 전문적인 환경 제안을 해주길 바란다"는 말은 어느 정도 심각성을 가지고 말한 것인지는 모르지만 매우 중요한 말로 들렸었다. 아마 환경 단체의 제안은 지금이라도 이 일을 그만두고 새만금을 되살리는 일을 시작해야 한다는 것일텐데, 그런 의견에 대해서는 어떤 대답이 나올까? 후술하신 대로 이미 "1조 7천억원 중에 1조 4천억원이 투자된 상태다. 그냥 놔두면 갯벌은 없어진다. 매일 72억톤의 물이 왕래해 방조제가 견디지 못한다. 결국 이것도 저것도 안 되는 상황만 되고 만다"는 것을 강조할 것이다. 과연 그냥 버려두면 새만금 갯벌은 자연히 없어지게 될까? 이렇게 잘못된 정책 결정이 가져다준 교훈을 온 국민이 깊이 새기면서, 지금부터라도 갯벌이 없어지지 않게 노력하면서 나머지 경비를 회복에 투자해도 가능성은 전혀 없는 것일까?

아마 행정 기관에서는 이런 생각을 전혀 현실성 없는 생각으로 돌려버릴 것이라고 여겨진다. 그러나 우리는 이 일을 진지하게 고려해야 하지 않을까? 아마 그 집회를 주도하고 참여 하신 분들의 의도가 그런 것이 아니었나 싶다. 그렇다면 대안적 제안이 좀더 구체적으로 나왔더라면 하는 안타까운 마음이 든다. 그리고 이런 귀한 일을 하면서 비록 상대의 물리력과 행정력 등의 힘 때문에 우리의 의견이 제대로 반영되지 않아도 우리가 비슷하게 언어의 폭력과 무력을 사용하지 아니하도록 최대한의 노력을 해야만 우리의 노력이 헛되지 않으리라고 생각되었다.

이 땅에 사는 그리스도인들만이라도 우리의 환경 문제에도 좀더 적극적인 생각과 고려를 할 수 있었으면 하는 생각을 다시 히게 된다. 아마 이번에도 늘 그래 왔던 것처럼 행정부에서 추진하는 대로 일이 되어질 것 같다. 더구나 사업 재개를 강행한 것이 많은 사람들이 우려하듯이 "농업기반 공사라는 공공 기관의 조직을 유지하려는 의도와 낙후한 전북 지역의 표심을 얻으려는 정치적 목적에서" 온 것이라면 더욱 더 그런 방향으로 가게 되리라고 생각된다.

그러나 이제까지 이 일에 대해서 반대하는 목소리를 내 온 것이 그리 헛된 것은 아니었음은 이 일에 대해서는 강행하려는 입장을 말하는 공조 부장 되신 분도 "새만금간척사업 이후 더 이상 간척은 하지 않는다. 영산강 사업 포기하지 않았나? 새만금이 마지막이다"라고 하시면서 더 이상 서해안 간척 공사가 없음을 시사하셨다는 데서도 찾을 수 있으리라고 생각한다. 물론 그 분이 그렇게 단언할 수 있는 정책 결정권을 가진 분은 아니기에 우리가 큰 기대를 할 수는 없으나, 계속해서 바른 주장을 하면 그에 대한 어떤 변화가 조금은 있을 수 있다는 것을 보여 주는 표라고는 생각된다.

여전히 안타까울 뿐이다. 하나님과 인간과 환경 모두를 잘 생각하는 사고와 행동을 향해 우리가 더 분명한 입장을 드러내지 못하는 것이 그렇고, 때로 바른 주장을 하면서도 안타까운 상황에로 들어가는 것이 그렇고, 바른 방향으로 모든 이들을 이끌 수 있는 정신적 힘이 없는 것도 그렇다. 그러나 그 무력함만이 우리의 정체성이 나타날 수 있는 계기가 될 것이다. 오늘밤에도 새만금 갯벌을 생각하면서 그 갯벌의 창조자이신 하나님께 기도한다:

> 주님! 주께서 잘 보살피고, 지키고, 돌아보라고 한 일을 우리는 잘 감당하지 못했습니다. 이 일에 대해서 우리가 회개합니다. 우리는 이곳을 돌아보는 일에 관심도 그렇게 많이 가지지 못했습니다. 그러나 이렇게 된 이 상황 가운데서 우리가 할 수 있는 최선을 알려 주십시오. 그리고 우리가 다른 곳에서 이런 실수를 또 하지 아니하도록 우리의 이기적인 욕심을 줄일 수 있도록 성령님으로 우리들의 심령에 역사하셔서 주님의 뜻을 추구하며 살 수 있도록 하여 주옵소서. 우리 주 예수 그리스도의 이름으로 기도합니다. 아멘.

4. 새만금 간척 재개 결정에 대하여

2001년 5월에 정부에서는 새만금 간척 사업을 단계적으로 계속하기로 결정했다고 발표했다. 방조제가 절반 이상 축조된 상태를 많이 고려한 결정이었다고 생각된다. 1991년에 시작된 이 사업에 대해, 각계의 비판 때문에 공사를 중단했던 것을 이제 환경 문제를 고려해 가면서 다시 재개한다는 것이다. 91년과, 또 공사 중단을 시작한 1999년 5월에 비교해 달라진 것이 있다면 생태계와 수질 문제를 고려하면서 단계적으로 개발하겠다는 것이다. 이런 정부의 결정에 대해서 우리들은 어떤 생각을 하게 되는가?

일단 1991년도에 이 일이 시작될 때에도 이 사업의 타당성에 대한 비판적 논의가 많았음을 상기해야 한다고 생각한다. 이 사업으로 개간된 농지에서 생산된 땅의 가격 경쟁력이 과연 있는가에 대한 질문, 갯벌 상실로 인한 피해 우려에 대한 대답이 제대로 주어지지 않은 채 시작된 이 사업에 대해서, 지난 2년간의 논의 기간에도 국민들을 설득할 만한 논의가 없이 이 일의 재개 결정이 내려진 듯하다는 생각이 강하게 든다. 특히 수질 오염에 대한 우려에 대해서는 이 작업을 하지 않아도 수질은 오염되고, 그것을 개선하기 위해 드는 비용이나, 새만금을 담수화한 상태에서 드는 비용이 비슷하다는 논지의 농수산부 장관의 발언은 정부 기관 자체 내의 견해와도 모순되는 점을 많이 내포하고 있는데도 이 같은 결정이 내려진 것은 참으로 의아해할 만한 일이라고 생각된다. 아마도 만경강 수질 개선에 막대한 예산을 들여도 담수호의 수질이 보장될 수 없음을 주장하는 환경부의 목소리는 중요한 정책 결정 과정에서는 외면당하기 때문일까?

특히 이번 결정에 대해 전북 지역에서 2001년 4월 26일 지방 재보선 때에 여당이 참패한 것을 이 일로 만회해 보려는 일종의 정치적 고려가 분명히 있다는 2001년 5월 28일자 조선일보의 사설이 사실이라면, 이는 우리들로 하여금 정부의 정책 결정 과정에 대해 더 큰 의문을 제기하도록 하는 것이 아닐 수 없다.

21세기나 앞으로는 특히 환경 문제에 대한 관심을 많이 기울여야 할 때이고, 이 새로운 천년의 첫 100년간의 기간 중 상당히 초기부터 물 부족 등, 물 문제가 심각히 대두되리라는 예상이 고조되는 상황 가운데서 우리는 이와 같이 첨예한 문제에 대한 좀더 깊이 있는 고려가 필요하고 정치적 고려보다는 환경적, 생태적 고려가 앞서야 한다는 생각을 강하게 갖게 된다.

강행을 주장하는 정부 인사들의 주장 앞에서 무력해진 시민들은,

2001년 5월 27일 환경 운동 연합이 33명의 청소년들과 함께 실시한 새만금 타임캡슐 묻는 행사와 같은, 앞으로의 역사에 이 문제를 묻는 작업만을 할 수밖에 없는 것인가? 시대가 흐르고 역사의 심판대 앞에서 사람들은 무엇이라고 말하려는지? 아마 지금 이 문제를 결정한 이들 중의 상당수는 지금 당장 여러 문제를 해결하는 데 이것이 도움이 되는데, 역사가 흐른 뒤의 판단이 무엇이 그리 중요한가고 물을지도 모른다. 그런 역사의식 없는 생각과 판단과 정책 결정이 얼마나 많은 문제를 역사적으로 일으켜 왔는지를 과연 모르는 것일까? 아니면 그것은 후대의 문제이니, 우선 자신들이 살고 보아야 한다고 생각하는 것일까?

안타까운 마음만이 우리들의 가슴에 남는다. 우리들에게는 양식 있는 이들은 그저 다 비판적인 세력으로만 있는 것일까? 아니면 이 비판이 충분히 많지 못해서일까? 환경 문제에 대한 더 깊은 고려와 환경 문제를 우선시하는 정책 결정이 아쉽다.

5. 새만금 방조제 공사에 대한 저항과 삼보일배 행진에 대하여

사람들이 같이 살아가면서 여러 문제들에 대해서 서로 다른 의견을 가지는 일이 많이 있다. 그것은 자연스러운 일이고, 그렇게 다른 의견을 가진 사람들이 서로 열린 마음으로 토론하여 바른 방향으로 나아가거나, 최소한 그 사회의 대다수에게 유익이 되는 방향으로 나아가거나, 그 사회의 약자들을 배려하는 방향으로 나아갈 수 있을 것이다. 그런데 때로는 그런 대화가 불가능하게 될 만큼 극단적으로 대립하는 의견들이 나타나게 되는 때가 있다. 그런 상황에서도 극단적으로 대립하지 않은 채 대화하고 해결책을 찾아가는 사회가 성숙한 사회라고들 생각한다. 그런데 우리나라에서는 몇 가지 문제들에 대해서 전국민의 의견이 극단적으로 나뉘어져 있다. 특히, 노동계와 사용자들의 대립이 그러하며, 북한과의 관계에 대한 의식이 그러하고, 개발주의자들과 환경 보호론자들의 대립이 그 대표적인 예들일 것이다. 이런 문제에 대해서는 그 의견의 대립이 너무 심하여 서로의 대화도, 절충도, 더 나은 방향으로의 진전도 불가능해 보이기까지 한다. 더구나 우리는 이런 대립 상황을 잘 해결해 갈 수 있는 수준 높은 대화나 타협의 기술도 가지고 있지 못한 듯하다. 그런데 이런 전국민적 대립의 와중에서 그리스도인들도 그 어느 한편에 속하여 서로 대립하는 양상을 나타내 보이고 있어서 안타까운 마음이 든다. 더구나 이런 대립이 대개는 사태에 대한 정확한 이해와 그와 관련된 모든 사항들을 면밀하게 검토하고 철저한 반성에 근거해서 나타나고 있는 것이 아니라, 자신이 처한 사회적 경제적 정황적 위치와 그에 따른 이권에 대한 계산에서 나오는 일이 많으며, 그리스도인들이 서로 대립할 때에도 역시 같은 이유에서 의견을 내고 서로 대립하는 일이 많기에 우리의 마음은 안타까울 때가 많이 있다.

이런 문제를 참으로 기독교적으로 생각하기 위해서 이번에는 이런 대립을 낳은 사항의 하나인 새만금 방조제 건설에 대해서 우리는 어떻게 생각해야만 했었는지를 다루어 보기로 하자. 이 문제에 대한 가장 기본적인 문제를 생각해 보고, 이런 문제 앞에서 그리스도인들이 어떻게 해야 하는지를 같이 논의해 보려고 한다.

1) 환경 문제 vs 개발

새만금 방조제 건설은 한동안 국민의 의견 청취 없이 시작되었다가 이에 대한 각계 각층의 반발에 따라 1999년 5월부터 공사 중단과 전면 재검토에 들어갔다가 2001년 5월 정부가 사업 재추진을 선언하게 됨에 따라 나타난, 그리하여 18년 5개월의 공사 기간을 걸쳐서 결국 2006년 물막이 공사가, 2010년 12월에 방조제 도로 공사가 마쳐진, 그러나 그 사안은 매우 복잡한 문제이다. 만경강과 동진강의 하구를 방조제로 막은 뒤 내부를 매립하는 대규모 간척 사업으로 총 면적은 409㎢, 이중 간척 토지는 291㎢, 담수호 면적은 118㎢라고 한다. 이 중 새만금 방조제는 총 길이가 33.9km로 세계에서 가장 긴 방조제로 기네스북에 등재된 방조제이다(이에 대해서는 새만금 개발청의 소개를 참조하라: http://www.saemangeum.go.kr/sda/sub/culturetour/SMD10001.do; 또한 새만금 사업단 페이지도 보라: https://isaemangeum.co.kr/bbs/content.php?co_id=business02_01). 처음부터 우리나라 국토에 대한 전반적인 개발 계획 속에서 개발과 환경 문제 등을 고려하고 오랜 세월을 지난 뒤를 생각할 때 어떤 것이 과연 바르고 궁극적으로 사람들과 우리나라와 생태계에도 좋은 것인가를 잘 검토한 후에 어떤 정책을 수립하고, 이를 위해 여러 계층의 의견을 충분히 수렴한 후에 일을 시작하였다면 그 동안의 상당한 분열상을 나타내 보이지는 않았을 것이다. 역사적으로 검토해 보면 이 새만금 방조제 건설 사업은 1987년 대선 때에 당시 집권당의 노태우 후보가 선거용으로 내건 공약이었다. 이 일이 환경에 미치는 영향이나 경제성 등에 대한 치밀한 분석은 당연히 없었다. 그러므로 우리가 직면하는 복잡성은 사실 우리나라의 졸속 행정과 정치적 혼란상에서 기인한 것이라고 해야 한다. 이를 의식하면서 앞으로는 이와 비슷한 식으로 비슷한 문제가 야기되지 아니하도록 우리 모두가 신경 써야 한다.

그런데 이렇게 어느 정도 개발 사업을 하다가 만 상황에서 어떻게 해야 하는가? 개발을 계속해야 한다고 하는 편에서는 다른 여러 측면에 대한 논의와 함께 기본적으로 (1) 해당 지역(전북) 개발과 발전의 문제를 강조하고, (2) 지금까지 들어간 1조 4천억 원의 공사비를 낭비하지 않으려면 계속 개발해야 한다고 주장한다.

이에 반해서 지금이라도 그만두어야 한다고 주장하는 쪽에서는 (1) 새만금 담수호에 흘러들 동진강의 수질이 사업 재개 후 2년 사이에 더욱 악화, 방조제를 막을 경우 썩은 물이 될 가능성이 더 커졌기 때문에 이로 인한 문제들을 다 고려하고 오랜 세월을 두고 생각할 때는 지금이라도 이 방조제 공사를 그만두고 이를 환경 친화적으로 마무리해야 한국민과 지역 주민과 국토와 생태계에 궁극적 유익이 되며, (2) 이번 일이 그렇게 마무리되어야 앞으로 이런 문제가 제기될 때 환경 친화적인 방식으로 생각하는 일이 일반화될 것임을 강조한다.

그리스도인들은 본질석 눈앞의 이익보나는 장기적 안목을 가지고 생각하는 이들이다(실제에 있어서 그렇게 하는 그리스도인이 드물다는 것이 우리들의 심각한 문제이긴 하지만 말이다). 그들은 하나님 나라의 극치 상대가 올 것을 기다리며 살지 않는가 말이다. 지금 고통스러운 것도 이익을 포기하는 것도 심지어 죽는 것도 불사하면서 하나님의 뜻에 부합한 것이 비록 오랜 후에 나타난다고 해도 그것을 위해 노력하는 이들이 아닌가? 따라서 그런 기독교적 관점을 이 문제에 적용한다면 이 땅의 모든 그리스도인들은 결국 환경 문제를 중시하는 방식으로 이 문제에 대해 판단하고 그런 식으로 우리 국민들의 의식을 앙양시키도록 힘써야 할 것이다. 그 지역에 사는 그리스도인들, 특히 개발되면 경제적 유익을 많이 얻을 것으로 여기는 그리스도인들조차도 그런 것을 포기한 채 장기적 관점으로 바르게 생각하는 것이 옳을 것이다. 개발보다는 환경과 생태계를 돌아보는 것이 기독교적 관점이기 때문이다. 따라서 개발도 생태계와 환경 문제를 고려하면서 나타나야 한다.

2) 기독교적 환경운동과 다른 환경운동의 연합 전선의 가능성

그러나 이 땅에서 생태계와 환경 문제를 중심으로 생각하는 이들 가운데는 그리스도인이 아닌 이들도 많이 있다. 우리 그리스도인들은 이런 생태론자들과 환경 운동을 하시는 분들에 대해서 감사하게 여긴다. 물론 그 분들이 가진 세계관은 기독교 세계관과는 거리가 있고, 심지어 뉴에이지(New Age) 운동가들의 경우처럼 자연 자체를 높이고 숭배하는 데에로 나아가는 경우도 있어서, 그런 사상적 정향에 대해서는 매우 비판적인 태도를 나타내 보여야 하지만, 그래도 그들의 의도와는 상관없이 그들도 결국 하나님께서 창조하신 피조계를 잘 돌아보고, 생태계를 잘 보존하며, 환경 친화적인 생각과 정책과 활동을 하기를 원하는 것이기 때문이다. 물론 그들은 이 자연계가 하나님께서 창조하신 피조계이고, 우리가 그 피조계를 잘 돌아보아야 하는 동산 지기로서의 사명을 부여받았다고 생각하여 환경 운동을 하는 것은 아니다. 그러나 그들도 생태계의 보존을 중요시하며, 될 수 있는 대로 환경을 파괴하지 않는 쪽으로 나아갈 것을 요구한다. 그러므로 기독교인들과 비기독교적인 생태주의자들은 서로 다른 세계관과 다른 이상(vision)을 가지고 있지만, 그래도 생태계를 보존해야 한다는 점에 대해서는 의견을 같이 한다. 그러므로 그들은 이 생태계의 보존을 위해 함께 노력해 갈 수 있다. 이 문제에 대해서는 좋은 친구가 될 수 있다. 그 과정을 함께 지내면서 좋은 친구가 되어 그들의 속마음을 나누는 중에 그리스도인들은 그들의 사상과 세계관을 바꾸고 전도할 수 있는 기회도 가질 수 있다. 그러므로 그리스도인은 그들만의 환경 운동을 힘쓸 뿐만이 아니라, 다른 환경 운동가들과의 공동의 노력, 공동 전선 전술도 사용할 수 있는 것이다. 이는 마치 삼일 만세 운동 때의 상황과 비슷한 것이라고 할 수 있다. 불교도, 천도교도, 기독교도가 같이 하여 만세 운동을 한 것과 같이, 종교와 사상이 다른 이들이 공동의 목적을 위해 함께 활동할 수 있다.

그러나 이 때 상황은 또 한편으로는 마치 오월동주(吳越同舟)와 같은 상황이라고 할 수 있다. 환경 문제와 생태계의 보존을 위해서는 같이 하면서도 그들이 궁극적으로 목적하는 바는 서로 다른 것이기 때문이다. 특히 그리스도인에게는 생태계의 보존이 그들의 활동과 노력과 존재의 궁극적 이유는 아니다. 생태계를 위한 그들의 노력은 그들이 하나님의 뜻에 순종하여 하나님 나라를 위해 노력하며 하나님 나라를 증시(證示)하는 일의 한 부분일 뿐이다. 생태계의 보존이 그들의 궁극적 목적이 아닌 것이다. 여기 다른 환경 운동가들과의 근본적 차이가 있다. 그리스도인들이 환경 운동을 하는 것은 창조주와 구속주이신 하나님께 대한 순종이라는 동기에서 오는 것이다. 그러나 다른 환경 운동가들은 이에 동의하지 않을 것이다. 그러므로 같이 환경 운동을 하지만, 앞에서 말한 바와 같이 오월동주와 같은 상황이 나타나는 것이다.

3) 삼보일배(三步一拜) 행진이라는 운동 방식에 대하여

지금은 2010년 12월에 이미 완공된 새만금 방조제가, 2003년 당시 28.5km가 완성돼 4.5km만 쌓으면 결국 지금과 같이 새만금 갯벌은 사라지는 그 상황 앞에서 새만금 방조제 건설 사업에 대한 저항 운동으로 삼보일배(三步一拜) 행진이 진행되었었다. 2003년 3월 28일부터 두 달이 넘는 기간 동안, 전북 부안 해창 갯벌에서 서울까지 310km 800리의 길을 '삼보일배' 행진을 했다.6 문규현 신부와 수경 스님, 이희운 목사, 김경일 교무 등 4명의 성직자가 주도하여 가는 삼보일배(三步一拜)가 64일째인 2003년 5월 31일에 마쳐졌었다. 불교도, 천주교도, 원불교도들, 일부 그리스도인, 무종교인들이 다 합하여 이 일에 참여하면서 새만금 방조제

---

6 이 '삼보 일배 행진'에 대한 공식 홈페이지 참조: http://3bo1bae.or.kr/index.html.

공사를 저지해야 한다는 그들의 의견을 온 국민 앞에 진지하게 드러내었었다. 환경 문제의 해결을 위해 이렇게 진지하게 활동하셨던 분들에게 대해서 우리 모두는 감사해야 할 것이다. 적어도 그 분들은 상당한 시간과 물질을 들여 새만금의 경우를 들어서 환경 문제와 생태계 보존의 중요성을 온 국민에게 제시하였었고, 다른 운동과 저항들과 비교할 때 상당히 평화적인 운동 방식을 드러내었으며, 매스컴의 주목을 효과적으로 유도하여 자신들의 의사 전달(communication)에 있어서 매우 효과적인 작업을 하였었다고 할 수 있다.

그런데 이런 시위의 방식이 상당히 불교적인 특성이 있는 방식이라는 데에 문제가 제기될 수도 있다. 이 운동을 주도하는 '새만금 갯벌 생명 평화 연대'에서는 이 시위를 삼보일배 순례리고 하며, 이 일올 하는 이들은 '삼보일배 순례단'이라고 이름 붙였었다. 그리고 그 홈페이지에는 여러 종교인들의 모습 가운데서도 유난히 스님들의 모습이 많이 나오고, 스님의 북치는 모습을 강하게 소개하였다(http://3bo1bae.kfem.or.kr/index.html 참조). 또한 2003년 5월 31일에는 오전 9시에 조계사 출발하여 동십자각, 청와대 춘추관, 청와대 앞 분수대를 지나 정부 종합 청사를 한 바퀴 돌면서 삼보일배하고, 오후 2시에는 시청 앞에 모여 새만금 사업 중단 촉구를 위한 범종교인 기도회를 열었다. 여러 종교에 속한 이들이 각기 자기 신을 부르면서 같이 기도한다는 것이다. 안타까운 것은 당일 주요 뉴스에는 주로 한일전에서의 승리와 월드컵 일주년 평화 콘서트와 월드컵에 대한 회고가 주를 이루었고, 이 환경 문제에 대한 소식은 여중생 추모 촛불 집회에 대한 소식과 함께 잠시 스쳐지나가며 보도되었을 뿐이라는 것이다.

그런데 삼보일배는 우리나라 불교에서 중요한 시위를 할 때마다 사용되던 의사 표현 방식이었다(http://www.buddhapia.com/mem/hyundae/auto/newspaper/331/b-8.htm). 또한 이는 조계종 행자 교육원에서 시미(니)를 교육하는 교육 과정에 포함된 경학, 율학, 예경의식, 습의, 참회정진, 3천배 용맹정진, 삼보일배 등의 교육과정의 한 부분을 이루고 있는 불교 의식이다(http://www.buddhapia.com/mem/hyundae/auto/newspaper/266/n-17.htm).

물론 이에 대해서 이 시위에 참여하지 않는 이들이 왈가왈부할 수 있는 것은 아닐 것이다. 아마도 이 일에 참여하는 기독교인들 중의 일부는 (1) 이런 행진 방식이 단순히 불교적인 것이 아니라 비종교적인 의미를 지닌 것이라는 생각에서 참여했을 수도 있고, 또 일부는 (2) 불교적인 방식을 사용하여 행진한들 문제 될 것이 없다는 생각에서 참여한 이들도 있을 것이고, 또 일부는 (3) 그 시위 방식에 의미를 바꾸어 우리는 당연히 하나님께 기도하는 것이라고 생각하면서 참여했을 것이다. 그리스도인들이 (3)의 의미로 이 일에 동참했다고 한다면, 그들의 행동이 미치는 간접적인 영향을 제외하고서는 우리는 그것에 대해서 무엇이라고 하기 어렵다. 그러나 다른 의도로 참여했다면 이에 대해 너무 적극적으로 옳다고 하는 것은 우리가 하는 활동의 기독교적 의미를 별로 의미 없게 하는 것이 될 수 있다. 특히 같이 행동하는 것은 있을 수 있으나, 요나서에 나오는 선상 기도회를 연상시키는 범종교인 기도회와 같은 것은 과연 의미 있는 일인지를 깊이 있게 물어야 한다. 그러므로 이 일에 참여하는 이들을 존중하면서도, 이 일에 참여한 그리스도인들이 취한 행동 방식에 대해서는 적극적으로 동의하지 않을 많은 그리스도인이 있을 것이다.

4) 기독교적 환경 운동에의 요청

마지막으로 이 사태 앞에서 우리는 기독교적 환경 운동의 필요성을 깊이 의식해야 한다. 적극적으로 그리스도인들이 참여하는 기독교적 환경 운동이 제시되고 유지되는 것은 매우 중요한 일이다. 지금까지는 일부 그리스도인을 제외하고는 수많은 그리스도인들이 환경 운동에 이렇다한 관심을 나타내 보이지 않은 것 같아 안타깝다.

또한 이와 함께 다른 이들과 함께 동역하면서도 모든 이들이 거부감을 갖지 않을 방식을 취하는 것이 필요할 것이다. **2003년도의 그 행진이 평화 행진의 성격을 지닌 것**에 대해서는 모든 이들이 적극적으로 긍정적으로 평가하였다. 단지 그 진행 방식이 좀더 일반적인 것이었더라면 그리스도인들 사이에서 이 시위에 대해 느끼는 거부감이 많이 줄었을 것이고, 더 많은 이들을 이런 운동에 참여하게 할 수 있었을 것이다. 그런 점에서 새만금 방조제 건설에 대한 2003년도의 반대 행렬에 대해서 그 방향에 대해서는 의견을 같이 하면서도, 그 방법에 대해서 유보를 표하게 된다. 다른 이들과 협력적 운동을 할 때에 우리가 이런 점들을 좀더 의식할 수 있었으면 한다. 우리가 진정 살려내려고 하는 환경과 생태계 문제 때문에 쓸데없이 우리들의 생각이 갈려지면 되겠는가? 그러므로 그리스도인들이 거부감을 가지지 않을 행진, 다른 종교인들도 그들 나름대로 거부감을 가지지 않을 행진을 같이 하였더라면 훨씬 의미 있는 일이었을 것이다.

이런 점에서 1919년 우리 조상들이 오늘 우리들보다 더 지혜로운 것이 아니었나 하는 생각을 하게 된다. 그런 조상들의 지혜를 잘 활용하면 이 다원적 사회(pluralistic society) 속에서 우리가 함께 운동하는 좋은 방법이 제시될 수 있으리라고 생각된다.

6. 새만금 방조제 완공과 우리의 생각

위에서 언급한 삼보일배 행진 이후에도 일부 사람들은 이미 이루어진 개발이니 계속 추진해야 한다고 강하게 주장하였었고, 일부는 이에 대해서 환경 우선의 검토를 해야 한다고 주장하는 공방이 계속되었지만, 결국 새만금 방조제는 2010년 12월에 완공되었다.

새만금 방조제가 완공되고, 그 위의 도로로 수없이 많은 왕복을 한 지금의 이 상황에서 우리는 앞서 언급한 환경 문제에 대해서 좀더 깊이 있는 생각을 해야만 한다. 이 개발 사업 과정 중에 많은 사람들은 이미 많은 돈이 들었고, 또 관련 지역 사람들이 개발을 원하고 있으니 이 사업만은 진행시키는 것이 좋지 않으냐는 주장을 하였고, 결국은 그것이 수용되어 이미 새만금 방조제는 완공되었다.

그러나 앞으로 우리들이 과연 이 사업만을 하고, 다시는 이런 개발을 하지 않을 것인가? 혹시 개발한다고 해도 과연 철저한 환경 영향 평가를 하여 개발하는가? 우리는 이런 문제를 심각하게 여기면서 이미 이루어진 새만금 개발 사업 같은 것을 다시 심각하게 생각해야 한다. 그래야만 앞으로도 관련된 이들이 환경 문제에 대해서 좀더 신경을 써서 일을 이루어 갈 것이다.

우리 그리스도인들은 앞서 말한 문제들을 깊이 생각하면서, 앞으로도 항상 환경 우선의 정책을 지지해야 할 것이다. 다시 말하지만, 개발 문제에 직면해서는 항상 환경 문제를 생각해야 한다. 그리고 그렇게 생각한 바에 근거해서 바른 실천을 하도록 해야 할 것이다.

10장

혼돈스러운 한국 정치, 경제, 사회 속의 그리스도인의 생각

언제나 인간이 사는 사회 속에서는 그렇지만, 특히 오늘 우리가 살고 있는 이 한국 사회는 정치, 경제, 사회 모두가 다 혼돈스러운 상황이라고 할 수 있다. 이런 상황 가운데서 그리스도인은 과연 어떤 생각을 해야 하는 것일까? 뾰족한 수는 없지만 우리가 할 수 있는 생각들을 모아 보기로 하자.

1. 복잡한 정치 현실 가운데서

거의 항상 그래 왔지만 우리의 정치권이 상호 비방의 당쟁 속에 휘몰아쳐지는 모습을 21세기에 들어와서도 우리는 여러 번 다시 보게 되었다. 이런 상황 가운데서 아주 새로운 내용을 알게 되는 국민들은 별로 없을 것이다. 어느 정도 민주화가 된 상황속에서도 공작 정치적 모습이 나타나는 것에 대해서 어느 노정치인이 "이런 일은 제3공화국 시절의 안기부에서도 없었던 일이다"라고 한 말 가운데서 간접적으로나마 제3공화국 시절의 안기부가 매우 이상한 일을 하던 집단임을 그 집단에 아주 가까이 있던 이로부터 들을 수 있는 irony도 볼 수 있어서 흥미롭기도 하고, 별 의식 없이 무심결에 나온 그런 간접적 고해를 들을 수 있다는 것에 대해 즐겁기도 한 상황이다.

이 때 매우 중요한 역할을 해야 하는 이들은 이 정황 가운데서 가장 어려움을 많이 겪는 국민들이어야 한다. 이 모든 일은 어떤 의미에서는 국민들의 잘못이기도 하기 때문이다. 우리 국민들은 이미 정치권이 어떠한지 대충, 또는 잘 알면서 그런 이들을 또 다시 국회로 보내준 어리석은 이들이기 때문이다. 과거 정치사에서 우리는 한 번도 과거와의 명확한 단절을 경험하지 못했다. 이것은 정치인들의 문제이기도 하지만, 그런 이들을 정치인들로 인정해 준 국민들의 잘못이 아니라고 할 수 없다. 그러므로 이 어려운 상황 가운데서 우리 국민들은 누가 가장 효과적으로 상대방을 비방하는가 하는 것을 잘 보아야 한다. 그리고 누가 그래도 이 상황 가운데서 원칙과 소신을 나타내 보이고 있는가를 기억해 두어야 한다. 이런 복잡한 상황 가운데서 국민들도 덩달아 여야 대변인들과 같은 비방의 말만 하다가, 조금 지나면 다 잊고서 또 그 사람들을 선택해 국회로 보내는 실수를 반복하는 한 우리는 동일한 추태의 반복을 계속 목격하게 될 것이다. 그것의 책임은 결국 국민들 자신에게 돌려지지 않을 수 없다.

따라서 정치에 별로 관심이 없고, 잊기 잘 하는 우리 국민들에게 이런 소용돌이는 오히려 좋은 기회일 수도 있다. 이렇게 복잡한 상황 가운데서 누가 원칙과 바름에서 벗어나 있고, 옹졸하고 치사한 모습을 드러내고 있는지를 잘 기억해 두어야 한다. 다른 때 같으면 별로 관심 없을 문제가 모든 매체를 통해서 부각되었을 때, 이런 문제에 열을 올리는 모든 이들을 기억해 두었다가 후에 선택의 기회가 주어졌을 때 그들에게 대해서 국민다운 바른 판단을 내려 주어야 할 것이다.

부디 얼마 있다가 다 잊어버리는 어리석음을 반복하지 않을 수 있기를 원한다. 우리는 살펴보아야 한다. 모든 문제와 관련해서 누가 가장 치졸하게 구는가를! 그리고 누가 그래도 책임을 의식하며 옳고 바른 것을 지향하고 있는가를!

그리고 이 일을 위해서 각종 언론 매체는 할 수 있는 한 사건의 징황을 정확히, 공정하게 제시하도록 노력해 주어야 한다. 그러나 항상 치우친 해석이 작용함을 유의하면서 국민들은 언론 매체를 비판적으로 읽는 일도 게을리 하지 말아야 할 것이다.

2. 그리스도인과 경제 문제

우리 사회의 복잡성 가운데 요즈음 우리들 모두의 관심이 되고 있는 또 하나의 문제는 경제 문제이다. 처음에 부실하고 잘못된 구조 위에서 시작된 경제 구조를 시장 원리에 따라, 때로는 관의 개입과 함께 고쳐 보려고 하니 여러 방면에서 문제가 산적해 간다. 그 중 가장 문제가 되는 것은 다들 바른 원칙을 무시하고, 자신이나 자신과 관련된 이들만의 이익을 추구해 나가던 관례이다. 물론 이 문제가 해결되어도 잘못된 구조에서 오는

수많은 문제가 있음을 잊어서는 안 된다).

일단 우리 사회의 경제 주체들이, 그것이 개인이든, 가계이든, 기업이든, 심지어 정부든 모든 주체들이 특히 경제 문제와 관련해서는 상당히 비도덕적인 사고를 가지고 있다는 점을 먼저 생각하기로 하자. 이 문제의 근본적 이유는 결국 자기 행복추구주의(eudaimonism)라고 할 수 있다. 그래서 자신이 잘 되기 위해서는 공리(公利)를 추구하여야 한다는 공리주의자들의 수준에도 미치지 못하는 경제 주체가 많고, 그래도 상당히 괜찮게 생각한다고 하는 이들이 공리를 추구하여 궁극적 자기 행복을 추구한다. 그래서 작게는 자신들만 이익이 되면, 다른 이들이 많이 손해 보는 것을 더 좋아한다. 다른 이들이 손해를 보아야 자신들이 더 많은 이익을 보기 때문이다.

이런 상황 가운데에서는 모든 일을 바르게 한다는 것은 의미 없는 일이 되고 있다. 그것을 정당화하는 사회의 분위기가 만만치 않다. "개처럼 벌어서 정승같이 쓰면 된다"는 사고, 그런 이들이 주로 남자이기에 "남자 같이 벌고, 여자 같이" 등등의 이야기들이 옛날부터 지금까지 카피만 달리하여 난무하고 있다. 오늘날 우리 사회의 경제 문제의 근원적 문제가 바로 이 점에서 왔음을 생각하지 않을 수 없다. 그래서 어떻게 자본을 축적하였든지, 현재 많은 자본을 가진 이들이 문제를 해결하는 열쇠를 쥐고 있고, 모든 이들은 그것만을 바라는 실정이다. 정치인들도 이전에는 더 했고, 심지어 오늘날도 정치 자금 유치를 위해(결국 자신들의 유익을 위해) 모든 종류의 경제적 유익을 추구하고 있음이 심심치 않게 드러나고 있다. 그런 보도를 보고 읽으며 혀를 차는 소시민들과 그들의 가정도 대부분은 이렇게 자신들과 가족들의 유익을 중심으로 움직이고 있음을 부인하기 어렵다.

이런 상황 속에 있는 그리스도인들은 어떠한가? 몇몇 신실하신 분들을 제외하고는 대부분의 그리스도인들도 눈 앞의 유익을 중심으로 움직이는 것을 비일비재하게 보게 된다. 결국 이런 그리스도인들에게 물어야 할 질문은 "우리를 궁극적으로 움직여 가는 원동력은 무엇인가?"하는 질문일 것이다. 우리들 자신의 유익만을 추구할 때, 그것도 경제적 유익과 편안하고 안락한 삶, 그것을 위해서는 의리도 약속도 모든 것도 다 버릴 수 있다는 사고로 움직여 갈 때, 우리 그리스도인들이 이 사회에 과연 어떤 도전을 줄 수 있을까? 그렇게 되면 이 세상 사람들이 "결국 당신네들을 움직여 가는 것도 현실적인 유익이군요? 우리와 다르지 않네요? 그렇다면 우리가 당신들을 따라 예수를 믿어야 할 이유가 무엇입니까?" 하고 말할 때 무엇이라고 말할 것인가?

이런 현실 앞에서 우리는 자신들의 죄악을 솔직히 인정하고, 이런 삶의 태도를 고치려고 해야만 한다. 다른 문제에서는 그리스도인이려고 하면서, 경제 문제에 있어서 그리스도인이기를 그만둘 수는 없기 때문이다. 우리는 우리의 삶의 모든 영역에서 그리스도인이려고 해야 한다. 그것만이 이 세상에 효과적으로 도전하고, 천국 복음을 전할 수 있는 길이다. 우리들만은 당장의 현실적 유익과 안일과 평안을 위해 움직이지 않는 사람들, 그런 경제 주체들이 되었으면 한다.

3. 사회적 불의에 대한 우리의 태도

사회 문제 가운데서 우리의 마음을 가장 괴롭히는 문제는 아마도 우리 사회가 여전히 부정의(不正義)하다는 것일 것이다. 사회의 큰 문제가 폭로될 때마다 우리는 이 문제를 절실하게 느끼게 된다. 선거 부정과 이에 대한 기소의 예에서도 그렇고, 부정한 대출과 정치권에 대한 로비 가능성에 대한 이야기에서도 그렇고, 고위층을 사칭한 여러 사기 사건의 경우에도 그렇고, 우리 사회에서는 아직도 정의롭고, 옳고, 바른 것이 대접받기보다는 아직까지도 어떤 권력자와 가까이 있느냐 등의 문제가 더 중요하게 작용하고 있는 것이 드러나고 있다. 그래서 우리 사회에서는 되는 것도 없고, 또 안 되는 것도 없다는 식의 사고가 아직도 만연하고 있다. 그 결과 바르고 옳고 정의로운 것을 추구하는 것은 아주 어리석은 것으로 여겨질 정도이다. 그처럼 우리 사회의 청렴도나 정의 지수는 매우 낮은 것이다.

이런 상황 가운데서 그리스도인과 교회는 과연 어떤 의식 가운데 있는지를 물어야 한다. 우리는 적어도 교회와 그리스도인과 교회와 관련된 단체 등에서는 옳고 바르고 정의로운 것을 추구해 나가야 한다는 정언적(定言的)인 말은 한다. 그러나 우리의 현실이 과연 그런가 하고 물을 때, 우리는 사실 이 세상에 대해서 우리 사회는 정의 지수가 매우 낮은 것이 문제라고 말할 자격이 없는 상태에 와 있음을 인정하지 않을 수 없다. 그리스도인들과 교회와 관련된 단체들도 옳고 바르고 정의로운 것을 추구하는 것과는 거리가 먼 것을 많이 보게 되기 때문이다. 이에 대해서 우리는 하나님 앞에서 진지하게 회개해야 한다.

그리고 철저한 회개는 먼저 우리의 삶과 우리와 관련된 기관의 움직임이 누가 보아도 옳고 바르고 정의로운 것을 추구하고 있도록 해야 할 것이다. 그것이 우리에게 당장 손해가 되는 것처럼 보여도 말이다. 우리 모두가 그런 노력을 향해 나갈 때에만 우리는 이 사회의 부정의에 대해서도 광야의 외치는 자 같은 외침을 던질 수 있을 것이다. 먼저는 우리들 자신이 문제이다. 우리는 과연 손해와 어려움을 감수하면서도 옳고 바르고 정의로운 것을 추구하는 것인가? 우리들이 처한 아주 구체적인 삶의 정황에서 말이다.

예를 들어서, 학생들은 정말 양심을 다 지켜서 리포트를 작성하고, 시험에 임하는가? 회사에 다니는 이들은 근무 시간에 그 직무를 최선을 다해서 수행하는가? 우리의 처지에서 정의를 수행해 가는 의식이, 옳음을 추구하는 의식이 있는가? 아니면, 나 자신과 관련해서는 옳고 바르고 정의로운 것보다는 편안한 것을 추구해 나가려고 하는가? 그렇다면 우리는 사회에 빛을 비추기는커녕 사회에 어두움을 더하는 사람들인 것이다. 우리들은 과연 어떤 사람들인가? 심각하게 질문해 보고, 우리의 존재 방식을 고칠 수 있어야 할 것이다. 그래야만 이 세상과 사회 속의 기독교를 말할 수 있을 것이다.

4. 욕하는 사회 속에서 그리스도인은 어떻게 할 것인가?

사회에 만연한 불의에 못지않게 우리 사회에서 욕하는 일이 정도를 넘어서고 있다고들 하면서 다들 걱정한다. 우리 사회 속에 욕하는 일이 있어 왔고, 오래 전부터 상당히 많은 욕들이 오고 갔지만, 대개 싸울 때에만 욕들이 나오곤 했었는데, 지금은 우리 사회가 항상 싸우는 것인지 곳곳에서 욕들을 하고, 청소년들 사이에는 욕하는 것이 아주 일상화되어 욕을 욕인지도 모르고 일상적인 말로 하는 사회가 되어 버렸다. 이를 어떻게 할 것인가?

이런 분위기가 무르익은 것은 기본적으로 기성세대에 속하는 이들이 어른이 되어서도 욕하는 습관을 버리지 못하고 어릴 때 욕하던 것을 계속해서 사용한 결과라고 하지 않을 수 없다. 그리고 그들이 사는 사회가 일종의 전쟁터와 같은 사회이므로 그들은 시정잡배와 같은 욕을 시도 때도 없이 사용하는 것이다. 심지어는 비교적 욕을 적게 쓰던 여인들까지도 이제는 거리낌 없이 욕을 한다. 이전에 아주 복잡한 시장 통을 지나다니거나 기웃거릴 때 듣던 그런 욕들을 우리는 너무나도 많은 곳에서 일상적으로 듣고 있다. 우리가 다 자라지 못해서 그런 것일 것이다. 성숙하지 못하여 결국 우리의 언어 생활에서의 성숙성이 없기 때문에 말이다.

이런 기성세대의 모습을 보고 자란 청소년들 중의 어떤 이들이 몇 년 전에 이런 시정잡배 같이 싸우는, 또는 점잖은 것 같지만 악한 결과를 만들어 내거나 묵인하는 기성세대를 관찰하고서 비판하는 노래의 가사를 수많은 욕을 넣어 발표했고, 어른들은 아무런 의식 없이 돈을 벌어야 한다는 일념하에서 그런 노래들이 퍼져 가는 것을 묵인하거나 권장했던 것이 우리 사회를 욕하는 사회로 만드는 또 하나의 큰 요인으로 작용했을 것이다.

그리고 '투캅스', '주유소 습격 사건'이나 '친구' 등과 같은 소위 잘 나가는 우리 영화 속에 등장하는 수많은 일상적인 욕들이 결국 우리 사회에서 이러한 욕의 일상화를 낳게 한 것으로 보여진다. 영화는 우리의 현실을 반영하는 것이기도 하지만, 또 이런 영화가 우리들 사이에 이런 욕들을 유행시키며 일반화시키는 현상을 무시할 수 없을 것이다.

이제 이런 욕하는 문화(?)는 아주 일반화되어서 그리스도인 청소년들 사이에서도 아주 자연스럽게 이 세대의 풍조를 따라가는 일을 흔히 보게 된다. 물론 "이 세대의 풍조를 따라 가는 일"을 이 정도로만 사소한 개념으로 이해해서는 안 된다. 그러나 욕하는 우리의 이상한 문화 현상을 따라가는 것도 분명 이 세상의 풍조를 따라가는 일의 하나일 것이다.

우리는 어떻게 해야 할까? 우리 사회의 성원 모두가 좀더 자라나야 할 것이다. 그것만이 이런 사소한 문제에서 벗어나는 길이다. 우리 사회의 어른들도 자라나고, 청소년들도 (제대로) 자라나고, 그래서 잘못된 구습을 벗을 때에야 이 이상하게 왜곡된 문화 현상이 극복될 것이다. 그 성장과 성숙성을 위해 기도해야 할 것이다.

5. "차별금지법에 대한 기독교적인 반응"

모든 것에 대해서 하나님의 뜻에 따라 판단하기 원하는 그리스도인들은 이 세상에서 사람들이 다른 사람들을 성별에 따라 차별을 하든지, 인종에 따라 차별을 하든지, 소득 격차에 따라 차별을 하든지, 신체 조건에 따라서 차별을 하든지 하는 등의 차별을 해서는 안 된다는 것을 강하게 주장해야만 한다. 그러므로 일반적인 차별 금지에 대해서 그리스도인들은 적극적으로 찬성할 뿐만 아니라, 그런 차별을 철폐하는 노력을 지속적으로 하여 온 사람들이다(아주 단순한 예를 들어서, 투표권 확대에서의 그리스도인의 역할을 생각해 보라). 사람들이 자신들의 편견에 따라서 온갖 차별을 하는 모든 것에 대해서 우리는 앞장서서 그런 차별은 있어서는 안 된다고 적극적으로 주장해 왔고, 또 계속해서 그리해야만 한다.

근자에 생각해 볼만한 점으로 외국에서 살다 온 우리 동포들에 대한 차별에 대해서 우리는 과연 어떻게 할 것인가 하는 문제, 외국인으로서 우리 사회 안에서 살고 있는 분들에 대해서 우리는 과연 어떻게 할 것인가 하는 문제가 있다. 모호하고 우리가 우리의 권한을 위주로 생각하는 이 문제에 대해서도 그리스도인들로서 우리는 그 모든 분들도 그 어떠한 차별도 받지 않도록 해야 하며, 오히려 이 연약한 분들이 도움을 받아야 할 것이라고 주장해야만 한다. 이 문제들에 대한 우리의 솔직한 감정이 어떻게 되고 있는 지를 깊이 반성해야 한다. 그리고 이 때 우리의 생각을 정리해 줄 수 있는 것은 일본에 살고 있는 우리나라 사람들이 일본 사람들로부터 그 어떠한 차별을 받고 있는 것에 대해서 우리는 그것이 어쩔 수 없는 것이라고 생각하려는 지를 생각해 보는 것이다. 일본 사람들에 의해서 일본에 사는 우리나라 사람들이 그 어떤 차별도 받지 않기를 원한다면, 우리도 이 땅에 사는 다른 외국인들에 대해서 그 어떤 차별도 하지 말아야 한다.

지금 제안되고 있는 차별금지법의 독소 조항은 무엇인가?

그렇다면 차별 금지법에 대해서 그리스도인들은 찬동할 뿐만 아니라 적극적으로 그것의 중요성을 설명하여 설득하는 입장을 취해야 하는가? 만일에 제안되는 차별 금지법에 몇 가지 독소 조항이 없다면 우리는 마땅히 그리해야 한다. 미국 대통령인 도날드 트럼프의 여러 차별적 발언들이 여러 면에서 옳지 않다고 선언하고, 다른 사람들도 그렇게 느끼게끔 하는 일을 우리가 앞장서서 해야 하는 것이다. 그러나 문제는 벌써 수년 전부터 여러 차례 제안되고 있는, 그러나 아직은 국회를 통과하지 않아 우리나라에서 법으로 제정되어 있지 않은 차별 금지법에는 이 모든 것에 대한 차별이 안 된다고 하는 것과 함께 "성적 지향에 따른 차별"도 해서는 안 된다는 조항도 슬며시 들어와 있다. 그것이 문제이다. 즉, 어떤 사람이 이성애적 성향을 지니고 있든지, 동성애적 정향을 지니고 있든지, 양성애적 성향을 지니고 있든지 그것에 근거해 사람을 차별해서는 안 된다는 것이 포함되어 있기에 문제이다.

이것은 단순히 동성애자라고 해서 사회가 어떤 사람을 왕따 시키든지 해서는 안 된다는 것 정도의 주장이 아니다. 만일에 그 정도의 함의만을 지닌 것이라면 우리는 그것에 반대하지 않을 것이다. 그 누구도 왕따 시키는 것은 옳은 것이 아니기 때문이다. 또한 동성애자라고 해서 회사에서 해고하거나 그의 능력과 상관없이 다른 일을 하게 하거나 해서는 안 된다는 것 정도라면 오히려 우리가 더 그들을 보호하도록 해야 할 것이다.

그러나 문제는 성적 지향에 다른 차별을 일체 해서는 안 된다는 조항이 포함된 차별 금지법이 통과되면, 우리는 결국 동성애도 정상적인 성적인 정향의 하나라고 인정하는 것이 되기에 문제가 된다. 그리되면, 결과적으로 학교에서도 동성애가 잘못되었다고 말해서도 안 되고 그렇게 가르쳐서도 안 되는 결과가 나타나는 것이다. 어떤 결혼식장이나 예배당에서 동성애 커플의 혼인식을 그곳에서 행하지 못하게 히면 이 차별법을 어긴 것으로 하여 법이 정한 처벌을 받아야 된다. 이런 법을 지닌 미국의 몇몇 주의 경우에서 잘 나타나는 바와 같이 인간적으로 그 분들을 존중해도 자신들이 동성 결혼을 한다고 하면서 요청한 결혼 케익 주문을 거절하였을 때, 그 동성 커플이 차별 받았다고 고소하면 역시 법이 정한 처벌을 받게 된다. 아주 극단적인 경우이기는 하지만, 이 법이 통과된 다음에는 동성애가 성경에 의하면 죄악이라고 설교한 경우에 그 설교를 듣고 어떤 사람이 차별을 받았다고 신고하면 그 설교자도 법에 의한 처벌을 받을 수도 있게 된다. 그렇게 고소하고 신고하는 일이 있는 경우에는 문제가 된다는 것이다. 이것은 결국 교회가 어떤 메시지를 할 수 있는가도 이 세상이 허용하는 한도 내에서만 해야 한다는 사회적 압력이 되는 것이다.

이전 시대에는 국가의 왕이나 귀족들이나 잘못된 교회가 자신들이 원하는 것을 교회가 설교하기 원하고, 자신들이 원치 않는 바를 설교하는 설교자와 그런 교회를 핍박하였다면, 이제는 이 세상의 여론과 이 세상의 법이 교회가 과연 무엇을 선언하야 하는가 하는 것을 규제하려고 하는 것이다. 그리스도인으로서 나는 이것이 자주 제안되는 차별 금지법과 여러 시도의 학생인권조례들의 가장 심각한 문제라고 생각한다. 이 세상이 교회로 하여금 특정한 주제에 대해서는 자신들이 원하는 것을 말하든지, 그렇지 않으면 아무 말도 못하게 하기 때문이다.

둘째는 지금 제안되는 차별 금지법은 동성애에 대한 법적 보호를 제공하여, 아이들과 청소년들에게 동성애도 인간이 가질 수 있는 정상적인 성적 지향성이며, 이를 시행해도 좋다는 문화적 분위기를 만들어 가는 것이 문제이다. 그리하여 이런 법이 있지 않은 지금도 우리나라에 청소년들에게서도 에이즈가 많아진 것이 상당 부분 동성애 때문이라는 객관적 자료를 가지고도 그것을 발표하지 않거나 발표하지 못하도록 하는 문화적 압력을 행사하고 있으니, 이 법이 통과되었을 때 동성애자들을 옹호하는 식의 많은 역차별이 나타날 것은 아주 명약관화한 것이다.

셋째로 결과적으로 이 사회가 자신들이 원하는 것은 자신들이 원하는 대로 할 수 있다는 분위기로 나아가는 심각한 문제가 더 노골적으로 노출시키는 결과가 이 법의 제정으로 나타나게 될 것이다. 후에는 소아성애(小兒性愛)도 용인(容認)하자고 하며, 수간(獸姦)도 용인하지고 하는 등의 문제가 점차 나타나게 될 것이다. 일반은총에 저항하는 이와 같은 인간의 저항은 지속될 것이고, 그리하여 결국 이 사회가 유지되기 어려워질 것이다.

우리는 어떻게 해야 할까?

그러므로 우리들은 동성애자들에 대한 차별 금지가 흔히 생각하는 것, 즉 "소수의 동성애자들로 하여금 그들이 원하는 대로 하게 하주라"는 것 정도의 단순한 것이 아니라는 것을 자각하고, 널리 알려야만 한다. 그와 동시에 이 시점에서 우리가 힘써야 할 세 가지 일을 제시하면서 이 글을 마치고자 한다.

우선 군대내의 동성애자들을 처벌하고, 동성애를 불법적인 것으로 정하고 있는 군형법 92조 6항이 헌법에 합치한다는 결정을 헌법 재판소가 내리고 그런 입장을 지속적으로 유지하도록 기도하고, 그것을 위한 여러 노력을 해야 한다.

둘째, 이제 20대 국회와 그 후에 다시 제안될 차별 금지법에 "성적 지향에 의한 차별을 해서는 안 된다"는 조항이 있지 않도록 하는 데 최선의 노력을 해야 한다. 우리가 이 문제에 대해서 기도하고, 문제점을 알리고, 다른 사람들을 설득해야 한다.

마지막으로 교회가 이 시대의 잘못된 정신을 따라 가지 않도록 노력해야 한다. 하나님 말씀의 뜻이 우리 교회를 지배하여, 교회 공동체와 관련 있는 그리스도인들은 성경의 가르침을 따라 동성애를 비롯한 모든 성적인 죄를 타락한 인간이 죄가 나타나는 양상들로 여기고, 그 죄를 회개하여 하나님께서 원하시는 것이 우리들 가운데 있도록 해야 할 것이다.

6. "낙태죄 폐지, 왜 안 되는가?"

타락한 이 세상은 점점 더 하나님이 제정하신 삶의 원리를 거부하며 하나님의 주권을 인정하지 않으려는 방향으로 나아가려고 한다. 타락한 상황에서도 일반은총에 사람들이 덜 저항할 때에는 그래도 인간의 생명을 존중하는 방향으로 나아가 혼인을 1남 1녀 간의 혼인으로 인정했었다. 그러나 더 타락한 사회는 공식적이거나 비공식적으로 일부다처(一夫多妻)제, 일처다부(一妻多夫)제를 행하고, 또는 다양한 형태의 간음을 행하더니, 그와 더불어 오랜 전부터 남자가 남자와 더불어, 또한 여자가 여자와 더불어 성행위를 하려하고, 결국 성(性)과 새로운 생명의 탄생을 굳이 연관시키지 않으려고 하며, 새로운 생명이 주어졌을 때도 그것을 찾아서 파괴하고 죽이려는 방향으로 나아가고 있다. 이것이 타락한 이 세상이 나아가는 방향이다. 우리 주님이 다시 오실 때까지 이 세상은 점점 더 하나님의 주권을 부인하는 방향으로 나아가려고 할 것이다.

낙태 문제와 관련해서도 이 세상은 지속적으로 낙태를 하여 우리나라에서시만 해도 (정확한 통계를 낼 수 없지만, 매우 보수적으로 볼 때에라도) 30만 건 이상의 낙태가 자행(恣行)되고 있고, 시민들 20만 명 이상이 낙태를 죄가 아니라고 해 달라는 청원을 청와대 청원난에 등록하여 민정수석이 내년에 정확한 실태조사를 시작할 것이라는 성명을 발표한 바 있다. 이런 상황 가운데서 그리스도인인 우리들은 과연 어떤 입장을 표명하고 어떤 주장을 하며, 어떤 태도를 보여야 할 것인가? 이 짧은 글에서 나는 이런 사회 속에서 그리스도인들이 가져야 할 입장과 태도에 대해서 간단히 논의해 보고자 한다.

먼저, 기독교 공동체 안에서 어떻게 할 것인가?

기독교 공동체는, 그곳이 참된 기독교 공동체라면, 일반 은총 뿐 아니라 특별 은총 가운데 있는 공동체이다. 그렇다면 하나님의 특별 은총으로 구원함을 얻었음에 참으로 깊이 있게 감사하면서 **모든 것을 우리를 구원하신 하나님의 의도와 주권의 빛에서 보려고 노력할 수밖에 없다.** (그러므로 그렇게 하지 않으려고 하는 개인이나 공동체는 사실 자신이 진정한 위미의 기독교 공동체 안에 있지 않음을 드러내는 것이 된다.) 진정한 기독교인과 진정한 기독교 공동체는 그리스도의 십자가와 부활 사건으로 자신들이 구원 받았음에 대하여 참으로 감사하면서, 결과적으로는 삶의 모든 것을 하나님의 주권과 하나님의 교훈적 의지의 빛에서 바라보며 **그 뜻이 실현되도록 애쓰게 되어야 한다.** 진정한 기독교 공동체라면 말이다.

그러므로 기독교 공동체는 인간의 정자와 인간의 난자가 만나 **수정되는 바로 그 순간부터 인간의 생명이 시작된다는 것을 아주 분명히 하면서** 모든 인간 생명을 그 초기부터 존중하며 따라서 모든 인간 생명을 구하고 잘 양육하기 위해서 최선의 노력을 다해야만 한다. 그래야 그 물리적 생명을 가진 사람들이 장차 복음을 듣고 믿어 영적 생명을 얻어, 가장 온전한 생명을 누리게 될 수 있기 때문이다. 그러므로 영적 생명을 강조하는 기독교 공동체는 영적 생명만을 중요시 히는 것이 아니라, 언제나 그 토대가 되는 물리적 생명도 중요시한다. 그리고 이것은 하나님의 입장을 반영하기도 하는 것이라는 점은 구원된 사람들을 예수님의 재림 때에 물리적으로도 부활하게 하셔서 부활한 몸으로 영원히 살게 하시는 것에서도 확인할 수 있다.

그러므로 기독교 공동체는 자궁 외 임신의 경우나 이와 비슷한 경우처럼 임신을 유지하다가 결국 산모와 아기가 모두 위험해지고 모두 생명을 잃게 되는 경우 외에는 그 어떤 경우의 낙태도 있을 수 없다는 입장을 분명히 하고 이 원칙대로 살아가야 할 것이다.

그리고 기독교 공동체는 이렇게 생명을 옹호하는(pro-life) 입장을 우리가 분명히 한다는 것을 온 세상에 사랑을 담아 잘 표현해야 한다.

세상 속에서의 생명 옹호 입장의 전개

이 세상 속에서 우리는 기본적으로 모든 인간 생명을 매우 존귀하게 여기는 입장을 지닌다는 것을 분명히 해야 한다. 그리고 그런 입장을 세상에도 널리 전하기 위해서 애써야 한다. 그러므로 기독교 공동체와 그 안의 사람들은 진정 생명을 존귀하게 여기고 사랑하는 운동, 진정한 생명 운동을 하는 공동체이다. 어떻게 해야 이 생명 옹호 입장을 이 세상 속에 확산시킬 수 있을까?

첫째는 인간 생명의 초기부터 마지막 순간에 이르기까지 인간 생명을 진정으로 사랑하며, 보호하고, 잘 돌보는 공동체의 역할을 잘 감당해야 한다. 세상이 하도 이상해져서 기독교로부터 확산된 다른 것를 가지고 예를 드는 것이 편할 정도가 된 매우 이상한 예를 사용하여 말한다면, 적십자 부대는 원칙상 아군이든지 적군이든지 부상자는 다 치료해 주어야 하는 것과 마찬가지로 (사실 그것이 기독교의 원칙과 삶의 실천이 확산된 것이라는 것을 생각해야만 한다) 교회 공동체와 이와 관련된 사람들은 적어도 교회 공동체와 관련하면 지극히 연약하고 기댈 능력이 없는 인간 생명이라도 다 같이 보호받고 사랑 받을 수 있다는 것을 느낄 수 있을 정도로 이 세상의 모든 인간 생명은 존중하고 보호하는 일을 실제로 해야 한다. 예를 들어서, (그런 일이 있어서는 안 되지만 그런 일이 발생했을 때에) 고아된 아이들과 심지어 유기되는 아기들을 받아서 잘 양육할 수 있는 좋은 기관들과 미혼모들이 편히 와서 아기를 출산할 수 있고 어느 정도 키우고, 결과적으로 자신들이 키우려고 결단하거나 아기가 입양되도록 할 때까지를 잘 돌아 볼 수 있는 기관들을 잘 운영하는 일에 앞장서야만 이하의 모든 활동이 의미 있게 될 수 있다. 이런 노력이 없이 뒤에서 언급하려는 활동을 하면 우리는 어쩌면 야고보서가 비판하는 대상자인 위선자들이 될 뿐이다. 교회 공동체는 모든 작고 연약한 생명의 보호자와 옹호자로서의 모습을 드러내야만 한다.

둘째로, 이렇게 실제적으로 모든 인간 생명을 옹호하는 우리는 이 세상에서 모든 인간의 생명을 옹호하는 여론(輿論)을 제시하고 형성하고 확산해 나가는 사람들이기도 해야 한다. 언제나 첫째 일은 우리의 생명 옹호 활동이다. 그리고 따라와야 하는 것이 생명옹호 발언을 하는 일이다. 생명 옹호 발언은 언제나 우리가 하는 일의 뒷자리에 와야만 진정 효과가 있다. 생명에 대해서 여성의 건강이나, 경제적 상황이나 앞으로의 사회적 활동 등등 여러 여건을 고려하여 선택을 할 수도 있다는 선택 옹호의 입장(pro-choice position)이 확산되는 이 세상 안에서 인간 생명은 선택의 문제가 아니라 절대적으로 옹호되어야 할 대상이라는 것을 강하게 말할 수 있는 사람들과 기관은 무엇보다 먼저 기독교인들과 기독교 기관이다.

그런데 이와 같이 생명을 옹호하는 입장(pro-life position)을 제시하는 일에서 우리는 다양한 사람들과 연대할 수 있다. 기본적으로 천주교인들은 생명옹호 입장을 같이 주장하는 좋은 연대자들이었다. 때로는 불자(佛子)들도 생명을 옹호하는 일에 대해서 같은 입장을 표하기도 한다. 종교가 없는 분들 가운데서도 수정된 순간부터의 인간 생명을 옹호하는 분들도 있다. 이렇게 다양한 사람들과 같이 하면서 우리는 수정되는 순간부터 인간 생명을 귀하게 여기고 보살펴야 한다는 운동을 같이해 나갈 수 있다.

그래서 낙태죄를 폐지해 달라는 이 세상 일부 시민들이 목소리보다 더 많은 사람들이 낙태는 결국 인간 생명을 해 하는 것이니 실제로 잘 처벌하지 않는 비록 사법(死法)으로라도 우리나라 법 체계 안에 있어서 우리는 초기 단계의 생명도 존귀하게 여기는 것임을 천명하도록 해야 할 것이다. 지금 당장 편하다고 하여 낙태법을 폐지해 버리면 낙태하는 것이 합법적인 것이 되어 버린다. 그 함의를 생각하고 잘 설명해 주어야 한다. 그것은 결국 일정한 상황에서는 낙태를 하는 것이 법적으로 허용되는 것이 되니, 이런 일이 계속되면 결국은 인간 생명을 우리의 편의에 따라 해하거나 제거하는 것도 가능하다는 생각이 널리 퍼져 가는 일이 발생하게 된다. 낙태죄를 폐지하는 것이 결국 인간 존중 사상에서 우리를 얼마나 점차 멀어지게 하는 지를 사람들에게 알려 가는 여론 형성자 역할을 우리 모두 해야 할 것이다.

● 정치 문제에 대한 더 깊은 기독교적 사고를 위한 참고 문헌 :

Paul Marshall, 『정의로운 정치』, 진웅희 옮김 (서울: 한국기독학생회출판부, 1997).

이승구, "정치문화", 『광장의 신학』 (수원: 합신 대학원 출판부, 2010), 제7장.

11장

지구적 재난에 대한 그리스도인의 생각

2004년에는 우리에게 여러 가지 어려운 소식이 들려온 한 해였다고 기억하는 이들이 많을 것이다. 그 중에서도 가장 어렵고도 힘든 소식은 역시 연말에 지구촌에 들려온 남아시아의 여러 나라에서 발생한 큰 재난의 소식이었다. 지각 변동으로 말미암아 발생한 지진이 지진 해일(쓰나미)을 일으켜서 여러 나라의 휴양지와 해안 가옥들에 엄청난 피해를 주어 15~17만 명 이상의 사망(2005년 1월 2일의 UN의 추정)과 수많은 이들의 부상과 가옥 손실 등 엄청난 재난을 발생시켰다. 그리고 수해 지역에서 늘 나타나는 전염병의 창궐과 이재민들의 삶의 질의 악화 등의 문제가 지속될 것이며, 이번 재난에서 회복되기 위해서는 적어도 5년에서 16년 정도의 시간이 필요할 것이라는 소식도 들려오고 있다. 이런 상황 속에서 우리는 과연 어떤 생각을 해야 하는가? 이 엄청난 재난의 소식 앞에서 하나님의 온전한 주권을 인정하는 그리스도인들이 반드시 생각해야 하고, 다른 이들과 함께 나누어야 할 몇 가지 생각들을 같이 나누어 보고자 한다.

1. 인간의 무력함

첫째로, 우리네 인간의 무력함에 대한 새롭고도 깊은 인식이 있어야 할 것이다. 인간이 타락하여 죄악에 빠진 이후로 이 세상에는 수많은 재난이 있어 왔고 인간들은 그 재난으로부터 자신들을 보호하거나 재난을 최소화하기 위해 수많은 노력을 하여 왔지만, 지금까지도 인간의 노력으로 이 모든 문제를 별로 해결할 수 없음을 이번 재난은 여실(如實)히 보여주었다. 1세기 폼페이 화산이 폭발했을 때 당시 사람들이 느꼈을 두려움과 무력함이나, 17세기 리스본 화산이 폭발했을 때 유럽 지성인들이 느꼈던 그 무력함, 그리고 20세기 초 관동 대지진 때 우리들이 느꼈던 무력함에서 그리 더 나아지지 않은 인간의 무력함을 이번 사태로 우리 모두는 절감하게 되었다. 20세기에 걸친 인간의 진보, 특히 우리가 괄목할 만하다고 말하는 20세기의 과학의 진전 이후에 서 있는 21세기 초의 인간들조차도 이 엄청난 자연 재해 앞에서는 속수무책으로 그야말로 무력하게 서 있음을 드러내 준 것이다. 그러므로 우리 모두는 이런 상황을 계기로 하여 참된 겸손을 다시 배워야 할 것이다.

이 말은 인간들이 20세기 동안 진전시켜 온 것이 아무 것도 아니라는 말은 아니다. 주님께서는 일반 은총을 베풀어 주셔서 우리네 인간이 지금까지 여러 면에서 발전해 올 수 있도록 하셨다. 그러나 그것으로 인간 스스로 무엇인가 굉장한 일을 하게 된 것은 아니라는 것을 우리는 겸허하게 받아들여야 한다. 물론 제한된 의미에서 인간이 해 낼 수 있는 것들이 상당히 있고 그렇게 우리가 해 나갈 수 있는 것들이 점점 늘어가고 있다. 그럼에도 불구하고 이런 재난 사건들에 직면해서 우리는 인간이 스스로의 능력으로 우리 주변의 문제들을 다 해결할 수 있을 것과 같이 교만한 생각을 하지 말아야 한다는 큰 교훈을 우리 마음에 절실히 새겨야 한다. 복제된 인간 배아로부터 배아 줄기 세포를 추출하여 인간의 병의 문제를 상당히 해결할 수 있으리라는 생각과 같은 '하나님의 뜻에 반하는 생각들'을 더 발전시켜 나갈 때 그 종국이 얼마나 무서울지를 우리는 생각해야 한다. 그러므로 우리는 우리들의 노력과 애씀이 인간 문제를 궁극적으로 해결하는 것이 못 된다는 것을 바르게 인정해야 한다.

2. 인간이 만들어 내는 재해를 피하려는 노력을 하여야

둘째로, 이렇게 우리가 능히 감당할 수 없는 자연 재해를 바라보면서 그에 더하여 인간이 만들어 내는 이보다 더 큰 재앙의 위험성을 생각하며 반성하지 않을 수 없다. 그러므로 우리는 인간이 만들어내는 큰 재앙[人災]을 피하려고 해야 한다. 우리가 지금처럼 지나치게 좁은 관점을 가지고서 우리 스스로의 편안한 삶만을 추구하여 환경을 파괴하면서 살아간다면 이보다 더한 자연 재해를 인간의 부주의와 실수로 만들어 낼 수 있음을 생각하면서, 우리는 매우 조심하면서 하나님의 뜻을 실현하며 온 세상의 피조계를 돌아보는 태도로 살아야 할 것이다.

더 나아가서, 우리네 인간은 자연 재해 형성의 원인이 되는 것 이상의 재해를 스스로 일으킬 수 있는 존재임을 생각하면서 될 수 있는 대로 다른 이들에게 손상을 주지 않는 태도로 이 세상을 살아가야 한다는 것을 분명히 해야 한다. 인간이 일으키는 이런 저런 다툼과 전쟁으로 인해 피해를 당하는 이들은 얼마나 안타까운가? 이런 자연 재해를 당한 이들을 위해 많은 원조금 내는 이들이 이런 저런 방식으로 다른 이들에게 피해를 주고 다른 이들을 해(害)하는 일을 하는 우리의 현실은 얼마나 부조리한가?

이런 말을 들으면 우리는 흔히 지금 지구촌에서 전쟁을 일으키고 있는 사람들만을 생각하게 된다. 그러나 이번 재난으로 15만 명 정도가 사망하는 것에 대해 아연해하는 우리들은 우리나라에서만도 한 해에 최소한 그 배 이상의 태아들이 낙태되고 있다는 것에 대해 더 놀라야 하지 않을까? 이 큰 자연 재해보다 훨씬 더 심각한 숫자의 생명이 매년 희생당하는 그런 인간 살생이 우리 주변에 수없이 많은데도 우리는 때때로 그런 것에는 눈감고 있는 것이다. 사실은 이번 자연 재해보다 훨씬 더 많은 이들이 인간의 행동으로 죽어 가고 있는데도 말이다. 그러므로 이번 자연 재해로 죽은 이들의 가족들을 위로하고 어려움 당하고 있는 이들의 삶을 좀더 잘 회복시키는 데 최선의 노력을 하면서 우리는 동시에 우리들이 이보다 더한 문제와 인재(人災)를 발생시키지 않도록 하는 데 최선의 노력을 기울여야 한다.

3. 우리가 이루 다 설명할 수 없는 신비가 있음을 인정해야

셋째로, 우리는 인간의 삶에는 우리가 어떻게 다 설명할 수 없는 신비(神秘)가 있음을 인정하는 태도를 가져야 한다. 그렇게 하면 우리는 이런 무시무시한 재난을 비롯한 모든 일이 모두 다 하나님의 섭리 가운데서 일어나는 일임을 인정할 수 있게 된다. 그러나 그렇다고 해도 우리가 이 모든 일을 다 잘 설명해 낼 수 있다는 것은 아니다. 그러므로 우리는 모든 것을 우리가 다 설명할 수 있다는 어리석은 생각과 그로부터 나올 수 있는 운명론적 생각에서 벗어나야 한다. 그런 식으로 생각하면서 운명론적인 입장을 표명하는 것은 기독교적이거나 성경적이지 않고 오히려 잘못된 사상을 널리 전하는 것이 되고 만다. 이런 재해 앞에서 운명론적인 설명을 하면 결국 사람들을 바른 기독교적 사상에로 이끌어 갈 수 없을 뿐만 아니라, 결국은 많은 이들을 기독교로부터 돌아서게 만들 수도 있음을 깊이 의식해야 한다.

그러므로 이런 재난 앞에서도 우리는, 우리가 어떻게 잘 표현하기는 어려워도 숙명론적 해석을 피하면서 동시에 이런 일도 하나님의 주권 아래 있음을 말할 수 있어야 한다. 운명론적 해석을 피하면서 우리의 삶에는 우리가 능히 설명할 수 없는 신비가 있음을 인정하면, 이런 어려운 난제 앞에서 어떤 이들의 잘못된 습관과 같이 하나님을 문제로(God as a Problem) 여기지 않고, 오히려 인간을 문제거리로 생각해야 한다. 이런 난제들에 대해서 우리가 잘 설명할 수 없는 것은 이것이 참으로 '문제'가 되기 때문이 아니라, 지금 우리들로서는 하나님의 경륜 전체를 제대로 이해할 수 없기 때문이다. 사실 하나님에게는 전혀 '문제'가 되지 않는 것이지만, 우리는 모든 사태를 정확히 모르기 때문에 이런 정황 속에서 하나님의 주권을 말하는 것이 역설적인 것처럼 들리고 우리의 제한된 이성으로는 다 이해할 수 없는 것이라고 말할 수밖에 없을 것이다.

그러므로 우리는 이런 재난에 대해서 그 책임을 하나님께 물으려고 하거나 또는 이런 재난에 근거해서 하나님은 전능하시지 않다고 말하거나 전선(全善)하시지 않다고 말하거나 심지어 계시지 않다고 말하거나 해서는 안 된다는 말을 아주 강하게 하지 않을 수 없다. 이번 재난에 대한 보도 가운데서 극단적으로 하나님을 비난하는 말들이 별로 나타나지 않는 것에 대해서는 다행으로 생각하지만 언제나 재난이 일어난 후에는 인간들이 하나님께 그 책임을 묻는 듯한 생각과 말을 하여 왔기에 앞으로 또 어떤 생각들이 나타나게 되려는지에 대해서 우리는 걱정하게 된다. 앞에서 우리는 이런 사건 앞에서 겸손을 배워야 한다고 했던 것을 생각하면서, 우리는 이 문제에 대해서도 겸손한 태도로 생각하고 말해야 한다. 절대로 하나님에게 이런 일에 대한 책임이 있는 듯이 생각하고 말해서는 안 되는 것이다.

오히려 성경의 기록을 믿는다면, 인간의 죄악이 시작되지 않았더라면 이런 자연 재해가 있지도 않았을 것이고, 그런 것이 이와 같이 인간을 위협하는 것이 되지도 않았을 것이다. 인간의 죄악 때문에 자연이 인간을 위협하는 세력으로 드러나게 된 것이다. 그러므로 이런 문제의 궁극적 해결은 하나님께서 친히 이 모든 재난을 제거하시고 우리 눈에서 모든 눈물을 씻어 주시는 것에 달려 있는 것이다.

4. 인간의 책임을 감당해야

마지막으로 바른 기독교적이고 성경적 사상에 의하면 하나님의 주권은 인간의 책임과 항상 함께 생각되어야 하므로, 우리는 지금 지구촌 곳곳에서 이번 재난 당한 나라와 그 국민들을 위해 돕는 지원의 손길을 열심히 펴고 있는 것에 동조하여, 어려움 당한 이들을 도우려는 노력을 더욱 열심히 해야 할 것이다. 이런 문제가 있는 이 어려운 현실 가운데서 우리는 최선의 노력을 해서 문제를 최소화할 수 있는 노력을 해야 한다.

물론 이런 문제의 궁극적 해결은 인간의 부단한 노력으로 되는 것이 아니다. 결국 문제의 궁극적 해결은 하나님의 손에 있음을 인정하면서 우리 모두는 하나님께서 세상의 문제를 종국적으로 해결해 주시기 위해 주께서 친히 이 역사 가운데 오셔서 일으켜 주시고 가져다주신 복음 사건과 그 소식에 충실한 모습을 가지도록 해야 할 것이다. 그러므로 하나님에게로 돌아가서 하나님 앞에 온전히 의존하는 모습을 드러내야 할 것이다. 종국적으로 그리스도께서 친히 이 문제들을 온전히 해결하시고 하나님 나라를 극치에 이르도록 하기 위해 우리에게 다시 오실 것을 간절한 마음으로 기다리면서 말이다. "나라이 임하옵시며"라고 기도하는 이들은 온전한 하나님의 주권을 인정하면서 이 문제투성이의 어려운 세상 속에서도 주님께 속한 사람다운 모습과 활동을 부지런히 하여 가는 것이다.

12장

2014년 4월 16일 일어난 세월호 사고와 관련한 우리들의 기도

기도를 드린 일자(日字)를 잘 보고 생각하며 같이 기도해 주십시오. 이 어려운 문제와 관련하여 따로 신학적 논의를 마련하는 것 보다는 어거스틴이나 안셀름 등의 오랜 전통에 따라 기도 중에 신학하는 방식을 회복해 보려고 하였습니다. 그 의도가 잘 드러날 수 있기를 바랍니다.

1. 〈2014년 4월 17일에 드린 기도〉

주님, 주님의 고난을 생각하는 이 주간에 일어난 이 놀라운 사고 소식 앞에서 우리들은 무엇이라 할 말을 찾지 못하옵나이다. 혹시 아직도 살아 있는 자들을 구조하는 손길을 도우시사 생존자들을 빨리 찾아 구하게 하여 주옵소서.

사랑하는 사람들을 잃은 가족들의 심령을 살펴 주옵소서. 오직 당신님만이 그리하실 수 있사옵니다. 그 분들께 우리네 인간은 과연 무슨 말을 할 수 있사옵니까? 우리들에게는 그저 그들 곁에 가만히 있을 수 있는 용기와 힘을 주옵소서.

이 놀라운 사고 앞에서 우리는 지금까지도 이 일이 어떻게 해서 일어났는지도 모르고, 이 사고 앞에서 어떻게 해야 할지도 모릅니다. 인간의 연약함, 부족함, 무력함, 죄악 등 모든 것을 다 느끼게 되옵나이다.

그러나 주님, 제발 우리들의 마음 가운데서 이런 상황 가운데서 주님을 부인하고 나아가는 마음이 들지 않게 하여 주옵소서. 오히려 이런 인간의 무력함과 무지 앞에서, 당신님께서 성경을 통하여 늘 강조하여 가르치신대로, 우리 스스로를 포함하여 믿을 수 없는 인간을 의지하지 말고, 오직 당신님만을 의지하게 하여 주옵소서. 여기에만 우리의 희망이 있사옵나이다.

우리는 실로 없는 것 같사오며, 우리가 애써서 한다고 하는 모든 일은 참으로 허사이옵나이다. 그러니 주님! 우리들의 마음을 오직 당신님에게로 돌이키게 하옵소서. 전 국민이 참으로 당신님을 바라고 당신님에게 돌이키는 큰 은혜를 허락하여 주옵소서.

오늘도 오직 당신님을 의뢰하면서 구조와 인양 작업과 돕는 일과 위로하는 일에 힘쓰게 하옵소서. 그리고 다시는 이런 일이 일어나지 않도록 모든 사람들이 주어진 일을 성실하게 하여 주옵소서.

오늘도 많은 사람들이 타는 항공기와 배를 운항하는 모든 사람들에게 힘과 지혜와 용기를 주셔서 가장 지혜롭고, 능력 있고, 성실하게 자신에게 주어진 일을 감당하게 하옵소서.

우리는 오직 당신님만을 바라고 최선의 노력을 할 뿐이니이다. 우리의 연약함과 무력함을 돌보아 주시옵소서. 우리들로 참으로 주님을 믿고 의지하고, 주께로 돌아가게 하여 주옵소서. 우리 주 예수 그리스도의 이름으로 기도하옵나이다. 아멘.

2. 〈2014년 4월 18일에 드린 기도〉

주님, 주님 앞에 기도할 수 있게 해 주셔서 감사합니다. 우리 주 예수 그리스도의 구속으로 인하여 온 세상을 통치하시는 주님께 이렇게 간구할 수 있게 하시고, 또한 주님께서 우리의 기도를 들어 주시니 감사합니다. 주님과 이렇게 교제하는 삶에로 모든 사람이 나아가게 하옵소서. 주님, 우리들로 하여금 모든 상황 속에서 참으로 살아계셔서 우리와 대화하시는 하나님께 기도하게 하여 주옵소서.

우리들은 참으로 미약하여 할 수 있는 것이 아무 것도 없사옵나이다.

물론 다들 최선을 다해서 한다고는 하고 있사오나 결과가 별로 없는 것을 우리가 잘 보나이다. 주님 이런 우리를 불쌍히 여겨주시옵소서.

우리에게 더 큰 힘과 지혜와 용기가 있다고 해도 이 상황에서 우리가 해 낼 수 있는 것이 그렇게 많지 않음을 잘 아옵나이다. 그러나 이 상황 속에서 우리는 할 수 있는 모든 것을 다해서, 그야말로 최선의 노력을 다해서, 생존자들을 찾고 구할 수 있게 하여 주옵소서.

침몰한 〈세월호〉를 오늘 인양하는 작업을 시작하려고 한다고 합니다.[1] 일반 은총 가운데서 관련된 모든 사람들에게 지혜와 힘을 주셔서 속히 인양되어, 그것이 여러 도움이 되게 하여 주옵소서.

가족을 잃은 분들에게 우리가 할 수 있는 말이 없사옵나이다. 우리들로 하여금 조용히 그 분들과 함께 할 수 있는 지혜와 힘과 용기를 주옵소서.

인간들의 잘못으로 일어나는 이와 같은 일들이 더 이상 발생하지 않도록 일반 은총 가운데서 모든 사람들이 자신의 직무에서 그야말로 최선을 다하며 살아가게 하여 주옵소서. 오늘도 제 자신이 감당해야 하는 일들을 가장 제대로 감당하여, 이 일이 사람들에게 직접, 간접으로 유익이 되는 삶을 살게 하옵소서.

이 상황에서 우리의 생각과 감정과 말들을 지켜주옵소서. 우리의 생각과 감정과 말이 사람들에게 상처를 주는 결과를 내지 않도록

---

[1] 3년 후에야 인양한 선체를 인양하였으니(2017년 3월 22일 시작하여 4월 11일에 육상 거치 완료), 우리가 얼마나 어리석은 지를 잘 알게 하는 기도입니다.

하옵소서. 오히려 우리의 생각과 감정과 말이 사람들을 참으로 도울 수 있게 하시고, 사람들에게 힘을 주고, 사람들을 세워가는 결과를 내게 하여 주옵소서.

우리가 할 수 있는 일들을 참으로 제대로 해 나가게 하옵소서. 어려움을 당한 분들을 우리가 도울 수 있는 것이 있는지, 그런 것들을 적극적으로 찾아 나아가게 하옵소서. 약속하신 지혜를 주셔서 가장 지혜롭게 말하고, 행동하고 대처하게 하여 주옵소서. 가장 바른 것을 할 수 있는 힘을 주옵소서. 그 힘을 사용해서 할 수 있는 최선의 노력을 다 할 수 있게 하옵소서.

그런 최선의 노력 가운데서 우리들로 하나님 당신님만을 의지하게 하여 주옵소서. 이 땅의 모든 사람들이 하나님만을 의존할 수 있도록 우리를 당신님에게로 돌이키게 하옵소서. 이런 상황 속에서도 주님에게로 나아가지 않는 어리석음을 지속하지 않게 하여 주옵소서. 우리를 도우소서. 주님만이 우리에게 도움과 위로이옵나이다. 우리가 결코 다른 것을 의지하지 않게 하여 주옵소서.

우리를 위해 십자가에서 주님을 참으로 믿는 우리의 형벌을 다 받으사 대리 속죄를 이루신 우리 주 예수 그리스도의 이름으로 기도하옵나이다. 아멘.

3. 〈2014년 4월 19일에 드린 기도〉

주님, 이 어려운 상황 속에서도 주님 앞에 우리의 마음을 열어 기도하게 하시니 감사합니다. 우리들의 마음이 무겁고 어려운 것을 잘 아시지요. 우리는 감히 비교할 수 없지만 주님의 마음은 얼마나 더 하신지요.

인간의 이 모든 모순과 그 보다 더한 죄악과 그리고 이 무력함(helplessness) - 그 때문에 오직 주님께서만이 우리의 문제를 극복하실 수 있으시어 당신님께서 친히 인간성을 취하셔서 이 땅에 오셔서 우리네 인간에 의해서 모진 고난을 당하시고, 우리가 짊어져야 할 모든 것을 다 지시고 우리의 자리에 서시어 죽으셨음을 우리는 성경을 통해서 가르침 받나이다. 우리들로 하여금 이 유일한 희망을 받아들이고, 주님을 믿는 믿음을 끝까지 붙잡게 하옵소서.

이 무력한 상황에서도 다른 인간의 힘을 찾지 않게 하시며, 오직 하나님께서 우리에게 제시한 이 방도가 유일한 것임을 철저히 받아들이게 하옵소서. 주님과 주님의 방도만이 우리의 희망이나이다.

모든 인간적인 것에 대해서 우리들로 철저히 절망하게 하옵소서. 이 절망스러운 상황에서도 다른 길이 있을 수 있다는 어리석은 생각이 우리에게 나타나지 않게 하옵소서. 또한 이 절망적 상황을 곧 잊고서 그저 그런 것처럼 살지도 말게 하옵소서.

우리의 유일한 희망은 부활의 아침에 주께서 우리에게 보이신 그 부활의 희망뿐이옵니다. 이 세상이 전부인 것처럼 생각하는 어리석음에서 벗어나게 하옵소서. 주님께서 이루신 부활만이 우리의 유일한 희망이기에 오직 부활하신 주님과 함께 하려는 간절한 원함이 우리에게 있게 하옵소서.

오늘이라고 하는 날이 우리에게 있는 동안에 우리를 위해 죽으시고 부활하신 주님과 함께 하려는, '오늘'이라 하는 날이 다 지나가도 주님과 함께 하려는 그런 간절한 마음을 가지고 주님께 의존하게 하옵소서. 우리 주 예수 그리스도의 이름으로 기도하옵나이다. 아멘.

4. 〈2014년 4월 22일에 드린 기도〉

주님, 우리들이 아직도 어려움 속에 있습니다. 무엇보다 먼저 주님의 마음을 잘 헤아리게 하여 주옵소서. 오랜 세월이 지나도 우리들로 하여금 이번 사건을 잊지 않게 하옵소서. 이 순간까지도 우리들은 주께서 한 사람의 생명이라도 붙들고 계셔 주시기를 간절히 원합니다.

그리고 주님, 사랑하는 이들을 먼저 보낸 분들의 마음을 주님이 어루만져 주시옵소서. 주님께서만이 그리하실 수 있기 때문입니다. 우리들은 할 수 있는 일이 그야말로 하나도 없사옵나이다. 그저 그 분들과 함께 울고, 어찌 할 줄 몰라 하고, 옆에 있으려 하고, 조금의 도움이라도 건네려 하고 하는 것 밖에는… 그러니 주님께서 그들의 심령을 어루만져 주시기를 원합니다.

우리가 이 분들과 진정 함께 있어 주는 길은 앞으로 우리 사회에서 이런 일이 발생하지 않도록 우리가 있는 자리에서 최선을 다하는 삶을 사는 것임을 명심하게 하여 주옵소서. 우리들로 하여금 그 어떤 상황에서도 다른 분들의 생명을 지키는 우리의 자리를 벗어나지 않게 하여 주옵소서. 그곳에 우리가 있음으로 해서 이 땅에 진정한 생명의 의미가 잘 드러나게 하여 주옵소서.

오늘도 과연 그런 의미를 가지고 우리의 삶을 살았는지 돌아보게 하여 주옵소서. 우리의 말과 태도와 언행으로 인해 우리 이웃의 마음과 혹 생명을 상하게 한 일이 없었는지를 깊이 생각하면서 돌아보게 하여 주옵소서.

이 어려운 순간에 인간의 문제를 궁극적으로 해결할 수 있는 유일한 것은 주님의 십자가와 부활 사건임을 참으로 믿게 하여 주옵소서. 인간의 무능함과 이 무력함(helplessness)을 온 국민이 참으로 실존적으로 절실히 느끼게 하옵소서. 이 무력함으로 그저 인간적인 절망에 빠지지 않게 하옵시고, 오히려 더 철저히 절망하여 모든 인간적인 것에 대해서 철저히 절망하여 오직 주님과 주님의 구원의 길로만 돌이키게 하여 주옵소서. 우리들로 결단코 다른 구원의 방도를 찾는 어리석은 길로 가지 않게 하옵소서. 우리의 소망은 오직 주님께만 있사옵나이다. 우리 주 예수 그리스도의 이름으로 기도하옵나이다. 아멘.

5. 〈2014년 4월 22일에 드린 기도〉

주님, 우리의 모든 것을 주관하시는 하나님께 우리의 마음에 있는 바를 토로하게 하시니 감사합니다.

우리들을 불쌍히 여겨 주시옵소서.
우리들의 완악함과 강팍함을 용서하여 주시옵소서.
우리의 무력함도 불쌍히 여겨주시옵소서.
그러나 또한 이 무력함을 지금 우리가 느끼는 것 이상으로 더 철저히 느끼게 하소서. 그리하면 우리가 온전히 하나님을 향해 마음을 열 수 있게 될 것이옵니다.

무엇보다 이번 일로 가족을 잃은 분들의 마음을 주님께 부탁드리옵니다. 우리가 무엇을 어떻게 한들 그 분들에게 무슨 위로가 되겠사옵니까? 그러나 주님! 주께서 주시는 위로만이 유일한 위로가 될 것임을 알고, 우리는 주님의 놀라운 함께 하심이 그들과 함께 있기를 원합니다. 이렇게 말하고 기도하는 우리들이 더 노력하여 돕고, 별 도움이 안 된다고 해도 함께 하려는 용기를 가지게 하시고, 도울 수 있는 여러 길을 찾는 데 열심이게 하여 주옵소서.

이번 어려운 상황 속에서 구조된 분들이 외상 후 스트레스 장애를 잘 극복할 수 있게 하여 주시고, 그 분들에게 참된 위로를 주시고, 남은 몫까지 다하여 인생을 낭비하지 말고 정말 제대로 살아가야 한다는 강한 의무감과 그런 삶을 살 수 있는 힘과 용기를 부여하여 주옵소서.

우리 국민들이 모두 그런 마음으로 주어진 인생을 낭비하지 않는 길을 찾을 수 있게 하옵소서. 이 일로 무력감과 허무감과 절망감에 빠져서 술이나 다른 쾌락에로 도피하는 일이 없게 하여 주옵소서.

여러 기관에서 일하는 분들이 자신들의 최선을 다 할 수 있게 하여 주옵소서.

언론 매체들이 정상적인 기능을 할 수 있게 하여 주옵소서.

우리들로 하여금 우리가 마땅히 하여 할 일들, 즉 우리로 인해 이 땅에 생명이 진정으로 의미 있게 되어지는 일에 힘을 다하게 하여 주옵소서. 그리하여 우리가 주님의 부활 생명을 가지고 여기 있음을 온 세상에 잘 드러내게 하여 주옵소서. 우리가 이 세상에 있는 이유가 바로 여기 있음을 먼저 우리들이 자각하고, 그런 의미의 삶을 향해 나가도록 히게 하옵소서. 우리 주 예수 그리스도의 이름으로 기도하옵나이다. 아멘.

〈당시 다른 분들의 기도와 말씀〉

세월호 사고가 난 다음 날인 2014년 4월 17일에 안산동부지교회 김정민 학생의 아버지이신 김영삼 장로님께서 쓰신 기도문("그리 아니하실 지라도")과 2014년 4월 22일에 주신 안산 지구촌 선교교회의 김재건 전도사님의 글은 다른 분들 글이라 이 책에 수록하지는 못하니, 이를 포함하고 있는 이승구 교수의 블로그(http://blog.daum.net/wminb/13719226)에서 읽어 주시기 바랍니다.

6. 세월호 사건 1년 후에 드리는 우리들의 기도.

〈2015년 4월 16일에 드린 기도〉

우리들의 기도를 들으실 수 있는 유일하신 하나님이신 삼위일체 하나님,

우리들이 이 어려운 상황에 직면한지 1년이 되었지만 우리들은 여전히 어려운 상태 가운데 있습니다. 우리들의 이 무력함과 회개하지 않음을 용서하여 주시옵소서. 우리들은 다들 다른 사람들에게 책임을 전가하고 있습니다. 다들 "너 때문이다"고 말하면서 손가락질 하는 일에 너무 익숙해져 있습니다. 주님 이런 우리들을 용서하여 주옵소서.

자녀들과 가족들을 먼저 보낸 가족들에게 우리들이 도와야 할 모든 도움을 드리지 못한 것도 용서하시고, 더 열심히 그 분들 옆에 있고, 최선을 다해서 돕도록 하여 주옵소서.

이 사태를 자신들에게 유익한 방향으로 이용하려는 여러 정치적 세력들에 대해서 단호하게 절연하지 못한 우리들의 어리석음과 무력함도 용서하옵소서.

우리는 그저 주님의 불쌍히 여기심만을 바라게 됩니다. 우리를 불쌍히 여겨주소서. 남은 가족들이 이 세상을 살아 갈 수 있는 용기와 힘은 하나님 당신님 밖에는 아무도 줄 수 없나이다. 부디 생을 포기하지 말고, 큰 슬픔 속에서도 인간적인 절망에 사로잡히지 말고, 오직 주님께서만 주실 수 있는 깊은 위로를 받을 수 있게, 그리고 부디 주님을 의지하게 하여 주옵소서.

남은 선체 인양 문제와 남은 시신 수습 과정과 남은 모든 문제들을 우리들은 최선을 다해서 해결하려고 할 수 있게 하옵소서.

우리들로 하여금 이와 같은 일이 다시는 반복되지 않도록 힘쓰는 일에 최선을 다하게 하여 주옵소서.

각자가 자신의 자리에서 제대로 된 역할을 할 때만 이런 인재(人災)가 다시 반복되지 않음을 우리들도 깨닫게 되옵나이다.

돈 때문에 다른 사람들이 폐기하려는 배를 들여와서, 그것도 위험하게 개축하여 다시 사용하는 그런 어리석음과 죄악,

돈 때문에 이런 배의 개축(改築)을 그냥 허가해 준 그런 죄악,

돈 때문에 배의 짐을 과적하는 것을 눈감아 주면서, 그런 것이 관행이요 그냥 다들 그렇게 사는 것이라고 하며 살던 그 죄악,

이 모든 문제가 있음을 알면서도 그 복잡한 문제를 해결하기 어렵다는 핑계를 대면서 그대로 살아가던 우리들의 죄악,

우리의 편의 때문에 여객선에 오를 때 정확히 하면서 모든 정보를 기록하고 하는 것을 귀찮아 하던 죄악,

그런 사람들의 비유를 맞추기 위해서 이 모든 것을 철저히 관리하지 않은 죄악,

이 사건 후에도 이런 죄악 중의 상당수는 그대로 우리와 함께 있음을 알면서도 이에 대해서 그 어떤 조치도 하지 않으려는 우리들의 죄악,

이 모든 문제 앞에서 우리는 어떻게 할 줄을 몰라 하옵나이다.

우리를 불쌍히 여기셔서 일반 은총 가운데서 우리 사회의 모든 성원들이 각자 자신의 자리에서 옳고 바른 판단을 하면서 그런 길로 나아가려는 노력을 하게 하여 주옵소서.

정치하시는 분들이 자신들의 목적을 위해서가 아니라, 또한 그저 말로만이 아니라 참으로 국민을 위해 정치적 활동을 할 수 있게 하옵소서. 그런 정치인들이 참으로 인정받는 사회가 되게 하옵소서.

경제적 활동을 하는 기업인들이 자신의 유익을 꾀할 때에도 안전을 무시하면서 그런 길로 나아가지 않는 용기와 힘을 가지게 하여 주옵소서. 진정 그런 식으로 경영하는 기업인들이 인정 받는 사회가 되게 하여 주옵소서.

언론 매체가 자신들의 취향에 따라서 보도하고 왜곡하는 일을 하지 않고, 보다 정확하고 바른 것을 제공하여 국민들 안에 바른 여론을 형성하도록 하는 그런 일을 하게 하여 주옵소서.

구원파를 비롯한 이 땅의 여러 이단들과 그를 따르는 사람들이 그 잘못된 가르침들에서 빨리 벗어나 바른 성경적 가르침에로 돌아오게 하여 주옵소서.

우리들의 교회가 신약 성경이 말하는 참 교회의 모습을 이 땅 가운데 잘 드러내게 하여 주옵소서. 그리스도인들이 이 세상 사람들과 같은 태도와 판단과 의식을 가지고 사는 어리석음을 벗고, 참으로 회개하여 하나님 나라를 바로 알고, 하나님 나라 백성다운 활동을 하게 하여 주옵소서.

아직도 진행되고 있는 우리의 이 슬픔의 행진을 불쌍히 여겨 주시옵소서. 참 생명이신 삼위일체 하나님께로 나아가, 주님을 믿고 주님의 뜻을 따라 살게 하여 주옵소서. 우리 주 예수 그리스도의 이름으로 기도합니다.

〈3년 후인 2017년 4월 17일에 드리는 우리의 기도〉

우리들의 기도를 들으실 수 있는 유일하신 삼위일체 하나님께 이 기도를 드립니다.

여러 복잡한 정황을 걸쳐서 드디어 세월호를 인양하게 해 주셔서 감사합니다. 좀더 지혜롭고 부지런히 하여 좀더 일찍 그리해야 했는데 이제야 겨우 혼신의 힘을 다해 세월호를 인양하였습니다. 여기서 우리는 우리의 무력함을 또한 절실히 느끼옵나이다. 이제 아직도 찾지 못한 아이들의 시신이라도 찾기를 바라는 유가족들의 마음을 살피면서 부지런히 찾을 수 있도록 하여 주옵소서.

무엇보다 먼저 지난 3년 거의 죽은 것처럼 사는 세월호 유가족들과 관련된 사람들을 우리가 잘 도울 수 있게 하여 주옵소서. 그러나 그 상한 심정을 보살필 수 있는 분은 오직 하나님 뿐이시오니 주께서 친히 그들의 마음을 만져 주시옵소서. 그들이 스스로는 도무지 극복하지 못할 이 정황 속에서도 죽은 자녀들의 삶까지 살아야 한다는 사명감으로 살 수 있는 용기와 힘을 주시옵소서.

또한 이 사회에 사는 우리 모두가 일종의 외상 후 스트레스 장애를 겪고 있사옵니다. 그리하여 사람들 사이에 소통이 잘 안 되는 아주 이상한 기간을 보내고 있습니다. 이런 우리들과 이 사회를 불쌍히 여겨 주시옵소서.

이 사회에 다시는 이와 같은 인재(人災)가 되풀이 되지 않도록 우리 모두에게 참된 경각심과 사람을 귀중히 여기는 마음과 그런 태도로 모든 것을 다할 수 있는 지혜와 힘을 주시옵소서. 각자가 자신의 영역에서 참으로 사람을 귀히 여기는 태도로 여러 일들을 제대로 감당할 때에만 그리될 수 있사옵나이다.

이 모든 것을 제대로 극복할 수 있는 최선의 길을 주께선 이미 오래 전에 우리에게 잘 알려 주고 있으나 거의 모든 사람들이 주께서 내신 이 회복의 길을 무시하는 이 죄악을 용서하옵소서. 그리고 간절히 구하오니 부디 우리가 힘을 내어 복음의 참된 회복 능력을 사람들에게 전하게 하옵시며, 성령님께서 사람들의 심령에 감화하셔서 복음에로 돌아오게 되는 일이 일어나게 하여 주옵소서.

세월호 유가족들 가운데서 많은 분들이 더 이상 교회 공동체의 예배에 참여하지 않는다는 말도 듣사옵나이다. 교회가 교회의 역할을 제대로 하지 못한 결과라고 생각하면서 회개하옵나이다. 그러나 모든 이들에게 참으로 주께로 나아가고자 하는 심령을 쏟아 부어 주시옵소서. 어떤 상황에서도 주께 예배하는 일을 경시하거나 소홀히 하는 어리석음에서 벗어나게 하여 주시옵소서.

주님의 위로를 주시옵소서. 주께서 하게 하시는 일을 힘 있게 할 수 있는 지혜와 용기와 힘을 주시옵소서. 이 모든 말씀을 역사 전체를 주관하시는 우리 주 예수 그리스도의 이름으로 기도하옵나이다. 아멘.

13장

통일에 대한 기독교의 준비

이미 30여년 전에 우리네 한국 기독교는 통일을 위한 준비를 해야 한다고 말한 바 있고, 좀더 의식 있는 나의 선생님들은 그보다 훨씬 전에 이에 대한 도전을 주신 일이 있었다. 우리가 의미 있는 통일 신학을 발전시켜야 한다고 말이다. (특히 이만열 교수님의 강한 도전은 지금도 생생하게 기억된다). 그 통일에 대한 논의가 90년대 이후로 우리들 앞에 상당히 가깝게 다가오고 있다. 북핵 위기의 고조로 이 문제를 다소간 회의적으로 보는 시각도 있기도 하지만, 한국민들은 북핵 문제에도 불구하고 통일 문제를 한편으로는 매우 심각하게, 또 한편으로는 아직도 낭만적으로 생각하고 있다. 이런 상황 가운데서 우리 그리스도인들은 이런 상황과 논의에 대해 어떤 태도를 지녀야 할 것인가?

1. 통일 문제에 대한 그리스도인의 기본적 태도

1) 통일을 꿈꿔 온 그리스도인들

오래 전부터 우리는 통일을 위해 기도해 왔었다. 필자가 자랄 때 우리네 교회의 매번 공기도(public prayer)에서는 통일을 위한 기도가 거의 빠지지 않았던 것으로 기억하고 있다. 이 통일 문제에 관한 한 한국의 대부분의 그리스도인들은 우리 민족의 문제가 곧 하나님의 문제인 양 생각하여 왔었다고 해도 과언이 아니라고 생각한다. 따라서 통일 문제에 관한 한 우리 한국 그리스도인들은 상당히 민족주의자였다고 말할 수 있을 것이다. (물론, 이런 사고 구조가 과연 바람직한 것인가는 다시 한 번 더 생각해 보아야 한다. 그리스도인은 곧 민족주의자라는 등식이 성립하는 것은 상당히 위험한 상황이기 때문이다. 그러나 이 문제에 대한 논의는 후일로 미루기로 하겠다). 아무튼 우리가 통일에 대해 멀리 있을 때 우리는 항상 통일을 준비하고 통일을 위해 애쓰는 이들이 되는 것은 어느 정도 의미 있는 일이었다고 생각한다. (죄악 된 상황 가운데서는 민족들이 한 나라를 이루며 살아가도록 하신 것이 제한된 의미에서의 하나님의 뜻에 더 가깝다는 의미에서 말이다. 즉, 민족들이 통일된 나라를 이루며 사는 것이 제국주의자들의 다른 나라 지배의 상황이나, 민족들의 분단 상황보다는 상대적으로 낫다는 말이다.) 그러므로 우리네 그리스도인들에게 있었던 의식, 즉 통일은 정황과 시간 문제이지, 반드시 있어져야 하는 당위라는 것은 변함없는 생각으로 나타나야 한다.

2) 그리스도인의 초연한 태도의 필요성

그러나 모든 사람들이 모두 통일 문제에 이런 저런 식으로 사로잡혀 있을 때는, 그리스도인들은 오히려 이 문제에 대해서 좀더 초연한 태도를 취해야 한다고 생각한다. (이것은 모순이 아니다. 다른 이들이 이 일을 꿈같이만 여길 때, 우리는 하나님의 뜻에 상대적으로 가까운 상황을 생각하면서 희망에 찬 기도와 준비를 했어야 한다. 그러나 모든 이들이 모두 이 논의에만 매달릴 때는 이 문제로부터 좀 초연한 태도를 가지는 지혜가 필요할 것이다. 그래야 우리가 이 세상 사람들의 편향을 교정하는 교정제 역할을 제대로 할 수 있기 때문이다.) 그러므로 특히 대통령과 그 주변 사람들이 북한과의 관계 문제에 사로잡혀 있는 이 상황 가운데서는, 그리고 북한의 고위 군 당국자가 미국을 방문하고, 미 국무 장관이 여러 차례 북한을 방문하게 되는 그런 상황 가운데서도, 또는 정반대로 북핵 문제가 고조되어 일촉즉발이 위기 앞에 있는 것과 같은 그런 상황에서도 우리는 좀더 차분한 생각을 하도록 우리와 다른 이들의 정신을 깨워주어야 할 것이다. 이 문제에 사로잡혀서 다른 모든 중요한 문제에 대한 판단에 착오가 있는 것은 아닌지를 더욱 물어야 한다는 말이다. 우리네들처럼 열기에 뜨겁게 타오르고 그런 파도타기에 익숙한 이들에게는 이런 이들의 역할이 매우 중요한 것이다. 그래서 우리는 스스로, 그리고 다른 이들을 좀 냉정하게 현실을 직시하면서 통일 논의를 하도록 유도해야 할 것이다.

그러나 거리를 가지고 냉정하게 이 문제를 논의하면서도, 우리는 차분히 그리고 천천히 통일을 위한 구체적인 준비를 해가야 할 것이다. 꿈꾸는 것 같을 것 같은 상황 가운데서도 통일을 위해 준비하던 우리의 본연의 모습을 잊지 말아야 한다. 통일 비용에 대한 걱정만을 하거나, 그것 때문에 한없이 늦추는 것이 더 현명하다는 말을 제안하기보다는, 황소걸음처럼이라도 통일을 위한 구체적인 준비를 해야 할 것이다.

2. 통일을 위한 의료 보험 준비에 대한 제안에의 찬동

여기서는 이전부터 착실히 이런 준비를 해 오시던 분들의 작업 하나를 소개하고자 한다. 고(故) 장기려 박사님과 관련된 청십자를 중심으로, 통일이 되었을 때 북한 주민들의 의료비 부담을 감당해 주기 위해서 성도들이 지금부터 한 사람씩을 위한 의료보험금을 적립하는 일에 대한 논의가 있었고, 또 어느 정도 진전을 하고 있는 것으로 생각된다. 수십 년 전에 이런 일을 준비하고 말한다는 것은 그야말로 꿈꾸는 듯한 이상한 일이었을 것이다. 그러나 이제는 이와 같은 일을 좀더 구체적으로 체계적으로 추진할 수 있는 때가 되었다고 생각한다. 언제인지는 모르나, 주께서 통일이라는 일을 우리 민족의 역사 가운데 이루어 주실 때 우리는 최소한 이런 준비를 하고 있었다는 것을 보여 주어야 할 것이다.

물론 이런 일을 하는 것이 얼마나 어려운지 잘 알고 있다. 우리는 우리 자신들이 사용할 돈도 없고, 당장 우리 의료계가 어려움 가운데 있다. 그러나 바로 이런 상황이 우리가 이 일을 구체화할 수 있는 상황일 것이다. 어려움 가운데서 일을 하는 이들만이 무엇인가를 할 수 있는 것이다. 누군가가 좀더 힘있게 이 일을 주관하고 인도해 주시면, 우리 모두가 이 일을 의미 있게 준비해 나갈 수 있을 것이다. 앞으로 있을 통일을 대비해서 북한의 한 사람을 위한 의료 보험을 만들어 그 비용을 한 달씩 감당해 나가는 그런 나무를 심어야 하지 않을까?

3. 통일을 위한 교회의 가장 기본적인 준비

우리는 모든 점에서 착실하게 통일을 위한 준비를 해야 하는데, 한국 교회가 이 통일 준비와 관련해서 해야 할 가장 중요한 일들 중의 하나는 신학과 교회 정치 제도의 차이로 말미암아 당분간 나뉘어 있을 수 있는 상황을 제외하고서는 교회의 하나 됨을 가시적으로도 나타내는 일에 최선을 다해야 하는 일이라고 할 수 있다. 이 세상의 민족간의 통일을 말하려면, 온 세상의 그리스도와 성령 안에서의 궁극적 통일과 하나됨, 에베소서에서 말하고 있는 "충만"이요, 그것의 표지로 이 세상 안에 존재하는 교회의 하나됨이 드러나야 할 것이다.

1) 기본적 방안

그러므로 신학이 같고, 교회 정치 제도가 같은 다양한 교단들에 속한 모든 그리스도인들은 이 점을 심각하게 생각해야 할 것이다. 특히 우리네 한국에서는 유난히 그 숫자가 많은 장로교회의 그리스도인들은 이 문제를 정말 심각하게 생각해야 한다. 물론 장로교의 이름을 가지고 있으면서도 신학이 다른 경우는 일단 제외하기로 하자. 그러나 칼빈과 그 후계자들이 제시한 개혁 신학에 충실하며 성경을 최고의 권위와 신앙과 생활의 유일무이의 지침으로 여기는 그런 장로교회의 다양한 교단들 안에 속한 그리스도인들은 이 현실적인 하나됨을 위해 기도하고, 그것의 실현을 위해 노력해야 할 것이다. 신학과 정치 제도가 같은데 하나로 있지 않다면 그것은 하나님 앞에서 심각한 죄임을 인식해야 할 것이다.

2) 그 실천을 위한 제언

그러면 우리는 어떻게 해야 하는가? 일단 개교회에 속한 성도들은 자신의 교회가 속해 있는 교단이 과연 성경의 가르침에 충실한 교회인지를 잘 점검하고, 부지런히 성경의 가르침을 배우고 지향하여, 개인의 삶이나 교회 자체의 운영과 삶이 성경의 원칙에 충실하게 나타나도록 하는 일을 힘써야 한다. 결국 우리의 하나됨은 성경이 가르치는 진리 안에서의 하나됨이기 때문이다. 개인 성도와 교회의 모든 움직임이 성경의 원칙을 중심으로 지향하여 나갈 때 진정한 하나됨이 있는 것이다. 이 일의 가장 중요한 측면은 우리가 속한 교회가 가장 성경적 원칙에 충실한 교회로 제대로 성장하도록 한 사람 한 사람이 그 지체 역할을 충실히 하는 것이다.

그런 후에 개개인 성도들은 각 교회 안에서 진정한 교회의 보편 교회에 속해 있음을 강조하며, 이런 가시적 하나됨을 위한 여론 형성에 중요한 역할을 감당해야만 할 것이다. 신학과 정치 제도가 같은데도 여러 인간적인 조건들로 말미암아 서로 나뉘어진 교회들에 대해 그 죄를 인정하고 회개하는 일이 각 교회 교인들에게서부터 시작되어야 한다.

이런 여론을 삭 교회의 지도자들과 교단의 일을 맡은 분들은 중시해야 한다. 그 분들은 이 일에 심부름하기 위해 하나님으로부터 청지기직을 수여 받은 것으로 여기면서, 어떻게 하든지 성경적 방향으로 하나됨을 향해 나아가려는 최선의 노력을 경주해야 할 것이다. 당분간은 그냥 있을 수밖에 없다는 무사안일주의, 문제가 너무 많아 당장은 어렵다고 하면서 하나 되는 노력을 전혀 하지 않는 것은 하나님께서 우리에게 주신 기회를 남용하는 것이다.

특히 장로교 합동측, 고신측, 합신측, 개혁측, 대신측 등 소위 기득권을 가진 교단에서 적극적으로 이런 노력을 하지 않으면 우리는 우리 자신만을 위해 살아 나가기에 급급한 사람들로 나타나며, 결국 이 세상에 대해 통일을 운운할 수 없는 이들이 되고 말 것이다. 이 모든 교단에 속한 이들은 실질적으로 같은 신학과 같은 정치 제도를 가지고 있는 형제들이며, 실제로 신학회에서나 하는 일에서 서로 다르지 않음을 누차 확인하고 있는 것이 아닌가? (단지 그 원칙에 어느 정도 충실한가에 대한 비율과 정도의 차이만 있는 것이 아닐까?)

이상의 말한 것이 의미 있게 진행되려면, 진정한 회개와 그 동안의 모든 비리에 대한 과감한 인정과 회개와 그 모든 것을 성경적 방향으로 고쳐 가려고 하는 적극적 노력이 있지 않으면 안 될 것이다. 부디 그럴 수 있는 날이 속히 올 수 있기를 기원한다.

● 통일 문제에 기독교의 준비에 대한 깊은 논의를 위한 참고 도서 :

이승구, "통일 문제에 대한 그리스도인의 태도와 기독교적인 준비," 『21세기 개혁신학의 방향』 (서울: CCP, 2018), 제13장.

한국복음주의신학회, 『성경과 신학』 (한국복음주의신학회 논문집) 37권 (서울: 기독교 연합 신문사, 2005).

14장

기독교 학교와 기독교 학교의 정신

1. 서론

이 글에서 우리는 기독교 학교가 무엇인지를 잘 파악하기 위해서 기본적으로 네 가지 질문에 대한 간단한 대답을 시도해 보려고 한다. 첫째 질문은 "과연 기독교 학교란 무엇인가?" 하는 질문이다. 둘째 질문은 "기독교 학교의 존재 근거는 무엇인가?" 하는 질문이다. 즉, 도대체 기독교 학교가 있어야 하는 이유는 무엇인가? 셋째는 "기독교 학교를 제대로 운영하기 위해서는 무엇이 준비되어야 하는가?" 하는 질문을 하고자 한다. 그리고 넷째로 "우리나라의 상황 가운데서 아이들을 기독교 학교로 보내는 것과 비기독교 학교에 보내는 것의 장단점은 무엇인가?"에 대해 질문하고 간단히 답해 보고자 한다.

2. 기독교 학교(Christian School)란 무엇인가?

기독교 학교와 비슷한 학교가 한국에 있어 왔는데, 그것은 미션 스쿨(mission school)이다. 미션 스쿨(mission school)과 기독교 학교(Christian school)의 차이가 무엇인가? 미션 스쿨은 피선교지에서 선교사들이 세운 학교를 말한다. 선교사들이 학생들을 모집할 때 기독교인이든 아니든 그렇게 많이 상관을 하지 않았다. 그들의 일차적인 목표의 하나는 비기독교인을 데리고 와서 기독교적인 방식으로 교육을 시키고 전도하는 것이었기 때문이다. 초기에는 미션 스쿨이 기독교적인 내용과 정신을 많이 가지고 있었다는 것을 부인하기 이렵다.

그런데 현재 한국 사회 속에서 대부분의 미션 스쿨은 예배 시간이 있고, 종교 시간이 있다는 것 외에 실질적으로는 비기독교 학교와 큰 차이가 없는 경우가 많다. 특히 대학 수준에 있어서는 그 정도가 아주 심하다. 그 이유는 첫째로, 세월을 지내면서 사회적인 압박을 많이 받았기 때문이다. 학교를 처음 세웠을 때는 기독교의 관심을 온 세상에 널리 알게 하는 것이 제일 중요했지만, 세월이 지나면서 일반적인 경쟁 사회에서 경쟁에 이길 수 있는 사람을 길러 내야 한다는 요구가 많아지고, 그 결과 나중에는 미션 스쿨이 일반 학교와 상당히 비슷해졌다.

그것에 비해 기독교 학교는 무엇이 다른가? 기독교 학교를 단적으로 이야기하자면 "그리스도인 교사와 학생들이 기독교적인 세계관과 기독교적인 교육과정(curriculum)을 가지고 교수하고 학습하는 기독교적인 학습의 장, 혹은 기독교적인 학문 공동체"라고 이야기할 수 있다.

여기서 몇 가지가 요구되어지는데, 그 중 첫째는 교사나 학생이 모두

(혹은 거의 모두) 그리스도인이어야 한다. 왜냐하면 여기서는 미션스쿨과는 달리 이미 그리스도인인 학생들을 잘 양육하는 것이 목적이기 때문이다. 그러므로 교사와 학생이 모두 "기독교적인 세계관"을 바탕으로 함께 만나게 된다. 그러나 만일에 교사가 표면적으로는 그리스도인이면서도 내면적으로 기독교적인 세계관을 가지고 있지 않다면 결국에는 기독교 학교가 되지 않는다.

둘째로, 학생들도 분명하지는 않지만 그래도 어느 정도는, 그리고 궁극적으로 교육 받은 결과로는 기독교적인 세계관을 가지고 있는 것을 전제로 한다.

셋째로, 기독교 학교는 기독교적 교육 내용을 가지고 있어야 한다. 그리고 그와 함께 그것을 가르치는 적절한 순서와 시기를 다 고려한 것을 교육 과정(curriculum)이라고 한다. 그리스도인 교사가 이 세상의 학문들을 무비판적으로 가르치는 것이 아니라 독특하게 기독교적인 내용으로 해석하고 재구성해야 한다. 이런 사람들이 같이 모여서 나누는 학문 공동체, 이것이 기독교 학교의 기본적인 정의라고 할 수 있다.

3. 기독교 학교의 존재 근거

그런데 이런 학교가 있어야 할 근거가 어디에 있는가? 이 질문은 이 글의 두 번째 제목, 즉 기독교 학교를 위한 근거로 논지를 옮겨준다. 성경에 기본적으로 기독교 교육을 뒷받침해 주는 틀이 나타난다. 이것은 기독교 학교뿐만 아니라 기독교적인 교육 전체와 관련되는 요점들이다.

첫째로, 우리는 하나님께서 인간을 창조하시면서 인간에게 주셨던 명령을 생각해 보아야 한다. 창세기 1장 26, 27, 28절을 보면, 다른 동물들을 만들 때와는 달리 인간을 만들 때 아주 독특하게도 인간을 만드시는 목적을 분명히 천명하신다. 26절을 보면, "하나님이 가라사대 우리의 형상을 따라 우리의 모양대로 사람을 만들고 그로 바다의 고기와 공중의 새와 육축과 온 땅과 땅에 기는 모든 것을 다스리게 하자"라고 하시고, 그 후에 사람을 만드신다. 여기에 사람의 독특성에 대한 인식도 들어 있고, 그가 존재하는 목적도 들어 있다. 그 목적은 하나님이 원하는 대로 이 세상을 잘 다스려 나간다는 것이다. 하나님이 만들어 준 이 세상을 하나님이 원하는 방식으로 잘 통치해 나간다는 것은 이 세상 가운데서 하나님이 원하는 문화를 만들어 나가는 것을 뜻한다. 그래서 전통적으로 개혁 신학에서는 창세기 1장 28절을 문화명령(cultural mandate)이라고 불러왔다. 이 명령 속에는 인간이 이 세상에서 존재하는 이유가 들어 있다.

기독교적인 입장에서 인간은 큰 존재 의미를 가지는데, 그것은 하나님이 원하시는 대로 이 세상을 잘 다스려 나가기 위해서 인간이 존재한다는 것이다. 그리고 이 일을 제대로 하기 위해서는 오늘날 우리가 이른바 학문 분과라고 하는 모든 종류의 일들이 있게 되는 것이다. 즉, 정치학, 경제학, 교육학, 의학, 약학, 공학 등 각 학문 분과의 작업들이 있어야 되고 이런 것을 다음 세대에 잘 전달해서 하나님이 원하시는 방식으로 이 땅위에 문화가 드러나도록 하는 일이 있는 것이다. 그런데 바로 이것이 사람이 이 땅에 존재하는 근본적인 이유이다. 이 근본적인 문화 명령 속에 교육적인 명령이 포함되어 있다. 교육이 없이는 문화 명령에 순종하기 어렵기 때문이다. 그러니까 교육은 하나님이 기뻐하시는 문화 건설의 수단이라고 볼 수 있다.

기독교 학교의 두 번째 근거는 예수님께서 이 세상에서 사역을 다 하시고 승천하시기 얼마 전에 우리에게 주신 명령에 있다. 이 명령은 흔히 대위임령(the great commission)이라고 불린다. 이 대위임령은 대개 예수님이 승천하시기 직전에 하신 말씀이라고 오해되고 있는데 자세히 살펴보면 그렇지 않다는 것을 알 수 있다. 왜냐하면 마태복음 28장 16절에 보면 열한 제자가 갈릴리에 가서 예수님의 대위임령을 받고 있기 때문이다. 그러나 예수님이 승천하신 장소는 사도행전에 보면 벳바게 맞은편이다. 그곳은 예루살렘에서 안식일에 걸어갈 수 있는 장소이다. 그러므로 분명히 갈릴리는 아니다. 그러나 많은 사람들이 이 말씀이 끝난 다음에 승천하셨다고 생각하는데 이것은 오해이다. 사실은 대위임령과 비슷한 말씀은 예수님이 승천하시기 전에도 여러 번 주셨다는 것을 사도행전을 통해 알 수 있다.

이 대위임령의 내용은 사람들에게 주님께서 가르친 것을 전하고 그들로 하여금 제자를 삼으라는 것이다. 이 말은 아주 폭넓은 뜻을 가진다. 제자를 삼고 아버지와 아들과 성령의 이름으로 세례를 주라고 하는 이 두 가지는 아주 밀접하게 관련이 되어 있는 것이다. 그러나 제자 삼는 것이 먼저 온다. 어떤 사람이 제자가 되었다면 세례를 주어 공적으로 그것을 인정하라는 것이다. 그리고 세례는 삼위일체 하나님과 연합하는 의미를 지니고 있다. 그래서 아버지와 아들과 성령의 이름으로 세례를 주라고 한 것이다. 제자가 되면 벌써 하나님과 연합이 되어진 것이지만 그것을 다른 사람에게 공인해 주는 것이 세례이다.

세례를 받은 다음에 해야 할 것이 주께서 분부한 모든 것을 가르쳐 지키게 하라는 것이다. 여기서 주께서 분부한 모든 것이 무엇인지에 대해 생각해 보아야 한다. 1차적으로 그것은 예수님께서 이 세상에 계셨을 때 제자에게 하신 말씀을 뜻할 것이다. 그러나 그것만이 아니라 과거 구약시대에 그분이 하나님으로서 우리에게 주신 말씀과 신약에 나타난 예수님의 모든 전승도 포함하는 것이다. 이것은 매우 풍성한 명령이다.

그러므로 이 대위임령을 전도를 위한 지상 명령이라고 생각해서 전도만 하는 것은 적절하지 않다. 전도도 분명히 포함되지만 전도를 통해 제자가 된 사람에게 가르쳐 지키게 할 풍성한 내용이 있다는 것을 강조하는 것이다. 그리고 가르쳐 지키게 하는 수단 중의 하나가 바로 우리가 주제로 삼고 있는 기독교 교육과 기독교 학교이다. 그러므로 마태복음 28장의 대위임령은 기독교 가정에서의 교육, 기독교 공동체(교회)에서의 교육, 그리고 기독교 학교에서의 교육에 대한 의미까지를 포함하고 있는 것이다.

신약시대인 지금은 문화 명령은 더 이상 적용되지 않고 대위임령만 적용되는 것이 아니다. 대위임령은 문화 명령을 포함하고 있는 것이다. 어떤 사람이 그리스도를 통해 구원을 받고 나면 이제야 비로소 문화명령을 수행할 수 있는 사람이 된다. 하나님께서 그 사람을 근본적으로 변화시키기 때문이다. 대위임령은 결국 우리로 하여금 문화 명령을 이루도록 하시는데, 그것의 한 부분이 주님이 원하는 교육이다. 기독교 교육은 근본적으로 사람을 하나님이 창조하시고 구속하셨을 때 하나님께서 의도하셨던 그 진정한 모습으로 키워내는 것이다.

이처럼 기독교 교육을 하나님이 원하시는 진정한 사람을 키워나가는 것으로 정의한다면, 기독교 교육은 근본적으로 인간의 힘으로서는 불가능하다는 것을 알 수 있다. 일반 교육학자들은 자기들의 힘으로 아이들을 잘 키우면 그들이 장차 괜찮은 사람이 되고 훌륭한 사회가 세워질 수 있다고 본다. 그러나 기독교 신앙을 가진 사람은 근본적으로 인간의 힘으로 하나님께서 원하시는 사람을 길러내지 못한다고 본다. 이 일은 인간의 힘으로 하는 것이 아니다. 결국 진정한 교육은 하나님의 교육(educatio dei)이다. 그리고 인간 부모나 인간 교사는 엄밀히 말해서 하나님이 하시는 그 일을 옆에서 도와주는 것에 불과하다. 그 의식이 철저하면 철저할수록 기독교 교육이 제자리를 잡게 된다. 그러므로 기독교 교육은 이상한 것이다. 왜냐하면 처음에는 불가능하다고 하더니 나중에는 가능하다고 하기 때문이다. 다분히 역설적이다. 그러나 하나님이 사람을 가르치시고 성령께서 사람을 변화시키신다는 것을 믿기 때문에 이런 입장이 나온다.

기독교 학교를 위한 세 번째 근거는 부모가 하나님을 믿는 사람이라는 상황에서 출발한다. 기독교 교육의 출발점은 멀리는 문화 명령과 대위임령에 있지만, 가까이는 하나님께서 부모에게 자녀 교육의 사명을 맡기셨다는 믿음에 있다. 이 말은 기독교 교육의 또 하나의 근거가 하나님과 하나님의 백성 사이에 맺어진 '은혜 언약'에 있다는 사실과 연결되어 있다. 아담과 하와가 하나님과의 언약적인 관계(행위 언약)에서 실패했을 때 사람들은 스스로 하나님 앞에 설 수 있는 힘이 없어졌다. 그러자 하나님께서는 모든 조건을 스스로 마련해 주시고 사람들로 하여금 당신과의 은혜 언약 가운데로 들어오게 하셨다. 이런 상황에서 은혜 언약을 믿고 하나님과의 관계 안에 들어온 사람을 언약 백성이라고 한다. 그런데 이 언약 백성에는 우리의 자녀까지 포함이 된다. 아브라함을 하나님이 부르시고 언약 백성의 시조로 삼으시기 위해 할례를 명하셨을 때, 하나님은 아브라함뿐 아니라 아브라함에게 속한 아이들도 모두 할례를 받게 하셨다. 그러므로 내가 아브라함과 같이 언약의 백성이라면 아브라함의 자녀가 그랬던 것처럼 나의 자녀들은 자동적으로 은혜 언약의 자녀가 되는 것이다.

언약의 자녀들을 둔 부모들의 1차적 책임은 자녀들을 언약의 백성으로 잘 키우는 것이다. 이 사실을 밖으로 표현한 것이 바로 유아 세례이다. 이것은 믿음의 행위이다. 성경에서는 예수 그리스도를 믿는 사람에게 세례를 베풀게 한다. 그런데 유아들에게는 그 유아들이 자기 입으로 신앙고백을 하지 않아도 유아 세례를 베푸는데, 그렇게 한 이유는 그냥 교회가 옛날부터 그것을 해 왔기 때문이 아니라, 이 아이들이 하나님의 은혜 언약 가운데서 우리에게 주어진 아이들이기 때문이다. 그 믿음이 없이는 유아 세례는 무의미하다. 그러므로 유아 세례를 한다는 것은 언약 신학을 받아들이는 굉장한 신학적 결단에 근거한 것이다.

또한 아이들이 언약의 자녀임을 믿고 그 증표로 교회가 유아 세례를 베풀었으면 교회는 그에 대한 책임을 져야만 한다. 물론 첫 번째의 책임은 그 유아의 부모에게 있다. 그러나 유아 세례식에서는 부모의 서약 이후에 교회의 다른 성도들, 즉 회중들도 다 서약을 해야 한다. 유아 세례를 받는 자녀를 회중 모두가 책임을 지고 양육하겠다는 서약을 하는 것이다. 이렇게 하지 않으면 유아 세례가 의미 있게 행해지는 것이 아니다. 그러나 한국 교회는 성도가 많아지면서 이런 점들이 무시되는 경우가 많다. 오늘날에는 누가 유아 세례를 받는지도 모를 뿐 아니라, 유아 세례식이 있다고 하면 '야, 오늘 예배시간 길어지겠네'라고 생각하는 것이 우리의 잘못된 현실이다. 이렇게 해서 우리는 하나님께서 교회를 세우신 그 의미를 점차로 잊어버리는 것이다. 그러나 그래서는 안 된다. 유아세례를 받은 언약의 자녀들은 교회 공동체가 같이 키워야 한다. 회중들도 부모와 더불어 이 아이들을 양육시킬 책임이 있는 것이다.

이런 것들을 요약하면, 그리스도인의 공동체는 언약의 자녀를 받을 때 다음의 3가지 책임을 갖게 된다. 첫째, 가정에서 부모들이 기독교적인 원칙에 따라서 아이를 잘 키워야 한다. 둘째, 교회에서 사역자들이 기독교적 교육을 실시해야 한다. 이때 주의해야 하는 것은 부모가 가르치는 책임을 교회에 전적으로 위임해 버리면 안 된다는 것이다. 부모가 자녀를 가르치는 일은 계속하면서 교회에서 신앙교육을 추가로 해야 한다. 셋째, 학교에서 언약의 자녀에게 어울리는 교육을 시켜야 한다. 그리고 이것은 그리스도인 부모들이 기독교적인 학교를 세우는 노력으로 자연스럽게 이어지는 것이다.

기독교 학교를 위한 네 번째 근거는 서양의 신실한 기독교인들이 역사적으로 경험한 내용이다. 그들은 언약의 자녀들을 한동안 세상의 학교에 보냈다. 그러나 그렇게 하는 것은 언약의 자녀들을 이상한 곳에 방치해 두면서 그들에게 스스로 알아서 판단하라고 말하는 것과 같은 것이라는 것을 느끼게 되었다. 세상의 학교에 보내는 것이 때로는 아이들에게 도움이 될 수도 있지만, 어쨌든 그것은 아이들에게 스스로 알아서 하게 하는 것이다. 서구의 공교육은 처음에는 기독교적인 기초를 가지고 실시했다. 그러나 나중에는 그것이 점차 인간 중심적으로 흘러가서 마침내 인도주의적인 관점에서 교육을 한다는 것이 그것의 중심 사상이 되었다. 그 영향을 받아서 우리나라의 교육법 제1조도 "널리 인간을 이롭게 한다"는 홍익인간 사상을 말하고 있다.

상황이 이와 같이 그저 인도주의적 교육에로 흘러가게 되자 서구에서는 신실한 개혁파 교회들이 심각하게 고민하다가 이렇게 해서는 안 되겠다는 생각을 하게 된 것이다. 그들은 예수 믿는 사람은 삶과 교육에서도 인간 중심적 관점이 아니라 명백하게 하나님 중심적인 관점에서 출발해야 하며, 교육과정과 사제지간의 관계를 포함한 모든 것을 기독교적인 관점에서 접근해야 한다고 생각하게 되었다. 이것을 개혁파에서는 반립(反立, antithesis)이라고 표현했었다. 인간 중심적 태도와 하나님 중심적 태도 사이의 대립이라는 의미이다. 이런 반립의 의식이 없는 사람들은 이 두 가지 관점을 섞어버린다. 마치 다른 종교가 들어오면 그 둘을 적당히 섞어서 새로운 종교를 만들어 내는 것과 같다. 한국의 전통에서도 샤머니즘적인 요소와 기독교적인 요소가 섞였던 것처럼 말이다. 그러나 역사적으로 개혁신앙에 있어서는 반립의 의식이 중요했다. 그들은 세상의 인도주의적인 관점을 거슬러 올라가는 사람들이었던 것이다.

오늘날 이와 같은 반립의 자세가 흐려졌던 전형적인 한 예가 있다. 여러분은 아마 이런 설교를 들은 적이 있을 것이다. "아프리카의 오지에서 일생을 헌신한 이 시대의 성자 알버트 슈바이처의 신앙을 본받읍시다!" 그런데 슈바이처는 예수님을 어떻게 믿었는가? 슈바이처는 예수님께서 하나님의 나라가 곧 오리라고 생각했는데 아무리 기다려도 오지 않으니까 '내가 예루살렘으로 가서 죽으면 하나님 나라가 오지 않을까?'라고 생각하고 예루살렘으로 가기로 굳게 결심하고 결국 예루살렘에 가서 십자가에 죽었다고 생각한다. 그러나 죽기 직전까지도 하나님 나라가 오지 않자 절망한 나머지 예수님이 "엘리엘리 라마사박다니", 즉, "나의 하나님, 나의 하나님, 어찌하여 나를 버리셨나이까?"라고 외쳤다는 것이다. 그렇게 예수님이 절망하며 죽었는데 역사의 수레바퀴는 그런 절망한 청년의 시체를 메달고 그대로 돌아갔다고 말한다. 이것은 슈바이처가 쓴 『역사적 예수의 탐구』라고 하는 책에서 말한 것이다. 그런데 우리가 이런 슈바이처의 신앙 내용에 대한 정확한 평가 없이 무조건 존숭하기만 하는 것은 반립에 대한 의식 없이 결국 좋은 것이 좋은 것이라는 모호한 생각에 갇혀 있기 때문이다.

이처럼 반립을 강조하는 개혁 신앙의 입장은 기독교 학교를 요구한다. 이 세상의 모든 일을 기독교적인 관점에서 바라보기 위해서이다. 이것을 보다 철저하게 생각을 했던 사람이 화란의 정치가요 교육자요 목사였던 아브라함 카이퍼이다. 그 분은 화란 자유 대학교의 설립자였다. 아브라함 카이퍼의 뒤를 이어 헤르만 도예벨트가 기독교적 철학을 제시하면서 15개의 양상, 즉 15개의 학문 분과에 대해서 말한다. 이 양상들은 제일 위가 신앙적 양상, 그 아래가 도덕적 양상 등등의 구조를 가지고 있다. 이런 모든 노력들은 하나님 중심적인 태도에서 학문을 해 보려는 결과들이다.

4. 기독교 학교를 위한 준비

이 네 가지 근거가 기독교 학교가 이 세상에 있어야 하는 이유가 될 것이다. 그렇다면 기독교 학교를 제대로 운영하려면 우리는 과연 어떤 준비를 해야 할까?

첫째로, 은혜 언약과 반립, 그리고 기독교 세계관에 대한 명확한 인식이 있어야 한다. 그리고 이것을 부지런히 가르치고 배워야 한다. 그래서 회중 전체가 이 신앙과 가치관을 공유해야 한다. 왜냐하면 그것은 그리스도의 제자 됨의 한 부분이고, 엄밀하게 따지면 하나님이 우리에게 이 세상을 다스리라고 하는 그 일의 기초가 되기 때문이다. 물론 철저하게 이런 점을 교육하고 의식한다는 것은 어려운 일이다. 하지만 이것은 다음에 언급할 것들에 비하면 비교적 쉽다. 목사님께서 설교를 통해 일관되게 이것을 가르치시면 회중의 의식이 점차로 변할 것이다.

둘째로, 기독교적인 교육 과정(curriculum)이 필요하다. 모든 학문 분과를 기독교적인 관점으로 해석하여 교육 과정을 잘 만드는 것이 필요하다. 이것을 위해서는 각 분야의 교육 전문가들이 신학적 기반을 가지고 작업을 해야 한다. 그리고 이 일에 전적으로 헌신할 수 있는 전문가가 필요하다. 그래야 그들이 기독교 학교를 뒷받침할 수 있다.

셋째로, 기독교적인 교사를 양성하는 것이다. 사실은 이것이 제일 힘든 일인데, 그 이유는 우리의 의식이 기독교적 세계관에 의해 충분히 변하기보다는 거룩한 일과 세속적인 일을 분리하는 이원론에 사로잡히기 쉽기 때문이다. 즉, 교회 다니는 교사는 많지만 가르치는 내용과 태도를 철저히 기독교적으로 하려고 애쓰는 사람은 적기 때문이다. 교회 내에서는 신실한 직분자이면서도 학교에서는 비기독교적인 것들을 가르치게 되기가 쉬운 것이다. 그래서 무의식적으로 인간을 물질적 존재로 파악하는 현대 과학주의의 신념들을 마치 객관적 사실인 것처럼 가르치기도 하고, 또 성공 지향적인 기능교육을 지나치게 강조하기도 하는 것이다. 그래서 기독교 학교를 위해서는 기독교 교육대학원이나 기독교 사범 대학을 만드는 것이 매우 중요하다. 그렇지 않으면 진정한 기독교 학교는 세워지기 어려울 것이다. 일반적으로 아무리 작은 대학교라도 대학교를 하나 설립하려면 최소한 120억 정도 들지만, 합동신학원이나 국제신학대학원과 같이 학부가 없는 단설 대학원을 만들려면 40억 정도면 할 수 있다. 이렇게 만들어진 기독교 교육 대학원에서 일반 교사 자격증을 가진 사람들을 2년 동안 재교육을 시키는 일을 할 수 있다. 물론 이를 위해서는 철저한 기독교적 의식을 가지고 교육학을 가르치는 교수님들이 필요하다. 이것도 쉬운 일이 아니다. 1세대 교수님들에 비해서 2세대 교수님들이 기독교 세계관에 대해 더 강조하신다. 앞으로 이런 흐름은 더 발전하리라 본다.

그리고 돈이 많이 드는 단점이 있기는 하지만 교사들이 미국이나 캐나다의 기독교 교육 대학원에 유학을 가도록 돕는 것도 한 방법일 것 같다. 단기간 내에 좋은 기독교 교육 대학원이 세워지기가 쉽지 않기 때문이다. 그리고 교사들이 기독교 학문 연구회 등의 단체에서 개설하는 세계관이나 신학에 관한 단기 강좌를 이용해서 훈련을 받는 것도 한 방법이 될 수 있을 것이다. 이처럼 학교를 시작하는 것도 중요하지만 교사를 잘 양성하는 방법을 생각하는 것은 매우 중요하다.

5. 기독교 학교와 일반 학교의 비교

마지막으로 언급할 한 가지는, 도대체 우리나라에서는 이런 기독교 학교를 세우는 것이 과연 유익한 것인가 하는 것이다. 자녀들을 기독교 학교가 아닌 일반 학교를 보내는 것도 유익한 점이 있지 않겠는가? 기독교 학교와 일반 학교의 장단점은 무엇인가? 기독교 학교에서는 우선 기독교적으로 일관된 교육을 받을 수 있다. 가정과 교회에서 가르치는 것과 갈등을 일으키지 않으면서 아이들이 양육을 받는다. 가치관의 혼란 없이 교육을 받을 수 있는 것이다. 그리고 선생님들이 다 철저한 그리스도인이라고 가정할 때(엉터리 선생님이 있을 수도 있지만) 진실한 기독교적인 정신을 가지고 가르치는 교사들 밑에서 교육을 받는다는 것이다.

그러나 기독교 학교에서 양육을 받는 아이들은 이 세상을 전혀 모르게 될 위험이 있지 않을까 하는 우려가 있다. 온실 속에 자라난 아이처럼 편협하게 될 가능성이 있다는 것이다. 기독교적인 관점만 배우다가 나중에 세상 속에 던져지면 그때 가서 더 어려워지는 것 아니겠는가? 이에 비해 어릴 때부터 일반 학교에 보냈을 때는 혼란에 빠질 수도 있고 이상한 교사들을 만나서 고생할 수도 있지만 이것을 잘 극복한다면 더 강하게 성장할 수 있지 않을까 하는 것이다.

기독교 교육의 근본은 사람을 바꾸는 것인데 편협해질 위험이 있다는 것은 매우 심각한 문제로 보이다. 오히려 주일학교를 강화하고 학교는 일반학교에 보내는 것이 더 풍성한 인격을 가진 사람으로 길러내는 방법이 되는 것 아닌가 하는 의문을 가질 수 있다. 그러나 교회에서 하는 교육과 가정에서 하는 교육은 학교에서 하는 교육을 대치할 수 없다. 그러므로 주일학교를 강화하는 것은 필요하지만, 학교 교육을 기독교적으로 받는 것의 깊이와 넓이를 따라갈 수는 없다. 그러므로 기독교 학교에서 세상에 대해서도 폭넓게 가르쳐서 아이들이 편협해지지 않도록 하는 것이 진정한 해결책이다. 이를 위해 문학이나 영화를 이용하고, 비기독교인 아이들과 폭넓게 교류할 수 있는 기회들을 많이 만들어야 한다. 그리고 무엇보다도 세상의 가치관을 솔직하게 이야기하는 개방성을 교사가 늘 유지해야 할 것이다. 또한 어릴 때에는 기독교 학교에서 배우고 성장해서는 세상 학문을 배우면 편협성의 위험을 해결할 수 있다. 외국의 경우 중학교 과정까지는 기독교 학교에서 보내고 고등학교와 대학교는 일반학교에서 보내는 사례가 많다. 또한 기독교인 아이들이 모였다고 하더라도 사람마다 인격이 다르다. 그리고 기독교 학교에서도 인간관계에 수반되는 갈등들이 많을 것이다. 그러나 그 문제를 해결하는 방식이 세상과는 다를 것이다. 그러므로 기독교 학교 내에서도 폭넓은 교육이 가능할 수 있다고 본다. 갈등을 해결하는 과정 자체가 교육이기 때문이다.

다음으로 일반 학교의 학생들보다 기독교 학교의 학생들이 실력이 떨어지지 않을까 하는 염려도 있다. 예를 들어 여러분 자녀가 공부를 잘 하는데 서울대학교 같은 대학교에 보내야 하는가, 아니면 한동대학교와 같은 기독교 대학에 보내야 하는가? 이런 것들을 생각해야 한다.

이처럼 기독교 학교가 가질 수 있는 단점은 많다. 이런 것들을 잘 의식하고 있어야 그것들을 극복할 수 있다. 앞으로 기독교 학교의 단점들을 잘 극복할 수 있도록 여러 가지 노력을 기울여야 할 것이다. 그리고 자녀에 따라서 기독교 학교에서 훈련을 받아야 할 아이와 일반학교에 가도 될 아이들이 있을 수 있다. 자녀가 수원 중앙기독초등학교에 다니는 한 성도는 그 학교의 교사들이 폭넓은 지식과 인격으로 아이들을 가르치시기 때문에 매우 믿음이 간다고 간증하였다. 그러나 어떤 부모는 자기 자녀가 일반학교에 다니는 것이 더 적절하다고 판단할 수도 있다. 그러나 현재 우리나라에서는 진정한 의미의 기독교 학교가 별로 없다. 그러나 적어도 좋은 기독교 학교가 몇 개는 있어야 자기 자녀가 신앙적 훈련이 더 필요하다고 판단하는 그리스도인 부모가 자기 자녀를 그곳에 보낼 수 있을 것이다.

6. 마치는 말

이상에서 우리는 기독교 학교에 대해 포괄적인 대답을 하려고 해 보았다. 부디 우리나라에 이런 의미의 진정한 기독교 학교가 많이 있게 되었으면 하는 기대와 소원이 있다. 자신을 온전히 기독교 학교를 위한 하나님의 이상(vision)에 헌신하는 사람들이 있어야 이것이 이루어질 수 있다. 이를 위해서는 상당한 재력도 필요하고, 네트워킹도 필요하고, 제도도 필요하다. 그러나 아무리 재력이 많고, 제도가 잘 마련된다고 해도 기독교 운동과 단체에서 제일 중요한 것은 역시 그런 기독교적 정신을 구현할 수 있는 진정한 기독교인의 존재이다. 그런 사람이 없이는 사실 아무 것도 이루어지지 않고, 문제만 만들게 되기 때문이다. 부디 주께서 우리 사회에 우리에게 필요한 사람들을 많이 주시기를 원한다.

● 기독교 학교에 대한 더 깊은 논의를 위한 참고 문헌 :

Norman Harper, *Make Disciples*, 『현대 기독교 교육』 (서울: 엠마오, 1985) (개정역: 서울: 토라, 2005).

박은조 편, 『하나님이 기뻐하시는 학교』 (서울: 예영, 1999).

기독교학교연구회, 『우리가 꿈꾸는 기독교 학교』 (서울: 예영, 1999).

3부

21세기 한국 교회의 향방

15장

우리가 꿈꾸는 교회, 예배, 삶

한국 교회의 모습을 바라볼 때 (한국 교회 전체를 살피든지 우리들이 속한 개교회를 살피든지) 안타까운 모습이 아주 많이 있지만, 그래도 그 안에 교회의 참된 자태를 찾아 헤매는 모습이 또한 있기에 하나님께 감사드리게 된다. 참으로 귀한 운동이 한국 교회 안에 있다. 그것은 **성경의 가르침에 맞추어 교회의 참된 모습을 회복해야 한다는 운동**이다.

1. 우리가 꿈꾸는 교회 이해의 기초

마치 종교 개혁 시대에 교회를 사랑하는 이들이 자신들이 속한 교회의 모습을 바라보면서 바른 교회를 향해 어떤 의견을 내기도 하고, 그것 때문에 쫓겨나기도 하고, 또 그들과 함께 고난에 동참하기도 하면서, 이 땅 위에 있는 교회는 항상 불완전하지만 그래도 나아가야 할 방향만은 성경이 가르치는 방향을 향해 나아가야 한다고 생각하는 운동이 일어난 것과 비슷하다. 문제는 주께서 이런 운동을 당신님의 섭리 가운데서 의미 있게 사용하셔서 한국 교회의 개혁과 부흥을 가져다 주시도록 할 것인가, 아니면 교회의 교회다움에의 회복을 주장하는 이들이 영국의 위클리프(John Wycliffe=Wyclif, Wycliff, Wiclef, Wicliffe, Wickliffe; 1320-1384)나 보헤미아의 후스(Jan Hus=Johannes Huss or Johannes Hus=John Huss, or John Hus, 1369-1415)처럼 고난 받고 급기야는 처형당하고, 우리는 다른 개혁자들을 기다려야 하는지는 우리로서는 아직 알 수 없는 문제이다. 그러나 그것은 하나님의 손에 맡기고 우리로서는 하나님께서 원하시는 교회의 모습을 회복하기 위해 각자와 각 교회와 모든 기독교 기관들이 각각 또 공동으로 힘써 노력해야만 한다.

먼저 교회와 관련해서도 우리의 지향하는 바, 우리의 꿈꾸는 바를 정당화할 수 있는 근거는 과연 무엇이어야 하는가? 이에 대해서 말해야만 할 것이다. 이에 대해서는 개혁자들의 후예들은 당연히 "성경", 그것도 "오직 성경"(sola scriptura)을 말할 것이다. 그러나 아주 유명해진 이 말이 너무 많이 사용되어서 그런지 이제는 무색해져 버렸다. 그래서 우리는 "오직 성경"의 의미를 분명히 하는 일을 해야 한다. 그것은 **모든 논의점들을 고찰하는 과정에서와, 특히 그 종국적 결론에서 우리의 최종적 판단은 오직 성경**(sola Sctiptura)**이 말하는 것이 되어야만 한다는 것**이다. 이는 다른 것은 아무 것도 생각하지 않고 그저 해당하는 성경 구절들을 찾으려고 하거나, 자신이 성경의 전문가이므로 자신의 말만을 마땅히 따라야 할 것이라고 생각하거나 말하는 것은 결코 아니다. "오직 성경" **이라는 말은 성경의 영감과 권위와 명료성을 인정하는 터 위에서, 또한**

성경을 하나님의 의도에 따라서 바르게 해석한 결과에 대해서만 할 수 있는 말이다. 성경을 잘못 해석하여 놓고 그것이 오직 성경의 유일한 가르침이라고 할 수는 없다. 오늘날 우리들은 성경에 대한 서로 다른 해석의 전쟁 가운데 있다고 해도 과언(過言)이 아니다. 각각의 주장들은 그들이 "오직 성경"의 원리에 가장 부합하는 것이라고 주장한다. 그러나 과연 그것이 성경을 바르게 해석한 것인지를 살피기 위해서는 다음 몇 가지 시금석에 비추어 검토해야 할 것이다.

첫째로, 그 해석과 적용이 그 본문의 문맥과 인근 문맥에 맞는 해석에서 나온 것인가를 살펴보아야 한다. 주어진 문맥을 무시한 성경 인용과 해석은 결국 오직 성경의 원리를 파괴하는 것이다.

둘째로, 성경 전체의 사상과의 연관성과 조화를 지니고 있는지를 살펴보아야 한다. 이전에는 신앙의 유비(analogia fidei), 또는 성경의 유비(analogia scriptura)라는 말로 이해되던 이런 해석은 오늘날에는 주어진 부분(pericope)에 대한 성실성이라는 이름하에 무시되는 일이 부지기수이다. 물론 우리는 각 성경의 각각의 부분에 충실한 해석을 하려고 노력해야 하지만, 그러나 궁극적으로는 성경 전체의 사상을 찾아가려는 노력을 하지 않을 수 없는 것이다. 마지막에는 조화와 체계화의 시도가 있을 수밖에 없다.

이상의 두 가지 시금석이 근원적인 것이다. 그러나 이것을 도울 수 있는 다른 두 가지 시금석을 그저 보조적인 것으로 언급해 보고자 한다. 그 하나는 전통적 해석과의 비교라는 시금석이다. 물론 전통적 해석이 성경의 본래적 의미를 해치고 오랫동안 전통의 이름으로 그 본문의 정확한 의미에 대해서 우리의 눈을 멀게 하고 귀를 멀게 하는 일이 많이 있어 왔고(선한 사마리아인의 비유에 대한 고대와 중세의 해석을 생각해 보라), 또 지금도 있을 것이다(예를 들어서, "두세 사람이 내 이름으로 모인 곳에는 나도 그들 중에 있느니라"[마

18:20]는 말씀에 대한 우리들의 일반적인 이해를 생각해 보라). 그러나 우리는 항상 주어진 정황에서 해석적 작업에 참여하는 것이므로 일단은 나 자신의 해석이 전통적 해석들과 과연 어떤 관계를 지니고 있는 것인지를 잘 살펴볼 필요가 있다. 물론 이런 작업을 끝없이 하려는 것은 그저 현학(玄學)적인 것이 되고, 우리를 전통과 역사의 노예로 만들어 끊임없이 과거 선배들의 견해들만을 언급하는 힘없는 해석자들이 되게 하기 쉽다(마 7:28-29의 "저희 서기관"들의 해석과 비교해 보라). 그러나 비교적 건전한 해석의 전통을 잘 살펴보는 것은 우리들로 하여금 끊임없이 헤매고 방황하지 않게 하는 큰 기둥 역할을 할 수 있다. 물론 우리는 그저 수구적인 전통주의자가 되어서는 안 된다. 그것은 지금 여기서 내가 하는 해석 작업과 그에 근거한 교회에의 적용 작업의 의미를 무색하게 할 것이기 때문이다. 그러나 예를 들어서 개혁 신학적 해석 전통을 존중하면서 해석과 적용 노력을 하는 것은 우리의 방종과 낭비를 많이 막을 수 있을 것이다.

두 번째 보조적 시금석은 우리의 해석이 과연 그 시대의 건전한 상식에 비추어서 어떻게 이해되는지를 살펴보는 것이다. 오늘날처럼 비상식적인 교회 정황 가운데서는 이것이 매우 중요한 시금석이 된다. 사람들은 흔히 교회가 상식 정도라도 통하는 곳이 되었으면 좋겠다고들 말한다. 이는 교회를 그 정도로 만들자는 의도는 아닐 것이고, 이 시대 우리네 교회가 얼마나 비상식적(몰상식적?)인지를 고발하는 말일 것이라 생각된다. (우리 시대 교회의 대부분의 문제가 상당히 이런 수준의 것이지 않은가?) 물론 그리스도인과 교회는 세상의 상식 이상의 수준에 있어야 한다는 것은 두말할 나위도 없는 것이다. 다시 말하자면, 우리네 교회가 세상의 상식으로 보았을 때 지탄의 대상이 되거나, 그들의 상식으로 보더라도 이상한 기관이 되어서는 안 된다는 것이다. 그리스도인들마다 다 성경에 근거해서 어떤 말과 행동을 하는데 그 모습을 바라보면서 이 세상이 도무지 견디지 못할 정도라고 한다면 그것은 무엇인가 심각하게 잘못된 것이다. 물론 이것은 이 세상이 이 세상의 상식을 가지고 교회와 기독교회를 판단하게 해야 한다는 말이 아님에 유의해야 한다. 이 세상에서 하나님의 뜻을 추구해 가는 그리스도인과 교회는 이 세상의 상식과 도덕의 수준 이상의 것을 드러내야 한다는 말일 뿐이다.

요약하자면, 이제부터 우리는 건전한 전통(예를 들어서, 정통주의적 전통)의 관점과 연계하면서 이 시대의 상식에 배치되지 않는 원리를 성경으로부터 (1) 그 문맥에 근거하고 (2) 성경 전체의 사상과 모순되지 않도록 찾아내어, 그것을 가지고 우리네 교회들을 살펴서 과연 주께서 우리들로 하여금 나아가게 하는 방향이 어떤 방향인지를 같이 논의해 가야 한다.

우리 모두가 이런 점에 유의한다고 해도, 어떤 문제에 있어서는 우리들의 해석과 생각이 서로 다르게 표현될 수 있다. 그러나 우리가 지금까지 말한 문제들에 충분히 유의하기만 한다면 우리들간의 차이는 우리들이 서로 재미있게 토론하며 서로를 존중할 수 있는 차이가 될 것이고, 그런 것들로 여겨져야 한다. 이런 점에 유의하는 이들이 서로 의견이 다를 때 우리는 그 모두를 존중해야 하고, 그 각각의 의미를 깊이 따진 후에 우리들의 의견을 조정하고, 그래도 서로 다른 것에 대해서는 서로 존중하면서 다른 의견을 가지기로 동의해야 한다(agree to disagree). 그러나 그것이 우리를 나누는 요인으로 작용하지 않도록 우리는 조심해야 한다. 여기에 연합과 사랑의 원리가 작용해야 한다. 모두가 다 하나님 말씀에 동의하기로 한 상황에서 서로 다른 의견의 차이가 있을 때는 서로 존중하면서 사랑하는 연합과 사랑의 정신을 잘 발휘해야만 한다. 사실 이런 상황에서는 사랑의 심정과 태도를 가장 잘 나타내는 쪽이 더 옳은 것인지도 모른다.

2. 바른 교회의 바른 예배

우리 모두가 다 성경이 바라는 바른 교회를 이루고 섬기기를 꿈꾸고 있다. 어떻게 해야 그런 교회를 바르게 잘 섬겨갈 수 있을까? 제일 먼저 우리가 관심을 기울여야 할 것은 무엇보다 먼저 교회의 예배이다. 그러나 우리는 예배는 다 하는 것이기에 예배는 별 문제가 안 된다고 생각하는 경향이 농후하다. 모든 교회가 다 예배하는데, 예배를 통해서 과연 교회의 개혁이 이루어진다고 할 수 있는가를 의문시하는 이들이 많이 있다. 그러나 개혁자들이 교회를 성경 말씀에 따라서 개혁하려 할 때, 그들은 무엇보다 먼저 교회 예배의 개혁을 위해 노력하였다는 것은 이 예배 개혁이 얼마나 중요한지를 우리에게 잘 말해 준다. 그러므로 우리들도 어떻게 하면 하나님 앞에서 성경의 가르침에 충실한 예배를 할 것인가 하는 것에 모든 신경을 다 써야 한다. 교회 개혁은 예배의 개혁에서 시작하기 때문이다.

예배에 대해서 생각할 때 우리는 무엇보다 우리들의 예배가 하나님 중심의 성격을 회복하도록 하는 일에 힘써야 한다. 예배는 삼위일체 하나님께 구속받은 하나님 나라 백성들이 영혼의 무릎을 꿇어 절하는 것이다. 그러므로 예배에서 제일 중요한 것은 이 예배가 하나님 중심적으로 되어야 한다는 것이다. 그런데 오늘날 우리의 예배는 상당히 인간 중심적인 특성을 많이 드러내고 있다. 예배를 제대로 드리지 않는 이들이나, 예배를 여흥거리로 바꾸어 그런 예배를 즐기려는 이들은 말할 것도 없거니와 예배를 제대로 드린다고 하는 이들도 그 예배를 정성껏 최선을 다해 드려서 우리가 어떤 은혜를 받는가 하는 것에 많은 신경을 쓴다. 이처럼 우리의 예배는 우리네 인간 중심적이다. 물론 예배에서는 인간들이, 즉 구속받은 사람이 경배하는 것이므로 인간적 요소에도 신경을 써야 하지만(따라서 비인간적 예배와 같은 것이 있어서는 안 된다), 근본적으로 예배는 하나님 중심적인 것이다. 따라서 예배를 통해 내가 어떤 은혜를 받는가, 내가 어떻게 변하는가 하는 것은 매우 중요하지만(따라서 예배를 통해 변화하는 모습이 강조되어야 하지만), 그것 역시 부차적인 것이다. 예배하는 일에서는 우리가 과연 하나님께 예배하고, 하나님께서 그 경배를 받으시는가 하는 것이 일차적인 관심의 대상이 되어야 한다. 주께서 받지 아니하시면 우리가 최선을 다해 드린다고 해도 그것은 무의미한 일일 뿐이다.

따라서 문제는 과연 이렇게 해야 우리의 경배가 하나님께서 받으실 만한 것이 되는가에 달려 있다. 우리는 미가와 같이 "내가 무엇을 가지고 여호와 앞에 나아가며 높으신 하나님께 경배할까?"(미 6:6)라고 물어야 한다. 그런데 우리가 우리의 최선을 다해서 우리의 지고한 것을 다 주께 드리면 주께서 받으신다고 생각하는 이들이 있었고, 또 지금도 있다. 그들은 자신의 지고(至高)한 것을 정성을 다해 드리면 주께서 가납(加納)해 주시리라고 생각한다. 그래서 그것을 위해 신경을 많이 쓰고 최선의 것을 마련해 보려고 한다. 그러나 성경은 그런 것이 주께서 요구하시는 것이 아니라고 한다. 왜냐하면 궁극적으로 따져 보면, 타락하고 부패한 인간이 최선을 다해 드리는 것이 주께서 받으실 만한 것이 되지 않기 때문이다. 인간의 선(善)은 다 떨어진 누더기와 같다고 한다.

여기서 동양 사상과 기독교의 본질적 차이가 아주 극명하게 드러난다. 동양 사상에서는 지성(至誠)이면 감천(感天)이라고 생각한다. 그러나 성경은 인간의 최고의 것도 하나님께서 가납하실 만한 것이 되지 못한다고 한다. 그렇다면 우리의 경배는 과연 어떻게 하나님께 가납되는 것일까? 성경의 가르침은 결국 예수 그리스도의 구속 사역과 그 공로만이 우리를 하나님께 가납적(加納的)이게 하며, 우리의 경배를 하나님께서 받으실 만하게 만든다고 한다. 따라서 우리는 예배할 때나 그 언제든지 예수 그리스도의 구속의 공로에 철저히 의존할 수밖에 없다. 십자가의 공로에 의존해서 주께 드리는 것이 아니면 우리의 최선의 예배라도 하나님께서 받으실 만한 것이 못 된다. 따라서 우리 예배는 그리스도의 십자가에서 이루신 구속의 공로에 의존하여 드리는 것이 되어야 한다.

그렇게 되기 위해서는 우리가 온전히 성령님께 의존하여 항상 성자의 구속의 적용함을 받아야 한다. 성령님께서만이 우리를 그리스도의 구속과 관련되게 하시기 때문이다. 따라서 우리는 (1) 성령님 안에서 (2) 그리스도의 구속에 근거하여 (3) 성부, 성자, 성령 삼위일체 하나님께 경배하는 것이다. 따라서 우리의 경배의 대상이 삼위일체 하나님이시고, 우리들로 하여금 이 경배를 드리게 하시는 이도 삼위일체 하나님이시다. 그런 경배만이 하나님께서 받으시는 예배이다. 하나님께서는 하나님께 합당한 것만을 받으시기 때문이다. 따라서 십자가에서의 구속 공로에 의해 죄 속함을 받아 새롭게 된 사람들만이 성령님께 의존하여 삼위일체 하나님께 경배하는 것이다. 그리고 이렇게 하나님께 하는 경배는 우리들로 하여금 하나님만을 높이며, 하나님을 존중하며, 하나님의 뜻이 온 세상에 극명하게 선언되도록 한다.

여기까지 말한 것을 부정의 형태로 바꾸어 진술하면 그것에는 동의하지 않으려고 하는 이들이 있다. 그러나 그런 모순에로 나아가지 않도록 우리는 주의해야 한다. 한번 그 요점들을 부정의 형태로 제시해 보기로 하자. 첫째로, 그리스도의 구속에 의존해서 하는 경배가 아닌 것은 예배가 아니다. 둘째로, 성령님 안에서 하는 예배가 아닌 것은 예배가 아니다. 셋째로, 삼위일체 하나님께 하는 예배가 아닌 것은 예배가 아니다.

만일에 우리가 이 세 가지 요점을 잘 유념한다면, 우리는 요나가 다시스로 도망하는 배가 폭풍이라는 문제에 직면했을 때 그 선상에서 벌어졌던 선상 기도회 같은 것은 진정한 의미의 예배도, 기도회도 아니라는 것을 생각해야만 한다. 오늘날 종교 다원주의의 다양한 영향 가운데서 여러 종교에 속한 이들이 각기 그들의 방식을 살리면서 함께 경배하거나 기도하는 것이 그런 대로 의미 있는 일이라고 생각하는 일이 점점 보편화되고 있다. 그렇게 생각해야 참으로 보편적이며, 폭넓은 사상을 가진 것이며, 인도적 사상을 가진 이들이고, 그렇게 생각하지 않으면 상당히 교조적이어서 서로 말이 되지 않는다고 생각하는 이들이 많이 늘어가고 있다. 그러나 우리가 앞서 이야기한 예배의 본질을 가지고 생각하면 우리는 그렇게 생각할 수 없다는 것이 자명할 것이다.

이 문제와 연관해서 우리야 하나님을 아니까 그렇게 예배하는 것이 마땅하지만, 다른 이들이 잘 모르므로 그들 나름의 방식으로 예배하는 것은 그냥 허용하고, 심지어 존중해야 하지 않을까라고 생각하는 이들도 늘어가고 있다. 그러나 이런 이들에 대해서는 불쌍히 여기면서 그들이 참 하나님과 참 하나님께 나아갈 수 있는 유일한 방도인 십자가에 철저히 의존하도록 노력해야만 한다. 그래야만 우리는 앞서 이야기한 예배의 본질을 잘 의식하는 것이 된다. 그러므로 참으로 예배하는 이들은 아직 하나님께 바르게 예배하는 이들이 매우 적다는 것과 관련해서 매우 강한 선교적 동기를 가지지 않을 수 없다. 바르고 참된 예배는 우리들로 하여금 복음 전하는 일에 힘쓰도록, 선교하는 일에 힘쓰도록 만든다.

또한 예배에서 사람이 높임을 받거나 영예를 받게 하지 않도록 힘써야 한다. 예배가 하나님께 드려지는 것이라면 우리의 예배에서는 하나님께서만이 높임과 존귀와 영광을 받으셔야만 한다. 어떤 사람의 영광과 뛰어남과 아름다움이 드러나도록 하는 것은 바른 예배에 적합한 것이 아니다. 사람을 기념하는 예배도 있기 어려운 일이다. 사람을 많이 신경 써서 그들의 눈치를 보는 예배도 참된 예배가 아니다. 예배 중에서 사람에게 박수를 치거나 영예를 돌려 드리는 것도 없어져야 할 일이다. 이렇게 예배는 하나님 중심적이어야 한다. 사람이 중심이 되거나 사람의 받는 은혜가 중심적인 것이 되어서도 안 된다. 우리가 즐기는 것 중심의 예배가 되어서도 안 된다. 예배는 여흥(entertainment)이 아니다. 따라서 우리의 예배는 음악회나 연극을 구경하는 것과 같은 것이 되어서는 안 된다.

부디 우리가 하는 예배가 진정으로 하나님 중심적 예배가 되기를 우리는 꿈꾼다. 삼위일체 하나님께서만이 높임을 받으시며, 그 예배와 과정과 결과가 하나님 중심의 사상과 행동으로 우리를 인도하며, 참으로 하나님의 뜻을 이 땅 가운데서 수행해 나가는 이들이 되도록 하기를 바란다. 이렇게 참으로 예배하는 이들을 주께서 찾으시며, 주께서 만나주시고, 주께서 이끌어 주신다. 참으로 성령님 안에서 그리스도에 의존해서 하나님께 예배하는 이들은 예배할 때마다 자신들이 주께 예배할 수 있는 존재가 되어 이렇게 하나님께 예배하는 것에 대한 벅찬 감격을 느끼게 되고 감사하며 예배할 것이다. 우리가 항상 그런 예배를 드리는 교회가 되기를 꿈꾼다.

3. 예배와 삶에 대해서

그리스도인이면 누구나 예배와 삶은 불가분리적인 관계를 가지고 있다는 것을 잘 알고 있을 것이다. 아마 다른 '소위 종교들'과 기독교의 가장 큰 차이 중의 하나가 바로 이 점에 있다고 해도 과언이 아닐 것이다.

저등한 종교적 표현일수록 종교 의식은 화려하고 복잡하며, 또한 예배의식 가운데서는 번문욕례적 용어가 많이 사용되지만, 의식이나 예배가 구체적인 삶과는 거리가 먼 것이 특징이라면 특징이다. 그런데 때때로 기독교회가 그런 저등한 종교성에 사로잡혀 온 역사적 경험이 많이 있어 왔다. 그리고 우리의 경험은 종교 의식이 화려해 가는 것, 그리고 종교 의식을 행하는 장소가 화려해져 가고 장엄해져 가는 것과 예배와 삶의 분리 현상이 심화되는 것은 같이 가는 경우가 많아음을 드러내 준다. "오늘 우리들의 교회에서의 예배와 삶은 어떤가?"를 깊이 자문해 보았으면 한다. 그 대답을 해야 하는 이들은 우리 개개인 그리스도인들이다. 이 문제에 대해서도 책임을 전가시키지 않도록 해야 할 것이다.

또한 우리는 때때로 일상적인 삶에서 경험하지 못하는 바를 예배에서 찾으려고 하기도 한다. 모든 종교들에서 이런 시도는 무수했고, 심지어 기독교 교회 안에서도 이런 시도는 끊임없이 있어 왔다. 우리들의 삶의 모습이 현저하게 세속적일수록 우리는 이 세속과는 다른 거룩한 장소를 갈구하고, 거룩한 시간을 추구하게 된다. 그러나 성경 전체의 가르침에 의하면 우리의 예배와 삶은 그렇게 떨어져 있을 수 있는 것이 아니라는 것은 성경을 읽는 이들은 누구나 잘 알게 된다.

예배는 우리의 삶을 대신하거나 대치하는 것이 아니며, 삶의 부족한 부분을 채워주는 것도 아니다. 예배는 우리의 삶 전체를 주님의 창조와 구속의 은혜로 살고 있음에 대한 감사의 표현이며, 또 그렇게 살아가겠다는 더 강한 헌신의 다짐이다. 이런 의미에서 예배는 우리의 삶 전체의 총화요, 정수라고도 할 수 있다. 성경적 기독교에 의하면 우리는 하나님께 반드시 예배해야 하고, 예배한 자답게 살아가야만 한다.

주께 아침 예배와 저녁 예배를 하고 집에 온 주일 밤에 우리는 주님께 무엇인가 잘 해 드렸다는, 사람으로서는 도무지 있을 수 없는 어리석은 공로 의식에 사로잡히지 말아야 할 것이다. 오히려 예배를 드린 우리는 우리의 삶 전체를 주께 드려야 하는 구속받은 우리의 정체성에 충실할 것을 다시 다짐해야 할 것이다. 주일에 예배를 드린 사람답게 한 주간 동안도 매일 매일과 순간순간을 주께 우리의 삶을 드리는 자들로서 살아야 할 것이다. 그런 자들로서의 정체성을 가지고, 그런 자들로서 생각하고, 그런 자들로서 느끼고, 결단하고 성령님께 의존해서 노력해 가면서 말이다.

그런 삶을 살 수 있다는 것이 은혜이다. 그런 의식을 가지고, 그런 정체성을 가지고 있다는 것이 은혜인 것과 마찬가지로 말이다. 은혜로 주어진 것을 자랑할 수 없을 것이고, 오직 자랑할 것이 있다면 그것은 우리를 그런 존재로 만드신 주님의 은혜뿐이다.

만일에 한국의 그리스도인들이, 아니 이 글을 읽는 이들만이라도, 아니 나 자신만이라도 진정 이렇게 산다면 이 세상은 훨씬 살 만한 세상, 맛있는 세상으로 나타날 것이다.

4. 교회 중심으로 생각하는 일의 중요성

개혁신학과 관련된 글들에서 가장 많이 등장하는 것이 하나님 중심, 성경 중심, 그리고 교회 중심이라는 표어이다. 이 세 가지는 매우 중요한 것을 간명하게 잘 간추려서 강조하는 것이라고 여겨진다. 개혁신학을 간추리고 또 간추리면 아마 이런 말들로 요약될 수 있다고 할 수도 있을 것이다(그러나 이런 축약에는 늘 제한성이 있다는 것을 우리는 늘 염두에 두어야 한다).

이 중에서 요즈음 많이 생각하게 되는 것이 "과연 우리들의 삶이 교회 중심적인가?" 하는 문제이다.

이전에 필자가 어릴 때는 우리들 사이에서 이 말이 예배당 중심, 또는 좁은 의미의 종교 생활 중심으로 이해된 때가 있었다. 물론 이것은 잘못된 이해이다. 그 때 이런 좁은 의미의 정식화에 반발하는 것이 일반화되다가 언젠가부터 우리들 사이에 참으로 교회 중심적인 삶이 사라지는 것을 목격하면서 안타까움을 많이 느끼게 된다. 신약 성경이 말하는 참으로 교회 중심적인 삶이란 하나님 나라를 증시(證示)하는 교회의 사명에 충실한 교회의 지체(肢體) 의식을 가지고 사는 삶이다. 그러나 그런 삶을 살아가는 이들이 점점 적어져 가는 모습이 우리를 아쉽게 한다.

이런 교회의 교회 된 사명을 잘 감당하게 하려면 교회를 통해 풍성한 말씀의 가르침을 받는 일을 제일의 우선적인 과제로 삼는 것이 개혁 교회의 특성이었다. 성령님께서 말씀을 사용하셔서 은혜 베푸시는 것을 가장 강조해 온 것이다. 이런 은혜 받음 없이 우리는 한 순간도 제대로 살아갈 수 없기 때문이다. 따라서 성도들이 함께 모여 하나님의 말씀의 가르침에 침잠(沈潛)하고(즉, 깊이 빠져들고), 하나님을 찬양하며, 하나님께 기도하는 일이 무엇보다 중요한 일로 나타나야 한다.

그리고 일상생활 가운데서 이렇게 말씀의 가르침을 받은 자답게 하나님 나라의 원칙에 서서 바르게 판단하며 주어진 상황 속에서 성령님께 의존하여 최선의 노력을 하여 나가는 것이 참으로 교회를 이 세상에 현존하게 하는 것이 된다. 그러므로 교회는 우리의 일상생활이 하나님 나라의 백성답게 진행되어져 가는 그곳에서 나타난다고 할 수 있다. 한국 교회는 이런 점이 매우 부족했었고, 지금도 이 점에 있어서 별로 유력한 모습을 나타내지는 못하는 것 같다.

그리고는 같은 지체 된 형제 자매들을 돌아보는 데서 교회의 교회 됨이 나타난다. 이 일은 일차적으로 교회의 회집 가운데서, 그리고 각 가정에서의 자연스러운 교제 가운데서 나타나야 할 것이다. 우리는 함께 성장해 가야 할 사람들이기 때문이다. 서로를 돌아보고 같이 사귀어 나가는 일은 우리의 큰 과제이며, 이는 또한 우리의 기쁨이기도 하다. 우리는 서로의 교제를 통해 위로와 기쁨을 나누기 때문이다.

이와 함께 같은 교회에 참석하지 아니하는 이웃 그리스도인들과의 교제와 협력도 교회 중심의 삶의 매우 중요한 부분으로 나타난다. 이 점이 배제될 때 우리는 '개교회주의'나 심지어 배타주의적 문제점(도나티스트적 오류)에 빠지기 쉬운 것이다. 그러므로 우리는 역사적 기독교회의 가르침에 유의하면서 항상 같은 하나님을 섬겨 나가는 바른 교회들과의 유대를 존중해야만 한다.

마지막으로 이런 우리의 복음에 합당한 삶에 근거해서 교회 밖에 있는 이들을 그리스도의 우리 안으로 이끌어 들이는 매우 창조적인 사역이 교회 중심의 삶의 가장 중요한 부분의 하나로 나타나게 된다. 다른 이들을 교회의 교제 가운데로 오게 하여, 우리와 같이 주를 섬기며, 하나님 나라를 위해 살게 하는 일은 우리의 큰 과제가 아닐 수 없다.

우리의 삶은 이런 몇 가지 근거에 비추어 볼 때 과연 교회 중심의 삶인지, 아니면 아직까지도 나 중심, 또는 한국의 많은 이들이 그러하듯이 가정 중심의 삶인지를 우리는 진지하게 물어야 할 것이다. 그리스도 안에서 우리에게 임하여 온 하나님 나라를 위한 교회 중심의 삶이 우리들에게서 확연히 나타날 수 있기를 바란다.

● 교회에 대한 더 깊은 연구를 위한 참고 문헌 :
김홍전, 『교회에 대하여』 1, 2, 3, 4 (서울: 성약, 2000, 2001).

_____, 『그리스도의 지체로 사는 삶』 (서울: 성약, 2003).

_____, 『예배란 무엇인가?』(성약문고 2) (서울: 성약, 2004).

이승구, 『교회란 무엇인가?』 (서울: 나눔과 섬김, 2010, 최근판, 2018).

_____, 『성령의 위로와 교회』 (서울: 이레서원, 2005), 교회론 부분.

16장

교회에서의 여성 사역 문제에 대한 한 고찰

교회에서의 여성 사역 문제에 대해서 우리가 과연 어떻게 생각하여야 하는가 하는 질문은 오늘날 한국 교회 안에서도 계속 제기되고 있다. 이 문제에 대한 간단한 논의를 제시해 보고자 한다. "교회 안에서의 여성의 사역"이라고 할 때 많은 이들은 목사와 장로로서의 사역을 중심으로 생각하려고 한다. 이런 현상이 과연 바람직한 것인가에 대해서 필자 자신은 별로 확신이 서지 않는다. 오히려 필자 자신은 "여성 사역"이라는 말을 좀더 폭넓게 생각해야 하고 그런 폭넓은 의미의 여성 사역의 중요성을 강조해야 한다고 생각한다. 이런 폭넓은 의미에서는 교회 안에서 여성은 처음부터 중요하게 사역해 왔고, 앞으로도 그러할 것이다. 그리고 그 점은 매우 강조되어야 할 것이다. 그러나 일단 이 글에서는 많은 사람들이 오늘날 이 문제에 대해서 문제를 제기할 때 염두에 두는 바인, 여성이 교회의 목사와 장로로서의 사역을 하는 것이 허용될 수 있는가 하는 점에 대해 논의를 하고자 한다.

1. 모든 그리스도인들의 공통된 출발점

먼저 우리는 오늘날 논란이 되는 이 구체적인 문제에 대해서 우리 각자가 어떤 의견을 가지고 있든지를 차치(且置)하고, **모든 그리스도인들이 동의해야 하는 부분에 대한 논의**부터 시작하는 것이 좋을 것이다. 이 점을 분명히 해야 이 문제에 대한 논의에서 본질을 흐리게 하지 않는 건전한 논의가 진행될 수 있기 때문이다. 이 점을 분명히 하지 않으면 논의해 가는 과정 가운데서 문제의 본질을 흐리는 지엽적이고 비본질적인 논의와 심지어 감정적인 의견 표명과 의견의 대립으로 나아갈 위험이 있으므로 모든 그리스도인들의 논의에서는 먼저 다음 몇 가지 점들을 분명히 하고 논의를 시작해야 한다. 우리의 논의가 진정 그리스도교적인 논의이려면 우리 모두가 함께 동의하고 출발해야 할 점들은 다음과 같은 점들이라고 여겨진다.

(1) 하나님의 창조와 구속의 빛에서 볼 때 남자와 여자는 **그 신분과 지위에 있어서 동등**하다.

그리스도인들은 이 점에 있어서 누구나 동의할 것이다. 그러므로 후의 논의에서 이 점을 가지고 서로를 공격하는 일이 없도록 해야 할 것이다. (예를 들어서, 여성 사역을 찬성하는 이들이 이를 비판하는 이들에게 대해서 그렇게 보는 것은 여성을 평등하게 보는 것이 아니라고 한다든지 하는 식으로 논의해서는 안 된다). 창조와 구속의 빛에서는 남녀가 평등하다.[1] 타락의 영향하에서 서로가 투쟁하며 결과적으로 남자가 여자를 다스리게 되는 현상이 발생했으나(창 3:16), 그것은 적극적인 의미를 지닌 것이기보다는 죄악의 결과요 죄에 대한 형벌의 한 부분으로 나타난 것이다. 그렇게 상호 지배적이려고 하는

---

[1]. Cf. 이승구, 『기독교 세계관이란 무엇인가?』 (서울: SFC, 2003), 134.

상황은 하나님께서 긍정적이고 적극적인 의미에서 우리에게 주신 관계의 상황은 아니다. 그러므로 이 후의 논쟁에서 어떤 입장을 지니든지 그리스도인은 그리스도 안에서 남녀가 평등하다는 것을 인정하며 논의하는 것이라는 점을 분명히 해야 한다. 다시 말해서, 여자가 어떤 점에서 부족한 점이 있어서 여성의 교회에서의 사역이 있을 수 없다는 식의 논의가 전개되어서도 안 된다. 신분과 지위에 있어서 남자와 여자는 동등하고 단지 그 은사와 능력의 차이가 있는 것이지, 남자 됨과 여자 됨에 따라 차별이 있는 것이 아니다. 창조와 구속의 빛에서 이는 모든 그리스도인의 논의의 전제의 하나이다.

또한 창조와 구속의 빛에서는 남자와 여자는 서로가 서로를 필요로 하는 것이요, 하나님의 의도는 남자와 여자가 각기 그들의 특성을 가지고 하나님의 일에 필요한 것이다. 돕는 배필의 의미가 "그에게 상응하는 돕는 자"임을 생각할 때 이 점은 매우 자명하다. 그래서 바울은 "주 안에는 남자 없이 여자만 있지 않고, 여자 없이 남자만 있지 아니하니라"(고전 11:11)라고 말하고 있다.

(2) 교회에서의 사역자의 역할은 그리스도의 대리자(vicar)로서의 역할이 아니다.

신약 교회의 직임은 구약 교회의 직임과 직접적 연속성을 지니고 있는 직임들이 아니다. 구약의 직임들은 오실 메시아의 사역을 바라보게 하는 모형론적 의미를 지니고 있었다고도 할 수 있으나 신약의 직임들은 구약의 직임과 직접적 연속성을 지니고 있지 않고, 또한 그리스도께서 성취하신 온전한 선지자, 제사장, 왕직의 대리직임을 가지고 있지 않다. 그러므로 천주교회에서나 일부 성공회 등에서 주장하는 바와 같이 예수님을 대리하는 직임에 근거하여 이 문제에 대해서 생각하여야 한다는 것은 이 문제와는 전혀 상관없는 논의를 하는 것이다. 즉, 교회의 어떤 직분자들이 그리스도를 대리하는 것인데, 그리스도가 남성이었으므로 교회의 사역자는 남성이어야만 한다는 식의 논의는 선결 문제 오류를 지닌 잘못된 논의가 된다. 왜냐하면 신약 교회의 직임은 그리스도를 대리하는 직임이 아니기 때문이다. 따라서 우리는 신약 교회의 직임은 그리스도의 대리자 역할을 하는 것이 아님을 분명히 하면서 논의해야 한다.

(3) 신약의 선지자들이 있는 상황은 과도기적인 현상이었지, 선지자가 교회 안에 항상 있도록 의도된 것이 아니었음을 인정해야 한다. 신약의 선지자들 가운데서는 남자 선지자들과 함께 여선지자들이 있었다(행 21:9; 고전 11:5). 그러나 그런 직분이 신약 교회에 지속적으로 있게 하지 않으신 것이다. 새로운 계시가 교회 안에 지속적으로 있는 것이 아니다.

(4) 따라서 이 문제에 대한 우리의 논의는 순전히 **'항상 있을 교회의 모습에 대해서 과연 성경이 어떻게 말하고 있느냐'** 에 의해 결정되어져야 한다. 신약 성경이 교회 안에서의 사역에 대해서 빛을 비춰 주는 것이 우리의 최종적 판단 근거가 된다.

그러므로 이 문제에 대한 우리의 판단이 우리의 문화 현실이나 우리의 현실에 대한 요구로부터 도출되어서는 안 된다. 우리의 현실이 이 문제를 판단하는 준거가 되어서는 안 된다. 예를 들어서, 교회 안에서 남자들과 똑같이 교육받은 여성들이 차별 받고 있다는 현실로부터 이 문제에 대한 우리의 의견을 이끌게 해서는 안 된다. 또한 우리 문화의 요구가 이 문제를 판단하는 준거가 되어서도 안 된다. 1세기 교회의 문화적 정황이 우리의 교회의 원칙을 규제하도록 해서도 안 되고, 그와 반대로 오늘날의 문화적 상황이 이 문제에 대한 우리의 판단을 좌지우지하도록 해서도 안 된다. 오늘날에는 여성들의 참여가 사회 전반에 일반화되어졌으므로, 또한 교회 안에서는 여성이 더 많으므로 당연히 여성이 교회 안에서 중요한 직임을 감당하여야 한다는 식의 오늘의 문화와 현실에 근거한 논의가 우리의 사유를 지배해서는 안 된다. 다시 한 번 더 말하지만, 신약 성경이 신약 교회의 이 문제에 대해서 말하는 것만이 우리의 최종적 판단 근거가 되어야 한다(sola scriptura!).

(5) 그렇기에 오늘 우리의 상황에서는 꼭 같이 교육받은 여성들이 교회 안에서 전도사님이나 교육부서 등에서 사역할 때 **경제적 처분**(예들 들어서, 사례를 얼마나 받아야 하는가)**에서나 존경 받음에 있어서 남성 사역자들과 차별 받지 않도록 하는 모든 외적인 준비가 이루어져야 한다**는 것에는 모든 그리스도인들이 동의해야 하고 이를 이루어 가기 위해서 함께 노력해 가야 한다.

(6) 그리고 다시 말하지만 성경의 규범적 의미에 대해서 우리가 다 순종하려는 태도를 지녀야 한다. 성경이 말하는 것에 대해서는 우리 모두가 복종해야 한다. 성경의 명백한 가르침에도 불구하고 그 말씀에 순종하려 하지 않는 것은 비성경적인 태도이다. 그러나 혹시 성경을 존중하면서 서로 달리 해석하는 사람들 사이에서는 서로가 성경을 존중하는 태도를 확인할 수 있으면 그것을 인정하면서 서로 존중히 여기면서, 성경에 대한 서로 다른 해석에 대해서는 재미있게 토론하며 함께 하나님의 바른 뜻이 어떤 것인지를 추구해 가야 할 것이다. 그렇게 하지 않고 서로 인신 비방하거나 서로를 이단시하는 태도로 발전되어 가서는 안 된다. 물론 성경의 가르침에 복종하지 않으려고 하는 것에 대해서는 강한 비판을 해야 한다. 다시 말해서 우리는 성경의 가르침에 복종하려고 하면서 그 성경의 가장 바른 뜻이 어떤 것인지를 함께 찾아가는 동료 해석자들로서 서로를 존중하고 귀히 여기는 태도를 가져야 한다. 그리고 다시 한번 더 강조하자면, 우리의 모든 판단의 최종적 근거는 성경의 가르침이어야만 한다.

2. 이 문제에 대한 신약의 해당 구절과 그 의미

그렇다면 우리는 일차적으로 이 문제에 대해 결정적인 논의를 하는 신약 성경의 구절이 있는지를 확인해야 한다. 먼저 이 논의와 관련해서 많이 언급되는데 실상 여성의 교회 사역과 직접적 관련이 없는 구절들에 대해서 생각해 보자.

첫째로, 고린도전서 11:2-16의 맥락을 잘 살펴보면 그 본문은 직접적으로 여성의 교회 안에서의 사역에 대한 말을 하는 것이 아니다. 이 구절 안에 있는 예언에 대한 언급은 당시에는 여선지자들이 아직까지 있었다는 것에 근거하여 설명할 수 있을 것이다. 그러므로 이 언급에 근거해서 당시에 예배 가운데서 예언하는 여선지자가 있었다는 것을 근거로 오늘날도 교회 안에 그런 일을 하는 이들이 허용될 수 있으리라고 하는 것은 계시사의 발전에 유의하지 않는 것이다.

둘째로, 고린도전서 14:34-36도 여성의 교회 안에서의 사역에 대한 말을 하는 것은 아니라고 판단된다. 이는 예배 중에 소란스럽게 하거나, 특히 옆 사람에게 묻기 위해 말하는 것을 지적하면서, 바울이 "만일 무엇을 배우려거든 집에서 자기 남편에게 물을지니라"(고전 14:35)라고 말하는 것이라고 보는 것이 가장 자연스러운 해석이라고 생각된다. 그렇게 보아야만 이 구절들에게 바울이 말하는 요점을 분명히 하는 것이다. 따라서 이 구절은 여성들이 교육을 많이 받지 못했던 당시의 상황에 비추어서 예배가 소란스러워지지 않도록 하는, 따라서 "모든 것을 적당하고 질서 있게 하라"(고전 14:40)는 권면의 한 부분으로 주어진 말씀으로 생각해야지, 이를 여성 사역에 대해 직접적 함의를 지닌 말씀으로 보기 어려울 것이다.

그러므로 신약 성경 가운데서 이 문제와 관련하여 직접적인 연관성을 지닌 구절은 디모데전서 2:9-14의 말씀이라고 생각된다. 여기서는 그 맥락이 교회의 예배적 상황이라는 것은 바로 위에 있는 구절인 디모데전서 2:8의 "각처에서 남자들이 분노와 다툼이 없이 거룩한 손을 들어 기도하기를 원하노라"고 말하는 데서 찾아질 수 있다. 이는 각 가정에서 기도하는 것을 지칭하는 것이기보다는 예배처에서의 의식적 기도 행위를 언급하는 것이라고 여겨지기 때문이다. 이런 예배적 맥락에서 여인들이 과연 어떻게 자신들을 치장할 것인지를 말하고(2:9-10), 이런 예배적 상황에서 "여자는 일절 순종함으로 종용히 배우라"고 한 뒤(11절, 여기까지의 말씀은 고전 14:34-36의 의미와 상통할 수 있다), 더 나아가서 "여자의 가르치는 것과 남자 주관하는 것을 허락하지 아니하노니"라고 말하고 있다(12절). 그러므로 이 말씀을 어떻게 해석하느냐에 따라서 여성의 교회 안에서의 목사와 장로로서의 사역에 대한 찬반양론이 있을 수 있게 되는 것이다.

3. 본격적 쟁점: "디모데전서 2:12-14을 과연 어떻게 해석할 것인가?"

이 구절과 관련된 중요한 논점은 다음 세 가지일 것이다. 첫째로, "여자의 가르치는 것과 남자 주관하는 것"(12절)은 과연 무엇을 뜻하는 것인가? 둘째로, 이 금령은 당시의 문화적 상황에 따른 1세기적 정황에 대한 이야기인가, 아니면 주께서 오실 때까지의 상황 전체를 지배하는 것인가? 셋째로, 이 말씀을 바울의 글로 믿는지, 아닌지의 여부. 이 세 가지를 하나 하나 논의해 보기로 하자.

첫째로, "여자의 가르치는 것과 남자 주관하는 것"(12절)은 과연 무엇을 뜻하는 것인가? 이 말의 표현 형태는 다른 곳에 사용된 용어들과 비교할 때 가르치는 것은 교회에서의 공식적으로 가르치는 것과 연관된 것이고(딤전 1:3; 3:4; 4:11, 13, 16; 5:17; 6:3; 딤후 2:2, 24; 4:2), 따라서 다른 곳에서 "목사 즉 교사"(엡 4:11)라고 언급된 이들의 사역에 해당하는 것이라고 보는 것이 가장 자연스러운 해석이라고 여겨진다. 또한 "주관하는 것"도 교회 안에서 공식적으로 다스리는 것에 해당하는 말이라고 보는 것이 가장 자연스러운 해석이라고 여겨진다. 그러므로 이는 다른 곳에서 "장로들"이라고 언급된 이들이 하는 사역을 지칭하고 있는 것으로 판단된다. 이렇게 보면 이 말씀은 여자가 교회 안에서 공식적인 가르치는 직무인 목사의 역할을 하는 것과 다스리는 직무인 장로의 역할을 하는 것을 금하는 구절이라고 해석되는 것이다.

그렇다면 둘째로, 이 금령은 당시의 문화적 상황에 따른 1세기적 정황에 대한 이야기인가, 아니면 주께서 오실 때까지의 상황을 지배하는 것인가? 만일에 1세기 정황에서의 이야기라면 이 말씀은 1세기 성도들에게는 구속력을 지니는 것이지만, 오늘 우리에게는 구속력이 없는 말씀인 것이 된다. 만일 그런 것이라면, 교회 모임과 관련하여 여자는 머리에 수건을 쓰라는 금령이(고전 11:2-16) 1세기 고린도 교인들에게만 적용되고 오늘 우리들에게는 적용되지 않는 것과 같이, 디모데전서의 이 금령도 우리에게는 적용되지 않는 금령으로 여겨져야 할 것이다. 만일 이 디모데전서 2장의 본문이 12절로 마쳐지고 있다면 이와 같은 해석의 가능성도 상당히 심각하게 고려되어야 할 것이다.

그러나 이 본문에는 디모데전서 2:13-14이 따라 붙어 있으므로 결코 그렇게 해석될 수는 없다. 이 말씀에 의하면 이 말씀의 인간 저자는 창조의 순서에 근거해서(12절), 그리고 타락의 순서의 근거해서(14절) 여자가 교회에서 공식적으로 가르치며 주관하는 일을 할 수 없다고 논의하는 것이다. 그렇다면 창조의 질서와 타락의 문제가 있는 상황 가운데서는 이는 계속 적용되는 것으로 여겨져야 하는 것이다. 이 논의의 방식을 깨지 않는 한 우리는 다르게 해석할 수 있는 여지가 없다. 창조의 질서가 계속되는 한, 교회에서는 "여자의 가르치는 것과 남자 주관하는 것"(12절)이 허락되지 않는 것이다.

셋째로, 이 말씀을 바울의 글로 믿는지의 여부에 대해서 논의해 보기로 하자. 필자는 이 말씀을 바울 자신이 쓴 것으로 보는 것이 가장 자연스럽고 바른 해석이라고 여긴다. 본문 자체가 사도 바울이(딤전 1:1; 1:13; 2:7) 디모데에게(1:2, 18; 6:20) 구체적인 정황 가운데(딤전 1:3) 있는 그에게 목회의 지침을 주기 위해 기록한 것임을 분명히 하고 있기 때문이다. 1세기 정황에서 사도의 이름을 빌어 바울의 제자격 되는 존재가 이런 편지를 쓰는 것이 오늘날과 같이 위조나 이름 도용으로 여겨지는 것이 아니고, 그렇게 할 수 있는 것이 당대의 관습적인 관례였다는 설명을 받아들이기는 매우 어렵다고 본다. 그러나 백 번 양보해서 혹시 그렇다고 해도 적어도 그 인간 저자가 이 글을 쓰는데 성령께서 영감하셨다는 것을 받아들인다면 이는 하나님의 말씀으로 여겨져야 한다. 그렇다면 위의 논의에 의해서 이는 오늘 우리를 규제하는 하나님의 말씀인 것이다. 그렇다면 이 부분의 인간 저자가 누구이든지 이 말씀에 따라서 우리는 교회에서는 "여자의 가르치는 것과 남자 주관하는 것"(12절)을 허락할 수 없는 것이다.

(그리고 이 부분을 바울이 쓴 것이 아니라는 점을 강조하려는 분들에게 묻고 싶은 것이 있다. 그렇게 논의하시는 분들은 과연 만일 이것이 바울이 친히 쓴 것이라면 이 말씀을 따라서 하려는 마음을 가지고 그런 논의를 하는 것인가? 혹시 이 말씀에 따르고 싶지 않은 마음이 그들을 이 말씀은 바울이 쓴 글이 아니라는 해석에로 나아가게 하는 것이 아닌지를 묻고 싶은 것이다.)

4. 결론

이상에서 우리는 신약 성경에서 여성의 교회 안에서의 사역 문제를 다루는 유일한 구절이라고 할 수 있는 디모데전서 2:12-14에 근거해서 판단할 때 여자가 교회 안에서 공식적으로 가르치는 일을 하는 것(목사직)과 다스리고 주관하는 일을 하는 장로직은 성경적으로는 허락되지 않았고, 이 구절의 내포에 따라 그것은 창조의 질서가 존재하는 한 지속되는 교훈이라는 것을 살펴보았다. 이런 성경의 가르침이 있는 한 우리는 이 말씀에 근거해서 교회 안에서 목사직과 장로직을 여성에게 허락할 수 없다고 결론 내려야 할 것이다.

그러나 그 외에 폭넓은 의미의 여성 사역은 교회 안에서 매우 중요하게 여겨지고 격려되어야 한다. 그리고 그렇게 하는 것이 신약의 가르침에 우리가 복종하는 방식이다.

그러나 이와 같은 성경적 결론을 따를 때 우리는 여성이 능력이 부족하다거나 열등하다는 생각에서 그리해야 한다는 것이 아님에 주의해야 한다. 우리는 순전히 성경이 지시하는 가르침에 충실하려고 하는 마음에서 이 문제에 대한 판단을 해야 하는 것이다. 성경은 교회 안에서의 여성의 사역에 대해서, 그것도 목사직과 장로직에 대해서만 이런 금령을 분명히 하고 있다. 이 사회의 다른 영역에서 여성이 가르치는 것을 이 성경은 금하지 않는다. 또 다른 사회적 맥락에서 여성이 주관하는 자와 치리하는 자와 재판하는 자가 되는 것을 이 성경은 금하지 않는 것이다. 여성이 잘 다스릴 수 있는 은사가 있다면 다른 사회의 영역에서 그와 부합한 일을 하는 것은 하나님의 일을 이루는 일의 한 부분이 될 것이다.

또한 여성이 잘 가르치는 은사가 있다면 이 사회의 여러 영역에서 잘 가르치는 일을 효과적으로 해야 할 것이고, 그리스도인 여성이 그리하는 것은 하나님 나라의 중요한 사역을 감당하는 것이 될 것이다.

그러나 디모데전서 2:12-14의 의미에 대한 우리의 주해가 유지될 수 있다면 교회의 맥락에서는 여성이 공식적으로 가르치는 목사직을 수행하는 것과 다스리는 장로직을 수행하는 것이 허용되어서는 안 될 것이다. 그러므로 이 말씀에서 언급하고 있지 않은 집사직에 대해서는 여성이 그 집사직을 수행할 수 있는 가능성은 열려 있다고 할 수 있다. 특히 로마서 16:1과 디모데전서 3:11에 대한 주해를 참조할 때도 그렇게 해석될 수 있는 가능성이 있다. (물론 이것은 그 자체로 또 깊은 주해적 논의를 필요로 하는 문제이다.) 또한 고래로부터 칼빈을 비롯한 많은 개혁신학자들도 여성의 집사직은 허용적인 태도를 가져 왔다. 이는 집사직이 목사직이나 장로직에 비해 낮은 직임이어서 그런 것이 아니다. 교회의 모든 직임의 평등성은 장로교회의 큰 가르침 중의 하나였기 때문이다. 그러나 이에 대해서도 장로교 헌법에 허용하지 않고 있을 때는 총회에서의 연구와 논의를 거쳐서 헌법이 수정된 후에야 시행해야 할 것이다.

그러므로 결국 여성의 교회 안에서의 목사와 장로로서의 사역 가능성의 문제는 디모데전서 2:12-14을 어떻게 해석하느냐에 달려 있는 것이다. 부디 우리는 이 말씀의 의미에 충실해서 이 말씀에 순종하는 그리스도인이 되었으면 한다. 이 말씀에 대한 해석이 어떻게 되든지 성경의 가르침에서 벗어나려고 해서는 안 될 것이다.

이 문제에 대한 근자의 논의 중에서 가장 성경적이며 개혁파적 전통에 충실하며 이 글의 입장과 가장 유사한 논의로 Edmund Clowney의 『교회』(The Church)에서의 논의를 참조하라. 그러나 그는 필자와 같이 디모데전서 2:12-14에만 근거하여 논의하지 않고, 이 부분을 중시하면서 다른 신약의 구절들도 같은 함의를 지니고 있다고 해석하면서 논의한다. 또한 이와 가까우면서도 집사직까지도 여성이 감당하지 않는 것이 성경적이라는 논의로는 Robert L. Reymond의 논의를 보라. 그의 논의 역시 신약의 폭넓은 구절들을 중심으로 논의하여 가고 있음에 유의해야 한다.

필자의 입장은, 이 글에서 밝힌 바와 같이, 신약의 다른 구절들이 분명히 여성 안수에 대해 논의하고 있는지에 대해서는 확신이 서지 않으나, 디모데전서 2:12-14을 앞뒤 문맥으로 고려하며 읽을 때 이 구절은 창조 질서와 타락의 빛에서 여성의 교회 안에서의 목사로서의 활동과 장로로서의 활동을 금하고 있다고 결론 내리게 된다. 그러므로 우리는 과연 이 구절에 대해서 순종하려고 하는가의 문제를 심각하게 여겨야 한다.

만일에 어떤 분이 이 구절을 주해적으로 바르게 주해하고 (특히 현대의 '양성 평등적 편견' 없이 주해하고) 그 빛에서 여성의 교회 직분 임직을 주장한다면 그것은 학문적으로 용인될 수 있는 일이라고 판단한다. 그런 작업과 활동을 방해하거나 어렵게 하면 안 될 것이다. 이 때 그런 주해와, 필자와 같이 디모데전서 말씀에 근거해서 부정적인 결론을 내리는 해석 가운데 어떤 것이 이 본문에 더 합당한 것인가 하는 것은 후에 주께서 친히 답해 주시리라고 믿는다. 그 때까지 필자는 지금까지의 이해의 빛에서 적어도 디모데전서 2:12-14을 바르게 주해하면 나와 같은 결론에 이르러야 한다고 생각한다. 다른 입장에서 오직 성경 주해에만 근거하여 논의하려는 분들의 의견을 존중하며 높이 사면서 말이다. 그러나 현대 문화적 선입견에 근거하여 논의하려는 모든 태도는 성경보다는 현대 문화적 상황을 중심으로 논의하려는 것이므로 매우 주의해야 할 것이다.

17장

주5일 근무제와 교회

사회가 변화할 때 그 상황에 따라서 교회가 변화할 수 있는 것이 있고, 전혀 변하지 말아야 하는 것이 있다. 마치 복음의 본질은 전혀 바뀌어서는 안 되지만, 복음을 전달하기 위한 외적인 전달의 언어와 문화적 특성은 상황에 따라 달라질 수 있는 것과 같은 것이다. 이런 점에서 보았을 때, 주5일 근무제라는 우리 사회의 새로운 사회적 상황과 관련해서도 교회가 변화할 수 있는 것과 변화될 수 없고 오히려 그 상황을 잘 사용해서 유익을 얻을 수 있는 것이 있다고 생각된다.

1. 재림 때까지 지속되는 '주의 날' (주일)

먼저 변화될 수 없는 것은 무엇일까? 신학적 입장에 따라 이 점을 얼마나 강조할 것인가 하는 것에는 차이가 있지만, 상당히 많은 이들은 우리 주님께서 부활하신 날이고, 성경 가운데서도 독특한 의미로 "주의 날"이라고 지칭하고 있는 주일에 예배하는 일은 시대와 상황이 바뀌어도 계속되어져야 한다는 데에는 의견을 같이 한다. 주일이 그리스도인의 쉼[安息]의 날인가에 대해서는 논란을 벌이는 이들도 주일이 처음부터도 그리스도인의 예배의 날[禮拜日]이었고, 그래야만 한다는 데에 대해서는 별다른 반대를 하지 않는다. 유일한 예외가 있다면 안식교도와 같은 안식일주의자들이나 그리스도 안에서는 모든 날이 다 같은 날임을 극단적으로 주장하는 이들이다. 이 두 가지 예외를 제외하면 대다수의 사람들은 주일에 그리스도인들이 모여서 예배하는 것은 교회 안에서 처음부터 있었던 오래된 관례일 뿐만 아니라, 그리스도인들이 다른 날이 아닌 주일에 모여 예배하는 일에 그저 편의적(便宜的) 요소 이상의 것이 있다는 것에 동의한다. 여기서 가장 중요한 요인은 우리 주께서 안식 후 첫날인 주일에 부활하셨다는 것이다. 그러므로 주일이 그리스도인들의 예배일이고 이는 우리 주께서 다시 오셔서 하나님 나라를 극치에 이르게 하시기 전까지는 계속되어야 한다는 것은 어떤 상황에서고 변할 수 없는 것 같다.

2. 예상되는 변화들

그렇다면 주5일 근무제가 시행되는 상황은 교회에 관연 어떤 변화를 가져오게 할 것인가? 일단 교회가 이 상황 가운데서 위의 원칙에 충실하지 않을 때 나타날 수 있는 상황을 생각해 보고, 그것이 과연 옳은 것인지를 생각해 보기로 하자.

주5일 근무제의 상황 가운데서 가장 먼저 나타날 수 있을 것 같은 현상으로 특히 대형 교회 위주로 다양한 날들의 다양한 예배가 많아지는 것을 예상할 수 있을 것이다. 어떤 교회는 아마 금요일 저녁에 예배를 드리고, 토요일과 주일을 사용해서 여행을 하고, 여러 가지 개인적인 행사를 하려는 이들에게 예배를 드리고 편안하게 다녀오도록 격려할 것이고, 이는 결국 금요일 저녁 예배가 1부 예배로, 토요일 오전 예배가 2부 예배로, 토요일 저녁 예배가 3부 예배로, 그리고 또 주일에도 오늘날과 같은 수차례에 걸친 예배가 있는 현상을 만들어 내게 될 것이라고 전망된다. 이는 결국 하나의 커다란 교회에 다양한 예배가 있어서 교우들에게 다양한 예배 참여 기회를 제공하고 그 중에 어느 한 번만을 참여하도록 하는 예전의 천주교회와 같은 교회의 모습을 만들어 낼 것이다. 그리고 또한 이것은 결국 한 교회에 속한 성도들의 진정한 공동체 의식을 상실시키는 결과를 초래할 것이다. 물론 이는 몇 부에 걸쳐 있는 주일 예배가 있는 지금도 나타나고 있는 현상이다. 그러므로 이제 주5일 근무제가 시행되는 상황 가운데서는 그것이 좀더 다양하게 나타나는 현상을 보게 될 것이다. 처음에는 이것에 대한 일종의 반발이 있게 되겠지만, 이런 시도를 하는 교회들이 소위 앞서 가는 대형 교회들일 것이므로 곧 그와 같은 교회로 성장하려는 많은 다른 교회들도 그런 추세를 따라가게 되어서, 앞으로 그런 일이 우리네 한국 교회의 일반적인 현상으로 나타나게 될 것이다. 문제는 그런 일반화가 어느 정도의 시간적 차이를 가지고 우리 주변에 나타나게 될 것인가 하는 것뿐이다. 즉, 그렇게 되어 가는 것은 그저 시간문제이다.

이미 주5일 근무제의 상황 가운데 있는 서구 교회는 그렇지 않으니 우리나라에서도 그와 같이 되지는 않을 것이라고 생각하는 분들은 우리나라의 교회들의 유행을 따라 가는 추세를 주의해서 보지 못하여서 그런 생각을 하는 것이라고 하면 좋을 것이다. 열린 예배(더 정확히는 "구도자 예배")라는 형태의 예배가 과연 얼마 만에 한국 교회에 깊숙이 침투했는지를 보라. 이렇게 교회 성장과 부흥을 위해서는 유행을 아주 잘 따라가는 한국 교회에서는 몇몇 소위 성장한 교회들이 위에서 언급한 방식을 도입하기 시작하면 너도나도 다들 그런 식으로 나아가게 될 것이다. 우리들에게 있는 가장 큰 우상이 교회 성장 지상주의라는 것은 이미 여러 사람들에 의해서 지적된 지 오래이다. 그러므로 교회의 성장과 특히 부흥에 도움이 된다면, 소위 목회가 잘 된다면, 우리는 원칙을 가리지 않고 모든 방법을 동원하게 되고 그 가운데서 은혜를 받아 주님을 위해 충성을 더하면 된다고 주장하게 된다.

3. 질문들과 성경적 대답

그러나 과연 주일이 아닌 날에 지금 주일 예배에 해당하는 정규 공예배를 드리고, 그렇게 예배드리는 각각의 채플별로 각각의 공동체가 형성되는 것이 과연 성경적인 것인지, 그렇게 하는 것이 과연 교회의 유기성과 하나됨을 드러내는 데 도움이 되는지, 아닌지에 대해서 심각하게 질문해야 한다. 특히 주일은 우리 주님께서 부활하신 날이기에 이날이 그리스도인들의 예배의 날이라는 원칙에 비추어 본다면, 주일 예배가 다른 날로 이전되는 것에 대해서 우리는 대세를 따라가려는 일에 대해서 강한 부정을 발해야 할 것이다. 이것은 물론 어려운 일일 것이다. 앞서도 말했지만 당장은 아니겠지만 조만간 위에서 언급한 상황이 한국 교회의 대세(大勢)가 될 것이고, 소위 성장하는 교회는 그런 예배 형태를 가져야만 하는 것이라고들 생각하게 될 것이기 때문이다. 교우들이 전혀 예배하지 않고 이 세상에로 몰려가는 것보다야 이런 식으로라도 예배하는 것을 유도하고, 그렇게 해서 신앙이 생기면 되지 않겠느냐고 반론을 제기할 분들도 있을 것이다. 그러나 그렇게 할 때 결국에는 모든 다른 예배를 폐지하고 다시 주일 예배로 돌이킬 의사가 있는 것인지를 질문하면 또 다른 대답이 나오게 될 것이다.

그런 대세(大勢)에 저항하여 나가기 위해서는 목회자들과 성도들의 비상한 각오와 경각심이 있지 않으면 안 된다. 주께서 우리를 불러내어 섬기게 하신 본질적인 사명이 무엇인지를 깊이 생각하는 가운데서 온 세상에 주의 죽으심과 부활을 증언하도록 하기 위해 주께서 부활하신 주일에 예배하게 하신 그 의미를 잘 드러내도록 온 교회의 성도가 다 함께 모여 주일 예배를 드리는 일의 복음적, 선교적 중요성을 인식한 각성과 노력만이 이런 대세에 대한 바른 저항을 할 수 있게 할 것이다.

그리고 이런 저항을 하여 나갈 때 우리가 매우 주의해서 피하여야 할 일은 "이런 저항을 하는 나는 옳고 그렇게 하지 않는 너를 틀렸다"는 식의 사고와 정죄 의식, 그리고 독선적인 태도의 표명이다. 만일에 우리가 그런 태도를 드러낸다면 그것은 결국 한국 교회에 또 다른 형태의 분열을 가져오게 하는 것이기 때문이다. 그렇다면 어떻게 해야 하는가? 그 누구도 정죄하지 않으면서 겸손하게, 그러나 자신들은 명확하게 성경적 원리에 충실한 교회의 모습을 이 땅에 잘 드러내어 보여 주는 일만이 우리를 이런 상황 가운데서 바르게 생각하며 행동하는 교우들과 교회가 되게 할 것이다.

4. 결론: 그러면 우리는 어떻게 할 것인가?

그렇다면 주5일 근무제의 상황 가운데서 우리는 어떻게 하는 것이 바른 교회의 자태를 이 땅에 드러낼 수 있는 것일까? 몇 가지 다른 방향에서의 제시가 있을 수 있겠다.

첫째로, 주일은 웨스트민스터 표준 문서의 전통을 따라서 지금과 같이 우리 주님께 바르고 온전하게 예배하는 일과 교제하고 교육하는 일, 기타 부득이한 일과 자선의 일을 하면서, 지금 우리들의 교회들에서 열심히 교회의 일을 하는 분들이 겪고 있는 문제를 해결하는 방도로 토요일을 사용할 수 있을 것이다. 그래서 교우들이 가족들과 함께 여행도 못 다니고, 같은 직장의 다른 분들과 같이 야유회도 못 가고 했던 것을 다들 토요일을 이용하여 할 수 있도록 인도할 수 있다. **특히 국가나 공공 단체에서 실시하는 각종 시험** (검정고시, 카츄사 시험, 각종 검정 시험, 태권도 승단 심사 등)**을 주일에 시행하는 것에 대해서 모든 그리스도인들이 강력한 저항을 하여 앞으로는 공적으로 쉬게 될 토요일에 시험을 이루도록 할 수 있을 것이다. 이때야 말로 주일에 공공시험을 시행하는 것을 폐지하도록 할 수 있는 절호의 기회이다.** 이번 기회를 놓치면 우리는 아마 오랫동안 주일에 시험 보는 것을 막을 수 없는 무력한 그리스도인들로 남게 될 것이다. 이런 일을 성공적으로 하면 우리들은 토요일에 근무하지 않는 상황을 최대한 잘 이용해서 주일에 주님이 원하시는 온전한 예배를 드리도록 할 수 있다. 물론 이런 일을 할 때도 그리스도인들이 애를 써서 사회를 인도해 가지 않으면 이 사회는 계속해서 주일에도 그리스도인에게 여러 가지 일들의 수행을 요구해 올 것이다. 그러므로 주일에 바르게 온전하게 예배드리도록 하기 위해서는 모든 그리스도인들의 의식에 가득 찬 노력이 있어야만 한다.

둘째로, 교회에서는 토요일을 사용해서 다양한 교육 프로그램을 개발해 제공할 수 있을 것이다. 특히 온 가족이 함께할 수 있는 다양한 교육 프로그램을 제공한다면, 주5일 근무제 상황을 교회가 좀더 적극적으로 이용하는 것이 될 수 있을 것이다. 교회는 주일에 바른 예배를 위해 성도들을 잘 가르치고, 또 성도들이 교제할 수 있도록 해야 하는데, 지금은 주일에 그 일을 하기에 여러 문제가 있으나, 이제 토요일을 쉴 수 있게 되는 상황 가운데서는 토요일을 사용해서 그런 교육과 교제의 기회를 가질 수 있도록 해야 한다. 교회와 교회 안의 각 부서의 다양한 체육 행사나 다른 친교를 위한 모임 등등을 토요일에 하도록 한다면, 결국 주일에 보다 바른 예배를 드리도록 하며, 주일은 다른 일을 하지 않고 특히 예배에 전념하도록 할 수 있을 것이다.

이와 연관해서 토요일을 사용해서 주일 학교 교사들이 함께 훈련받으며 함께 준비하도록 하는 시간을 가지게 된다면 지금보다 좀더 효과적인 주일학교 교육을 할 수 있을 것이다. 물론 이때 교사와 성도들의 주님의 일에 대한 헌신이 전제되지 않으면 이 모든 말은 다 헛된 말이 된다. 모일 사람들이 모일 마음을 가지고 있지 않을 것이니 말이다. 그렇게 되면 교역자들과 열심히 해 보려는 몇몇 교우들만이 심중의 부담감과 어려움을 겪게 될 것이다. 그러므로 중요한 문제는 한국 교회의 모든 교우들이 온전히 주님의 뜻에 복종해서 자신들을 주께 헌신하는 일이다.

마지막으로, 주5일 근무제를 실시하는 기본적 이유 중의 하나인 우리 주변의 가난하고 일할 수 없는 사람들에 대한 배려를 교회가 잊어서는 안 될 것이다. 그들을 돌아보는 것이 전적으로 교회에게 주어진 책무는 아니다. 교회는 기본적으로 자선 단체나 구호 단체가 아닌 것이다. 그러나 교회가 구제와 주변의 사람들, 특히 소외되고 연약한 이들에게 대한 돌봄을 소홀이 한다면 교회는 형제를 지키는 그 직무를 다하지 않는 것이 된다. 가난한 이들은 항상 우리 주변에 있다고 주께서는 말씀하셨다. 그들의 존재는 우리의 도움과 행동을 요구하는 것이다. 그러므로 주5일 근무제의 상황 속에서 우리는 더욱 더 주변의 소외되고 어려운 이들을 돌아보는 일에 신경을 써야 할 것이다. 우리와 온 세상 사람의 믿는 사람을 구원하는 복음에 참으로 합당하게 하는 삶이 이런 주5일 근무제 상황속에서 우리들에게서 더 잘 드러날 수 있기를 원한다.

18장

〈서평〉

오늘날에도 과연 사도들과 선지자(예언자)들이 존재하는가?

Wagner, Peter, et al. *Pastors and Prophets*. Colorado Springs, CO;
Wagner Publications, 2000. 임종원 옮김. 『목사와 예언자』
서울: 도서 출판 진흥, 2004. Pp. 141.

교회 성장학파의 대변자의 한 사람으로 여겨지는 피터 와그너(Perter Wagner)와 그의 입장을 존중하고 그를 따르는 몇몇 저자들이 목사와 예언자의 건강한 관계를 규정하고 제시하려는 몇 편의 글을 담은 책을 출간하였다. 이 책이 담고 있는 내용은 오늘날에도 사도들과 선지자(예언자)들이 있다는 전제에서 주어진 것이다. 이런 전제 가운데서 이들 예언자들과 목회자들은 과연 어떤 관계를 가져야 하는가를 질문하고 답하는 책이다. 그러므로 이 책은 와그너의 『사도들과 예언자들』[1]의 자매편으로 그 책과 성격을 같이 하며 와그너 교수의 그 동안의 관심과 노력의 방향을 잘 표현해 주는 책이라고 할 수 있다. 와그너 등은 이 시대에 가장 필요한 일이 "예언자들과 예언 사역을 위한 영적인 규약(protocol)을 개발하는 데 온 힘을 집중하는"것이며, 이 일을 멋지게 완수하여 예언을 믿는 교회 지도자들 사이에서 그 규약에 폭넓게 받아지도록" 해야 하는 일이라고 한다(25). 그래서 와그너 등은 이 책에 "건강한 교회를 위한 규약"이라고 하였다. 와그너 교수와 이 일단의 저자들의 견해를 성경적으로 점검하기 위해 먼저 그들의 주장 가운데서 그래도 성경적으로 지지할 만하며 많은 이들의 동의를 얻을 수 있는 내용을 언급하고 후에 그 문제점들을 구체적으로 생각해 보도록 하겠다.

1. 와그너와 이 저자들의 주장 가운데서 성경적으로 긍정적인 점들

와그너 등이 건강한 교회에 관심을 가지는 것에 대해 우리는 모든 이들과 함께 감사하게 생각한다. (그러나 그가 생각하는 건강한 교회의 내용에 대해서는 수많은 이들이 의아하게 생각하게 될 것이다). 또한 "교회를 다스리는 직분 체계는 결국 성경적 형태를 취할 수밖에 없다"(9)는 와그너의 첫 말에는 모든 성경적 그리스도인들이 동의할 것이다. (그러나 후에 드러나겠지만 와그너가 말하는 성경적 형태와 우리가 말하는 성경적 형태는 판이하게 다른 것이다.) 더구나 에베소서 4장에 승천하신 그리스도께서 그리스도의 몸인 교회를 위해 직분 체제와 운영 체제를 계획하시고 적절히 세워 놓으셨음을 알 수

---

[1] Peter C. Wagner, *Apostles and Prophets: The Foundations of the Church* (Ventura, CA: Regal Books, 2000).

있다는 말은 매우 중요한 것이다(9). 또한 교회가 오랫동안 이 "이상적인 직분 체제와는 훨씬 동떨어진 모습으로 운영되었다"(9)는 말에도 모든 개신교도들은 동의할 것이다. (그러나 와그너는 1600년이라는 말에 종교 개혁시대와 우리 시대까지의 교회의 직분 체제를 다 넣어 말하는 듯하다. 그러므로 그가 의도하는 것과 우리가 생각하는 것은 또 한번 다른 것임을 유의하면서 그의 글을 읽지 않을 수 없다.) 또한 목사와 교사의 관계를 상호 밀접한 것으로 이해하고 있는 것도 상당히 긍정적인 것이다(12). 그리고 사제(priest)라는 비성경적 직분을 대체한 목사는 "개신교 종교개혁 이후로 제자리를 되찾았다"(13)는 점을 잘 지적한 것도 옳은 것이다. 또한 스테판 만스필드(Stephen Mansfield)와 마이크 비클(Mike Bickle), 그리고 톰 하몬(Tom S. Hamon)이 교회 안의 여러 은사를 지닌 이들이 서로 균형을 이루고 서로 도와야 한다고 주장하는 것은(72-74, 82f., 98f., 136) 바르고 건전한 것이다. 또한 킹슬리 플레쳐(Kingsley A. Fletcher)가 "가장 중요한 요소는 선포된 말씀이다. 이는 사람들의 생사를 결정하는 것이 바로 말씀이기 때문이다"(109)고 말하는 것도 매우 옳은 것이다. 그리고 다른 모든 것을 말씀과 일치시켜야 한다고 주장하는 것이 매우 옳다. 문제는 이 말을 하는 그를 비롯하여 이 저자들이 이 원리에 끝까지 충실하는가 하는 점이다.

그러므로 그들의 주장의 몇 가지 부분에 대해서는, 특히 시작 부분에서 성경적으로 해야 한다고 말할 때에는 그들의 주장에 동의할 수 있지만 그 내용이 본격적으로 드러나는 순간부터는 그들의 주장에 전적인 동의를 표하기 어려운 것이다. 이제 그렇게 되는 원인을 그들의 주장의 문제점에 대한 지적과 함께 제시해 보기로 하자.

2. 와그너와 이 저자들의 주장의 문제점

1) 일반적 문제점들

기본적으로 와그너는 세대주의 신학에 근거하면서 그것을 자신의 의도에 일치하도록 적절히 변경하면서 논의하고 있음을 의식하는 것이 중요하다. 예를 들어서, 와그너는 신약 시대를 율법 시대와는 다른 "은혜의 시대"라고 언급하면서 그런 상황에서 예언자는 과연 어떤 존재인지를 묻는다(19). 이렇게 함으로써 그는 두 종류의 대적자를 얻게 된다고 생각된다. 하나의 대적자들은 그의 세대주의적 해석에 반대하는 언약 신학적 대적자들이다. 또 하나는 그의 수정에 반대하는 세대주의적 대적자들이다.

와그너와 이 저자들의 좀더 심각한 일반적 문제는 "성경적"이라는 말을 사용하면서 그들이 이 말에 대해 부여하고 있는 그들 나름의 독특한 함의이다. 그러므로 우리는 그들이 말하는 "성경적"이라는 말에 대해서 그것이 과연 무엇을 의미하는 것인지를 명확히 알 때까지는 선뜻 동의할 수 없게끔 하는 논술을 그들이 하고 있다는 말을 하지 않을 수 없다. 이 얼마나 안타까운 일인가? 그리스도인들이 성경적이라는 말에 대해 그 의미를 일일이 생각해 보아야 하는 이상한 주장과 논의를 제시하는 이들은 과연 무엇이란 말인가? 왜 이들에 대해서 이단자들이 "성경적"이라고 말할 때 느끼는 불안을 가지도록 생각하고 논술하는 것일까? 이것이 가장 안타까운 일이 아닐 수 없다.

그러므로 이는 결국 그들의 성경 주해가 가지고 있는 일반적인 문제를 노출시켜 주는 것이다. 주해를 이상하게 하기 때문에 그들이 "성경적"이라고 하는 것은 그 주해의 내용을 가지고 따지면 결국 성경적이지 않은 것으로 드러나게 된다. 그 대표적인 예가 에베소서 4:11 이하에 근거해서 교회의 직분을 말한다고 하면서 그 본문과 상관없는 것들을 때때로 삽입하는 것들에서 잘 나타난다. 예를 들자면, 와그너는 전도자를 언급하면서 "약 150년 전에 찰스 피니(Charles Finney)가 역사의 무대에 등장하기 전까지는 [전도자는] 그렇게 폭넓게 주목받지 못했었다"고 말한다(13). 와그너에게는 초대 교회의 전도자들이 관심이 아니라, 오늘날의 전도자들이 관심인 것이다. 더 심한 것은 그 본문이나 다른 성경 구절에 있지도 않은 "중보자"(intercessors)라는 직분을 그가 삽입하고 있는 점이다. 그는 모든 그리스도인들이 서로를 위해 기도한다는 일반적인 의미에서 이 말을 사용하는 것이 아니라, 교회의 독특한 직분으로 이를 언급하면서 이는 "1970년대에 이르러서야 받아들여지기 시작한 직분이다"고 말하고 있다(13). 그는 이런 것이 에베소서 4:11에 있지 않음을 알면서도 "그러나 중보자는 촉매제처럼, 예언자와 사도들의 길을 예비하는 지극히 중요한 기능을 감당하는 주목할 만한 직분이기 때문에 꼭 언급하고 싶다"(14)고 말하면서 이를 목사, 교사, 예언자, 사도와 함께 교회의 5대 직분으로 언급하는 것이다. 그러므로 와그너가 말하는 교회의 5대 직분이(10-14, 29, 37) 엄밀히 성경에 근거한 것이 아니며 오히려 자신의 경험에 근거한 것임이 잘 드러나는 것이다. 흥미로운 것은 와그너뿐만이 아니라 이 책에 기고한 다른 이들도 이와 같은 다섯 직분에 대한 같은 이해를 나타내고 있다는 것이다(57-59, 73, 107, 126). 그들은 이런 이해를 와그너로부터 배워 같이 공유하고 있는 듯하다. 그리고 이와 같은 논의는 이런 용어를 사용할 때 그들이 성경의 본래적 의미보다는 오늘날 그들이 이런 역할을 한다고 생각하는 이들이 있다는 자신들의 경험에 근거한 논의를 하고 있다는 것도 잘 드러내는 것이다. 이와 같이 철저히 성경에 근거해 있지도 않고, 교회사적 전통에 근거하지 않은 개념들을 일정한 무리의 사람들이 공유하면서 다른 이들에게 마치 그것이 성경적인 것인 양 제시하는 것이 얼마나 위험한 것인지를 깊이 숙고해 보라.

톰 해몬(Tom Hamon)은 오늘날 예언이 있을 수 있음을 말하면서

에베소서 1:17 말씀을 인용하고 있다(123f.). 이 본문이 말하는 "지혜와 계시의 정신"이 과연 소위 제한된 의미의 예언자들에게 있는 것이라는 의도로 바울이 말하는 것인가? 오히려 모든 그리스도인은 다 지혜와 계시의 정신으로 충만하여 하나님의 뜻을 잘 분별하도록 해야 할 것을 이 본문에서 말하고 있는 것이지 않은가? 그럼에도 불구하고 이런 본문을 주로 목회자와 소위 예언자들에게 이를 제한하여 생각하는 것은(124, 136) 이들이 가진 성경 주해의 자의성을 잘 드러내어 주는 것이라고 할 수 있다.

2) 근원적인 문제

이들의 근원적인 문제는 역시 오늘날에 예언자들이 있다는 것이다. 그리고 이것의 가장 근본적인 문제점은 오늘날에도 하나님의 직접적인 계시가 주어진다고 하는 것이다. 그러므로 와그너 등의 목소리는 오늘날 가장 세련된 형태로 제시되고 있는 직통 계시파의 목소리라고 할 수 있다. 와그너 자신은 이미 오래 전부터 예언을 다음과 같이 정의해 왔었다: "예언은 하나님께서 그리스도의 몸에 속한 특정한 구성원들에게 허락하시는 특별한 능력으로, 거룩하게 기름 부으신 선포를 통하여 그 분의 백성들에게 하나님의 즉각적인 메시지를 전달하기 위한 수단이다."[2] 그리고 와그너에 의하면, "예언자는 하나님의 음성을 듣고 … 이것은 예언자가 받은 은사"라는 것이다(50). 와그너는 이런 예언이 오늘날에도 있다고 생각하며 1999년에 콜로라도 스프링스에서 2,500명의 소위 예언자들과 예비 예언자들을 모아 전국 예언자 학교(the National School of the Prophets)를 개최하기도 하였다고 한다(41). 그는 여러 형태의 계시가 더 더해질 것이라고 제시한다. 특히 현재로서는 자신이 전도자의 은사와

---

[2] Peter C. Wagner, *Your Spiritual Gifts Can Help Your Church* (Ventura, CA: Regal Books, 1979, 1994), 229, cited in 『목사와 예언자』, 21f. 에서 재인용.

직분에 대한 이해가 별로 없지만 "하나님께서 가까운 장래에 … 전도자들에 대한 새롭고 놀라운 통찰을 계시하실 것이라는 잠재된 예감이 [자신] 안에 자리잡고 있다"고 한다(31). 그리고 그는 "교회에 예언자들이 없는 것보다는 있는 것이 훨씬 더 건강하다"고 단언한다(49). 톰 해몬(Tom S. Hamon) 역시도 같은 견해를 표한다: "… 예언이 없다면 [교회가] 마땅히 드러나야 할 건강한 모습을 보여 줄 수 없다."(132) 또한 와그너는 오늘날에도 있는 이 예언자들과 (후에 언급될) 사도들이 교회의 기초라고 주장한다(49). 와그너는 이와 같이 하나님의 계시가 지속적으로 주어진다고 생각하는 것이다. 만스필드는 이렇게까지도 말한다: "하나님께서는 개인적인 예언자들만이 아니라, 예언하는 사람들을 일으키고 계신다. … 지혜로운 목회자들의 사역은 진정한 예언적 교회가 이 세대에 일어나리라는 소망을 품을 수 있는 가장 커다란 이유다"(74f.). 캔사스 시의 국제 기도의 집(International House of Prayer) 대표로 있는 마이크 비클(Mike Bickle)은 자신이 목회하는 메트로 교회(Metro Christian Fellowship)에는 "예언적인 꿈, 이상, 그리고 환상을 보는 수많은 사람들이 있다"고 말한다(79). 한국 교회는 이런 주장에 대해서 과연 어떻게 생각할까?

우리가 이 질문에 대답하기 전에 유념해야 하는 한 가지 중요한 사실은 (성경 이외에 하나님의 직접적인 계시가 오늘날에도 지속적으로 계속된다는) 이런 생각은 그 동안 장로교 신학(개혁 신학)과 정통 신학에서 일반적으로 주장해 온 바와 정면으로 배치되는 주장이라는 것이다. 예를 들어서, 웨스트민스터 신앙고백서의 진술 가운데서 1항 마지막에 있는 "**하나님께서 자기 백성에게 자신의 뜻을 계시해 주시던 과거의 방식들은 이제 중지되어 버렸다**"는 진술과 6항 중에 진술된 "**이 성경에다 성령의 새로운 계시에 의해서든 아니면 인간들의 전통에 의해서이든 아무 것도 어느 때를 막론하고 더 첨가할 수가 없다**"는 말과 이런 주장들을 비교해 보라.[3] 이와 같은 노선에서 성경적인 개혁신학자들은 아주 온건한 형태의 예언 인정의 논의에 대해서도 강하게 반박하여 왔다.4 이런 문제에 대한 좋은 개혁신학자의 한 사람인 로버트 레이몬드 교수의 다음 같이 강한 입장을 들어 보라: "하나님께서 오늘날도 예언자들과 방언을 통하여 사람들에게 직접적으로 말씀하신다고 믿는 것은 그만큼 그가 성경을 하나님으로부터 온 말씀으로 절대적으로 필요로 하지 않는 것이며 따라서 오직 성경의 위대한 종교 개혁적 원리를 버려 버린 것이다."5 그는 다른 개혁 신학자들과 함께 "신약 선지자들의 영감은 그쳐졌으므로, 선지자직도 그쳐졌고," "선지자적 직임은 가르치는 직임 속으로 편입되어졌다"고 한다.6 한마디로 개혁파 신학에서는 오늘날에는 선지자(예언자)가 없고 성경에 의존해야 한다는 주장을 히여 온 것이다.7 물론 오순절파에서는 오늘날도 예언이 있다는 식의 주장을 강도의 차이는 있지만 계속 주장해 왔다. 그러므로 이 책의 주장은 정통파 교회, 적어도 장로교회의 가르침과는 대척(對蹠)적인 주장을 펴는 것이다. 그러므로 장로교 신학(개혁신학)의 입장에서는 이 책의 주장을 비성경적이며 반성경적인 주장이라고 판단하지 않을 수 없다. 성경에다 어떤 계시의 내용을 더하려고 하는 이런 주장은 그런 식의 잘못을 범하는 다른 이들과 근본적으로 다를 바 없는

---

3 *The Westminaster Confession of Faith*, I. 1. 1 & I. 1. 6.

4 Cf. Richard B. Gaffin, Jr., *Perspectives on Pentecost* (Phillipsburg, N.J.: Presbyterian and Reformed, 1979), 65–67; R. Fowler White, "Richard Gaffin and Wayne Grudem on I Cor. 13:10: A Comparison of Cessationist and Nocessationist Argumentation," *Journal of Evangelical Theological Society* 35/2 (1992): 173–81; idem, "Gaffin and Grudem on Ephesians 2:20: In Defense of Gaffin's Cessationist Exegesis," *Westminster Theological Journal* 54 (Fall 1993): 303–20; O. Palmer Robertson, *The Final Word* (Carlislie, Pa.: Banner of Truth, 1993), 85–126; Edmund P. Clowney, (Downers Grove, Ill.: IVP, 1995), 257–68.

5 Robert L. Reymond, *A New Systematic Theology of the Christian Faith* (Nashville, Tennessee: Thomas Nelson Publishers, 1998), 59.

6 Reymond, *A New Systematic Theology of the Christian Faith*, 84. Cf. David Clyde Jones, "The Gift of Prophecy Today," *The Presbyterian Guardian*, (December 1974), 163–64.

7 John Murray, *Collected Writings*, 1:19–22.

잘못을 범하는 것이라고 하지 않을 수 없다.

와그너 등은 그들이 말하는 예언이 이루어지지 않는 문제에 대해서 잘 알고 있다. 그래서 그들은 이 시대에는 예언의 양상이 변했다는 점을 말한다(21).8 (구약의 참 선지자의 예언은 반드시 이루어져야 하지만 이 시대에는 참 선지자의 예언도 꼭 성취되어야 하는 것은 아니라는 그 논의에 선뜻 동의할 수 있는 이가 얼마나 있을지 잘 모르겠다). 또한 와그너는 Y2K(Year 2,000 - 즉, 2,000년이 시작될 때 획기적 변화가 있을 것임에 대한)에 대한 예언자들의 예언이 전대미문의 가장 성공적인 예언이었다는 세속 학자인 테드 다니엘스(Ted Daniels)의 말을 인용하면서 결론 내리기를 예언은 조건적이라고 주장한다(47). 이 말은 와그너가 테드 다니엘스의 비유적인 말을 과연 바르게 이해하고 하는 말인지를 묻게 하는 말일 뿐만 아니라, 예언한 대로 이루어지지 않은 것에 대한 변명조의 말로 들리는 표현이 아닐 수 없다. 와그너가 다니엘스의 말을 제대로 이해하고 인용하고 있는 것인지는 다니엘스가 하는 말인 "우리는 엄청나게 쏟아 부었는데 (즉, Y2K를 위해 대비했는데), 결과적으로 구원을 받고 살아남았다는 겁니다."는 말을 어떻게 이해하느냐의 문제와 관련된다. 과연 Y2K에 예견된 일이 일어나지 않은 것은 이 예언자들의 말을 듣고 미리 잘 준비해서라고 말할 수 있는 것일까? 결국 와그너 자신이 잘 말하듯이 그들은 "핑계를 댄다는" 반박을 받을 수밖에 없다(47). 또한 예언이 조건적이라고 하면서 사람들의 반응에 따라서 하나님께서는 선포한 말씀을 바꾸신다고 표현하는 것(47)이 사람들에게 성경으로 바르게 이해하도록 하는 데 과연 도움이 될 것인가? 오히려 하나님에게는 변함이 없으심을 분명히 하고, 하나님께서 구약에 선포하도록 하신 말씀 안에 회개하면 주께서 돌이키실 것이라고 신인동성론적 표현이 나타나고

---

8 와그너는 Mike Bickle, *Growing in the Prophetic* (Orlando: FL: Creation House, 1996), 97을 인용하면서 이 논의를 하고 있다.

있음을 분명히 하는 것이 더 옳지 아니한가?[9]

사실 이 저자들은 소위 예언을 하는 이들의 문제점을 잘 알고 있다. 예를 들어서 그들은 예수 믿기 이전에도 일종의 영적 감지력을 지닌 사람들일 경우가 많음을 스테판 만스필드(Stephen L. Mansfield)는 이 책에 실린 자신의 글에서 잘 지적하고 있다(59f.). 또한 이들은 흑백논리로 생각하려는 경향이 두드러진다고 말한다(61). 더구나 이들은 "다른 사람의 삶에 대해서는 자신들에게 떠오르는 모든 것을 예언의 말씀으로 쏟아 낼 수 있지만, 자기 삶에 대해서는 아무리 사소한 문제라도 하나님의 음성을 전혀 들을 수 없다"고까지 말한다(63). 마이크 비클도 이런 이들의 많은 문제를 잘 지적하고 있다(92). 그렇다면 모든 이들이 이런 이들에게 "너 자신이나 고치라"라고 말하지 않겠는가?

또한 마이크 비클은 소위 예언하는 이들의 말에 거짓말이 많다는 것과 회중 가운데 상당한 사람들이 이들에게 조종당한다는 느낌을 받는 데 지쳐 있다는 것도 자신의 경험으로부터 잘 알고 있다(85). 그러므로 이들은 소위 예언자라고 하는 이들과 부딪히는 많은 경험을 하였고 또 지금도 그런 일을 경험하는 것이다(88). 사실 이 책이 쓰여진 이유가 바로 그런 이들과의 관계를 어떻게 가져야 하는지를 보여 주기 위한 것이다. 그러므로 이 책 자체가 이런 직통 예언파의 내재적 문제를 잘 드러내 보여 주고 있는 것이다. 가장 대표적인 예로 마이크 비클의 다음 말을 생각해 보라: "… 예언하는 사람들이 교회 사역을 무너뜨릴 뿐만 아니라 자기 자신의 사역도 마찬가지로 무너뜨릴 수 있다는 사실을 깨달았다"(90).

이외에도 이 저자들은 소위 예언자라고 하는 이들이 나타내는 수많은 문제를 잘 알고 있다(111). 톰 해몬(Tom S. Hamon)도 소위 "(오늘날에 있다고

---

[9] 하나님의 섭리에 대한 이런 입장에서의 논의로 Paul Helm, *The Providence of God* (Leicester: IVP, 1993), 이승구 옮김 『하나님의 섭리』 (서울: IVP, 2004)를 보라.

하는) 예언은 … 동시에 교회에서 가장 커다란 잠재적 위험을 내포하고 있는 부분이기도 하다"(121)고 하며, 또한 소위 예언된 것들 가운데서는 "거짓 말씀이나 해로운 말씀이 있었다"(133)고 솔직하게 인정하고 있다(121). 그러므로 우리는 이 저자들에게 다음과 같은 질문을 하지 않을 수 없다. 이런 문제를 잘 알면서도 이런 이들을 예언자라고 하면서 그들이 교회의 건강을 위해 필요하다고 말하는 이 집단은 과연 무엇을 추구하는 것일까? 성경의 명백한 가르침과 교회의 오랜 성경적 전통을 벗어나 이와 같이 나아가려고 하는 이들의 문제점은 조금이라도 성경과 성령의 가르침에 민감한 이들은 다 잘 알게 될 것이다.

사실 이 책을 잘 읽으면 우리는 소위 예언한다는 이들을 그렇게 두려워할 필요가 없음을 잘 알게 된다. 그들이 실질적으로 계시의 말씀을 전하는 것이 아님을 직감할 수 있게 되기 때문이다. 이 책이 잘 증언하고 있듯이 소위 예언한다고 하는 이들은 문제가 많으며, 마음의 상처를 가지고 있고, 문제를 일으키기 쉬운 사람들이다. 그러므로 문제는 어떻게 하면 그들을 이런 헛된 추구로부터 돌이켜서 하나님을 성경적으로 바르게 섬기도록 할 것인가 하는 목회적인 문제인 것이다. 이 책이 제시하는 대로 예언 사역을 인정하면서 어떻게 그들을 목회할 것인가 하는 것이 아니라, 보다 근본적인 방향 전환을 하도록 하는 목회적 전략이 필요한 것이다.

3) 좀더 심각한 문제

그러나 와그너 등의 주장은 이전의 직통 계시파보다 그런 입장의 전제에 좀더 철저한 면도 지니고 있다. 그것은 그들이 1990년대 이후를 신사도적 종교개혁(New Apostolic Reformation) 시대라고 규정한다는 것이다(25).[10]

---

[10] 또한 다음 책도 보라. Peter C. Wagner, *The New Apostolic Churches* (Ventura, CA: Regal Press, 1998).

바로 이런 입장에서 와그너는 사도들은 "1990년대에 이르러서야 교회에서 활동하는 공식 직분으로서 올바른 위치를 차지하기 시작했다"고 주장한다(14, 17쪽도 보라). 또한 앞부분에서도 "우리가 수백 년 교회사에서 처음으로 교회의 성경적 직분 체제를 다시 한번 주목하고 있다"(10)고 말했다. 이에 대해서 우리는 **종교 개혁자들과 함께 상당한 의아함을 표하지 않을 수 없다.** 오늘날 와그너 등이 말하는 사도라는 말은 좀더 새로운 말이라고 할 수 있다. 여기에 와그너 등의 주장의 좀더 심각한 문제가 있다고 여겨진다. 일반적인 직통 계시파는 1세기의 사도들의 독특한 지위를 인정하면서 예언 사역이 지속된다고 주장해 왔는 데 비해서, 이제 와그너 등은 그럴 뿐만이 아니라, 그 예언 사역과 건강한 관계를 지니고 있는 오늘날의 사도들이 있다고 주장하는 것이기 때문이다. 그래서 일반적인 예언자들을 '실라'로 규정하고 그와 바울 같은 관계를 지니고 있는 사람들이 있다는 것을 시사하는 것이다. 예를 들어서, 와그너는 자신에 대해서 척 피어스(Chuck Pierce)가 예언자로 있고 자신은 그와 바울—실라의 관계를 맺고 있다고 말한다(33). 그리고 자신을 "사도이자 교사"라고 말한다(39). 또한 와그너는 자신의 이런 입장에 근거하여 1999년부터 최소한 일 년에 두 번씩 "예언하는 장로들의 사도 협의회"(The Apostolic Council of Prophetic Elders) 모임을 개최하고, 자신이 이 집단의 사도로서 의장직을 감당한다고 말한다(33f.). 물론 와그너는 자신의 사도직은 수평적 사도직(horizontal apostolic)이며, 이 사람들의 모임을 제외하면 어떤 개별적인 예언자들에 대해서 아무런 '수직적' 혹은 지속적인 사도 직분을 감당하지 않는다고 밝힌다(34). 그렇다면 구태여 사도라는 말을 사용하는 이유는 무엇일까를 묻지 않을 수 없다. 그러나 와그너 등은 사도라는 용어의 사용을 피하려 하지 않는 듯이 보인다. 그러므로 초대 교회의 사도들과 비교하여 어느 정도의 차이는 인정하지만,

오늘날도 사도가 있다는 주장을 와그너 등은 하는 것이다.

3. 결론

오늘날에도 하나님의 직접적인 계시가 있다고 주장하며, 일단의 사람들이 사도 협의회라는 이름으로 모인다는 것에 대해서 1세기의 사도들이 과연 어떻게 생각할 것인가? 더 나아가서 그 사도들을 불러서 위임하신 주 예수 그리스도께서 과연 어떤 태도를 취하실까? 이 글을 읽는 대부분의 독자들이 그렇게 느끼듯이 이런 식으로 지속하는 것은 결국 사도와 종교적 천재의 차이를 무시하는 것이지 않을까?

하나님 앞에 민감하고 기도를 열심히 하며 하나님의 뜻에 근거하여 우리 개인의 삶과 교회 공동체의 삶을 유지해 나간다는 것은 반드시 있어야 할 일이다. 그것에 반대할 그리스도인은 없을 것이다. 우리는 하나님의 말씀에 좀더 유의해야 하고 기도에 힘써서 매일 매일의 삶에서 하나님의 인도하심을 따라 살아가려는 노력을 계속해야 한다. 그러나 그렇게 할 수 있는 모든 근거를 주께서는 이미 성경의 가르침과 내주하시는 성령님으로 우리에게 주신 것이다. 1세기의 사도들이 죽은 이후에 또 다른 사도들이 주어질 것이라는 시사를 성경은 우리에게 주고 있지 않다. 오히려 1세기의 사도와 선지자의 터 외의 다른 터를 닦는 일이 있을 수 없는 것이라는 강한 경고가 성경에서 주어지고 있는 것이다. 그러므로 우리는 언제나 1세기의 사도들이 우리들의 사도들이며, 그 사도적 가르침에 근거해서 교회와 성도들이 세워져 있음을 강조해야만 한다. 성경적 사도적 가르침에 다른 것을 더하는 이들에게 저주를 선언하는 바울의 선포(갈 1장)가 두렵지 아니한가? 성경에 있는 사도들 외에 사도가 있다고 말하며, 어떤 식으로라도 자신을 사도직인 것으로 말하는 이들이 있다는 현실이 무시무시한 현실이다. 마찬가지로 이 사도들과 선지자들의 사역이 그쳐진 후에 또한 하나님의 직접적 계시가 있다고 말하는 이들도 성경의 가르침에 충실하지 아니한 이들로 판단되어야 하는 것이다.

우리들 시대에 성경의 명확한 가르침에서 이렇게 현저하게 벗어난 가르침들이 난무하며, 그것이 많은 이들에게 영향을 미치고 있다는 것은 우리들이 살고 있는 시대의 영적인 어두움이 얼마나 심각한 것인지를 단적으로 보여 주는 것이다. 사실 이 책이 쓰여진 이유 중의 하나도 소위 예언을 한다는 이들 사이의 혼란이 너무 심각하여 그들을 위한 일종의 영적 규약을 제시하고자 하는 것이라고 하는데(25), 이런 예언이 지속적으로 있다는 것을 인정하는 이런 책 등이 그런 영적 혼란을 더 부추길 것을 왜 생각하지 못하는지 안타깝다. 오늘날의 혼란을 막고 영적인 어두움에서 벗어나게 하는 길은 성경이 말하는 사도적 가르침으로 돌아가는 일이다. 사도적 가르침에 의하면, 성경의 가르침에 무엇이라도 더하지 않으며 오히려 사도적 가르침에 자신들을 겸손히 복속시키는 일이다. 와그너와 이 책의 저자들에게, 또한 이런 책의 영향을 받는 이들에게 이런 비성경적인 생각에서 벗어나서 오히려 성경의 가르침에 근거하여 사도와 선지자들의 터 위에 굳건히 서 있기를 강하게 요청한다. 그것이 성경을 영감하여 주신 성령님의 목소리에 귀기울이는 길이며 성령님께 온전히 순종하며 복속하는 유일한 길이기 때문이다. 부디 바라기는 한국 교회와 세계 교회가 성경과 성령님의 가르침에 참으로 순복하여 주께서 교회를 위해 준비하신 모든 것을 풍성히 누릴 수 있게 되기를 간절히 원한다.

19장

오늘날에도 하나님의 음성을 들을 수 있는가?

많은 이들이 오늘날도 하나님의 음성을 듣고 자신의 삶의 방향 전환을 이루었거나 하나님의 음성에 근거하여 인생길의 여러 가지 판단을 하여 나간다고 말한다. 성경 계시 시대에 그러한 것이 있었기에 많은 그리스도인은 별 생각 없이 그럴 수 있다고 생각하고, 그런 현상이 있기를 기대하기도 한다. 또한 그런 경험을 하지 못한 이들은 자신들이 일류(一流)가 못되는 이류(二流) 신앙 생활을 하는 것이나 아닌가 하는 오해에 근거한 불안감에 사로잡히는 일이 많이 있다. 이런 문제에 대해서 우리는 과연 어떤 생각을 하고 어떤 태도를 취하고 나아가야 할 것인가? 먼저 이 문제에 대해서 **세 가지 각기 다른 사유 방식과 태도**가 있다는 점을 지적하지 않을 수 없다. 이 세 유형의 사유 방식과 태도는 **세 가지 다른 유형의 종교성**을 나타내는 것이다. 따라서 이 땅의 그리스도인들은 **성경에 비추어 볼 때에** 자신들이 과연 어떤 유형의 입장을 가져야 하는지를 심각하게 고려해야 한다.

첫 번째 유형에서는 아주 때때로이기는 하지만 하나님께서 자신의 음성을 들려 주셔서 놀라운 계시를 주시거나 인생의 방향을 이끌어 나가는 일이 계속해서 발생한다고 주장한다. 마치 성경 시대에 하나님께서 때때로 그의 백성들에게 나타나셔서 말씀하시고 삶을 인도하셨던 것과 같이 오늘날에도 주님께서는 동일하게 그의 계시의 도구들에게 말씀하시고 그렇게 하여 인간들을 인도해 가신다고 하는 것이다. 이를 **'직통 계시파'의 주장**이라고 할 수 있다. 대개 이런 입장을 취하는 이들은 성경 계시와 우리 시대에 주시는 깨달음을 별로 구별하지 않고, 그 관계를 연속적으로 보려고 한다. 그리하여 하나님께서 때로는 음성으로, 때로는 꿈이나 환상으로, 또 때로는 내면적 깨달음으로 그의 뜻을 드러내어 주시는 계시적 활동을 지속하시므로 우리는 그렇게 계속되는 계시에 따라 살아가야 한다는 주장을 하는 것이다. 그런데 이런 주장은 결국 각각 다른 계시 주장을 하는 이들이 주관주의적 대립에로 나아가고 말거나, 아니면 우리들로 하여금 몇몇 종교적 엘리트에 의존하여 신앙생활을 하여 가도록 하는 결과를 초래하고 만다. 각자에게 주어지는 계시가 서로 대립하는 상황에 빠지지 않으려면, 몇몇 사람이 받았다고 하는 새로운 계시에 의존해 가는 결과를 초래하기 때문이다. 따라서 이런 직통 계시파는 그리스도와 사도들이 주신 계시가 최종적 계시라는 성경의 가르침(예를 들어서, 히 1:1-2)에 충실하지 않고, **결국 성경 계시에 새로운 계시를 덧붙여 나가는 일을 하지 말라는 성경의 금령을**(예를 들어서 계시록 22:18) **깨고 지속적인 계시가 있다고 주장하는 이단**이다. 그러므로 이 첫째 유형은 엄밀히 말하면 기독교에 속하지 않은 이단의 주장이다. 그런데 하나님의 음성을 듣는다고 하는 이들은 대개 이런 유형에 가깝게 가려는 성향을 지니고 있으므로 우리는 주의해야 한다.

두 번째 유형은 **'좀 온건한 직통 계시파'의 입장**이라고 할 수 있다. 이들 중 대다수는 논리적으로 철저하지 않은 입장을 보인다. 즉, 이 온건한 직통 계시의 주장은 한편에서는 성경 계시의 독특성과 종결성을 인정한다. 성경 계시와 같이 우리들의 구원에 대해 필수적인 계시는 이미 다 주어진 것이므로 그런 계시는 이제 더 이상 있지 않다는 것을 인정한다. 그러나 이런 이들은 구원에 필수적인 성경 계시의 종결성을 인정하면서도, 오늘날에도 성도의 삶을 인도하시고 교회를 인도해 가시기 위해 우리에게 주시는 계시가 지속된다고 자신들의 종교 경험에 근거한 주장을 한다. 이런 입장에 따르면, 우리들은 구원을 위해서는 성경 계시로 만족해야 하지만, 지금도 우리의 삶을 인도해 나가시기 위해 주시는 하나님의 개인적 계시가 있으므로, 우리는 그런 개인직 계시를 기다리면서 그런 계시로 주시는 바에 따라서 신앙생활을 해야 하나님께서 원하시는 대로 살고 성공적인 그리스도인의 삶을 살 수 있다고 한다. 이런 주장을 하는 일부 인사들은 하나님께서 우리를 인도해 나가실 때 일상적으로는 (다음에 생각할) 세 번째 유형과 같이 하시나, 때때로 아주 특수한 경우에 주께서 직접적인 계시를 주시기도 한다고 주장한다.

세 번째 유형은 **성경만이 우리의 신앙과 생활의 유일한 규범임을 주장하는 유형의 입장**이다. 이는 성령님께서 성경의 계시를 사용하셔서 하나님의 뜻을 깨닫게 하시고 우리들의 구체적인 삶의 문제들에 바르게 적용하게 하시므로 진정한 그리스도인들은 성령님께 순종하여 성경 전반의 뜻을 파악하여, 그것에 비추어서 주께서 우리를 인도해 가시는 대로 살아가야 한다고 주장하는 것이다. 이는 "성령님께서 성경 말씀을 사용하셔서 은혜를 베푸시며 우리의 삶을 인도해 가신다"는 주장이 된다. 그러므로 이런 입장은 성경 계시 시대에는 하나님께서 아담에게, 노아에게, 아브라함에게, 모세에게, 또한 선지자들에게 직접 말씀하시는 경우도 있었고, 그런 계시의 도구를 통해서 간접적으로 그의 백성들에게 말씀을 전해 주시기도 했으나, 성경 계시가 마쳐진 후에는 이 말씀 외에 더하거나 빼지 말라는 말씀을(계 22:18, 19) 계시적인 뜻으로 존중해야 한다는 것을 강조한다. 그러므로 이제 성경 계시가 종결된 상황에서는 주께서 음성으로나 꿈으로나 이상(vision) 가운데서 하나님의 뜻을 계시해 주시는 것이 아니라, 주께서 이미 주셔서 성문화하신 성경 말씀에 근거하여 하나님의 뜻을 바로 깨닫고, 성령님의 조명을 따라서 자신들의 구체적인 정황 가운데서 어떻게 하는 것이 하나님의 뜻을 따라가는 것이며, 하나님의 인도하심에 따라가는 것인지를 깨닫게 하신다고 하는 것이다.

이와 같이 **성령님께서 말씀을 사용하셔서 은혜를 베푸시며 성도를 통치해 가신다**는 유형의 사유에 의하면 이제 성경 계시가 종결된 상황에서는 하나님의 말씀이 음성으로 들려오는 일은 우리 주 예수께서 다시 오실 때까지는 그쳐진 것이다. 이것은 메마른 기독교의 주장이 아니라 성령님께서 "성경 말씀을 사용하셔서"(cum verbo) 우리를 통치하시며 인도하시며 이끌어 가신다는 것을 가장 성경적으로 바르게 주장하는 기독교의 주장이며, 가장 건전한 성령파 기독교의 주장인 것이다. 사실 이와 같이 가장 성경적이고, 가장 성령적인 입장이 고래(古來)로부터 가장 건강하고 건전한 그리스도인들이 가져 온 입장이었다.

예를 들어서, 17세기 영국에 살던 청교도들이 자신들의 신앙으로 고백하였으며, 한국의 가장 많은 그리스도인들이 자신들의 신앙 고백서로 받아들이고 있는 웨스트민스터 신앙고백서의 진술 가운데서 제1장, 1항 마지막에 있는 **"하나님께서 자기 백성에게 자신의 뜻을 계시해 주시던 과거의 방식들은 이제 중지되어 버렸다"**는 진술과 6항 중에 진술된 "이 성경에다 성령의 새로운 계시에 의해서든 아니면 인간들의 전통에 의해서이든 아무 것도 어느 때를 막론하고 더 첨가할 수가 없다"는 말을 생각해 보라.1 이와 같은 노선에서 성경적인 신학자들은 아주 온건한 형태의 예언 인정의 논의에 대해서도 강하게 반박하여 왔다.2 그러므로 이런 입장에서는 오늘날 음성으로 들려지는 하나님의 음성이 개개인 그리스도인들에게 주어지는 것은 없다.

중요한 문제는 우리가 (1) 모든 점에서, 즉 신앙과 생활에 속한 모든 점에서 성경의 가르침에 충실한 것이다. 따라서 오늘날 하나님의 음성을 들을 수 있는가에 대해서도 우리는 개연성이나 우리의 경험에 의존하지 말고 성경의 가르침에 근거한 판단을 해야 하는 것이다. (2) 그리고 또한 중요한 것은 우리가 성경의 가르침에 따라서 성령님께서 깨닫게 하시고 적용하게 하시는 말씀의 원리에 따라 매일 매일 매순간순간의 결단을 주의 백성답게 하여 나가는 것이다. 그것이 진정 성령님께 순종하는 것이며, 진정으로 성경을 존중해 가는 것이다. 많은 그리스도인들이 건전하고 바른 방식으로 성령님께 의존하며 순종해 가지 않고서 이상하고 기괴한 방향으로 나아가면서 자신들이 과연 하나님의 음성을 들었다고 하고 하나님께서 인도하시는 대로 살아 나간다고 주장하는 일이 있는 것을 안타깝게 여기게 된다. 또 그런 주장자들로 인해서 더 많은 그리스도인들이 진정 성령님의 인도하심을 받아 나가는 바를 모른 채 결국은 자기 소견에 옳은 대로 살아 가가게 되는 것을 더 안타깝게 여긴다. 또한 많은 불신자들이 그리스도인들의 이런 바르지 못한 주장으로 말미암아 예수 믿는 바른 도리에서 멀어지는 것을 안타깝게 여기게 된다.

바라기는 우리 그리스도인들이 주변에서 난무하는 비정상적인 주장에서 벗어나서, 성경이 가르쳐 왔고 과거에 가장 건강한

---

1 *The Westminaster Confession of Faith*, I. 1. 1 & I. 1. 6.
2 본서 19장, 각주 4-7에 인용된 저자들과 책들을 참조하라.

그리스도인들이 그렇게 살아 온 바와 같이 성령님께서 말씀을 사용하셔서 우리를 인도하시며 통치하시는 대로 살아갈 수 있기를 바란다.

● 성령님의 인도하심에 대한 참고 문헌 :

김홍전, 『교회에 대해서』 I, II, III, IV (서울: 성약, 1999, 2000, 2001).

_____, 『성신의 가르치심과 인도하심』 (서울: 성약, 2000).

Edwin H. Palmer, *The Holy Spirit* (Philadelphia: Presbyterian and Reformed, n. d.), 최낙재 역 (서울: 개혁주의신행협회, 1978), 제9장, 12장, 15장.

김홍전 목사님과 팔머 교수의 책이 아마노 성령의 인도하심에 대해서는 가장 잘된 논의일 것이다.

그리스도인 개인을 중심으로 한 오늘날의 성령님의 인도하심에 대한 논의로 이승구, "성령의 인도하심과 성도의 삶", 『개혁신학탐구』 (수원: 합신대학원 출판부, 2012): 제 5장; 이승구, 『성령의 위로와 교회』 (서울: 이레서원, 2001, 최근판. 2016), 1-5장.

다른 성령론에 대한 좋은 비판을 위해서는

J. I. Packer, *Keep in Step with the Holy Spirit* (Old Tappen, New Jersey: Fleming H. Revell Company, 1984)를 보라.

20장

우리 시대의 설교와 종교적 강의를 듣고 보는 성도들의 자세에 대하여

"책임 있는 설교 듣기"를 위한 제언

1. 현상

오늘날 우리 주변에는 설교와 종교적 강의들이 넘쳐나고 있다고 해도 과언이 아니다. 그렇게 많은 설교와 종교적 강의들이 있는데 한국 교회가 하나님의 뜻에 더욱 더 가깝게 나아가지 않고, 오히려 하나님의 뜻에서 벗어나는 방향으로 나아가는 일이 더 많이 있다. 또한 그 결과들 중의 하나로 나타나는 괴이한 현상이 있다. 즉, 그리스도인들과 교회가 한국 사회에 큰 영향을 미치지 못하는 일이 많을 뿐만 아니라, 어떤 의미에서 이 세상이 가는 대로 따라 가고, 또 때로는 영적으로나 도덕적으로도 이 세상보다 더 못한 모습을 보이기도 하는 이 괴이한 현상을 과연 어떻게 설명할 것인가? 이런 현상이 나타나는 원인들 가운데 중요한 하나로 우리들의 설교와 종교적 강의에 심각한 문제가 있음을 지적하지 않을 수 없다. 이를 해결하기 위해서는 설교와 종교적 강의를 하는 분들에게 있는 문제를 철저하게 드러내고 바른 방향으로 그 내용과 태도를 이끌어 가도록 하는 일을 해야 한다. (참고로 설교와 종교적 강의를 하는 이들이 과연 어떻게 설교해야 하는가 하는 문제에 대해서는 〈한국성경신학회〉의 모임들, 특히 2005년 2월 21일(월)에 있었던 "오늘날의 성경해석과 설교"라는 주제의 세미나 같은 것을 참조해 보시도록 권하고 싶다). 그러나 그것만이 아니라, 이제는 설교와 종교적 강의를 듣는 성도들에게 과연 어떤 자세로 설교와 종교적 강의를 들어야 하는가를 심각하게 물어야 하겠다는 생각을 하지 않을 수 없다.

2. 성도들은 과연 어떤 자세로 설교와 종교적 강의를 듣고 볼 것인가?

성경에서는 그리스도인들이 설교와 종교적 강의를 들으면서 두 가지 태도를 동시에 가지도록 강하게 유도하고 있다. (1) 그 하나는 하나님 앞에서 그 설교나 종교적 강의를 듣는 것이다. 사실 이것으로도 상당히 많은 문제가 해결될 수 있다. 과연 하나님 앞에서 설교를 듣는다면 우리는 부지런히 하나님께서 그 설교나 강의를 사용하셔서 내려 주시려는 뜻이 무엇인지를 살피는 마음으로 항상 하나님과의 대화 가운데서 설교나 강의를 듣게 될 것이기 때문이다. 이와 함께 성경은 (2) "그것이 과연 그러한가 하여" 하나님의 말씀인 성경을 상고하는 태도를 촉구한다. 하나님의 말씀인 성경에 비추어서 옳으면 그 설교 말씀과 강의를 자신의 사상에 반영하도록 하게 될 것이다. 그러나 하나님의 말씀인 성경의 가르침에 비추어서 옳지 않은 것이면, 그것이 아무리 감동적이거나 아무리 유익이 되는 것이라도 그것에 무슨 가치를 크게 부여하지 않는 것이 성도들의 바른 태도일 것이다.

이 두 가지를 동시에 실천해야 할 책임이 모든 그리스도인들에게 있다. 만일에 이 시대의 그리스도인들이 이 두 가지 일을 제대로 실천한다면, 참으로 그렇게 하기만 한다면 우리 주변에는 하나님의 말씀을 이상하게 해석하거나 그 말씀을 왜곡하고, 그리하여 성도들을 이상한 데로 인도하는 이들이 점차 사라지게 될 것이다. 그러므로 성도들이 자신을 위하여 그리고 한국 교회 전체를 위하여 정신을 바짝 차리고서 진정 하나님 앞에서 성경에 근거하여 설교를 듣고, 종교적 강의에 임하는 일을 해야만 한다.

성도들이 그렇게 하는 일에 도움을 주기 위해서 몇 가지 생각을 같이 나누어 보고자 한다. 이는 절대적인 것은 아니고, 이와 같은 방법을 사용하면 비교적 쉽게 바른 설교와 강의와 그렇지 못한 것들을 구별할 수 있을 것이라는 생각 아래서 제안하는 것이다. 그러므로 다음에 제시하는 것들은 우리들의 〈책임 있는 설교 듣기〉를 위한 잠정적인 시금석과 같은 것이다.

1) 설교의 내용과 사상을 정확히 파악하도록 하라

무엇보다 먼저 성도들은 설교자와 종교적 강의자가 말하는 내용과 사상을 정확히 파악해 보려고 해야 한다. 그것이 과연 무엇을 말하고자 하는 것인지를 정확히 알아야 그것을 성경에 비추어서 내 것으로 하든지, 아니라고 하든지 무슨 판단을 할 수 있기 때문이다. 도대체 그 설교와 강의는 우리들로 하여금 어떤 생각을 가지고 어떤 태도로 살도록 하려는 것인지를 잘 살펴 들어야 한다.

2) 그 후에 그 내용을 성경과 비교해 보라

비교적 성경에 대한 전반적 지식을 가지고 있는 분들은 이 일이 비교적 쉬울 것이고, 성경적 지식이 적은 분들은 이 일이 조금 어려울 수 있다. 그러나 설교자가 말하는 것이 성경의 가르침과 비교하여 과연 어떤 것인지를 잘 살피는 일은 종국적으로 반드시 있어야 하는 일이다.

첫째, 이 일을 잘 하기 위해서 성경을 정통적 기독교에서 어떻게 해석해 왔는지를 비교적 잘 알고 있는 것이 매우 중요하다. 정통적 기독교가 성경을 해석해 온 바는 비교적 안전한 틀 역할을 할 수 있기 때문이다. 이렇게 하면 적어도 성경을 읽고 성경에 대한 설교와 강의를 들으면서 이단적 방향으로 나아갈 일은 없는 것이다. 그러므로 보편적 신조와 그 해석들에 친숙하여서 정통적 기독교의 가르침이 어떤 것인지를 익숙하게 알고 그 빛에서 우리에게 들려오는 이야기를 잘 판단하도록 해야 한다.

둘째, 동시에 그 설교나 강의가 주어진 성경 본문에 충실한 것인지를 잘 살피면서 듣고 판단하도록 해야 한다. 내용은 옳지만 주어진 성경 본문과 맞지 않는 것은 엄밀하게는 좋은 설교나 좋은 강의라고 할 수 없기 때문이다. 그리스도인들은 항상 성경의 내용에 근거해서 생각을 가다듬고 고치고 해야 하기에 언제나 본문 자체의 의미에 충실하도록 해야 한다. 따라서 성도들도 전문적인 성경 해석자들은 아니라고 해도, 주어진 본문의 자연적 의미와 앞 뒤 관계를 잘 관찰할 때 자연적으로 알 수 있게 되는 문맥적 의미와 관련하여 주어지는 해석이 일치하는지의 여부를 물어야만 한다. 문맥만 잘 살펴도 이상한 성경 해석의 80%는 방지하고 거부할 수 있게 되리라고 생각된다.

셋째, 그리고 그렇게 이해된 그 본문의 의미가 자신이 파악하고 있는 성경의 전체 사상과 과연 어떻게 조화될 수 있는지를 살펴야 한다. 바르게 해석된 말씀은 결국 나의 기독교 사상을 그만큼 풍성하게 할 것이고, 그 결과 나는 보다 성경적 사상에 가깝게 가는 사람이 될 것이다. 그러나 바르게 해석되지 않은 말씀은 성경의 전체적 가르침이 아닌 것을 부분적으로 강조하여 나의 사상을 기형적(畸形的)인 사상으로 만들 것이다. 그런 사람들로만 구성된 교회의 모습이나 한국 교회에 그런 이들이 더 많은 그런 상황은 얼마나 끔찍한 것인가? 이와 같이 한국 교회 전체에 대한 깊은 우려에서라도 나의 사상을 기독교적으로 바르게 하는 일에 신경을 써야 하고, 그것을 위해 바른 설교를 많이 듣는 일에 힘써야 한다.

3) 사상을 표현하는 도구인 설교 언어의 특성에 주의하라

그런데 만일에 어떤 이가 기독교적인 사상을 전혀 비도덕적인 표현들로만 가득 차게 하여 전달한다면 그것은 궁극적으로 교회에 유익을 주지 못할 것이다. 그러므로 듣는 이들도 사용되는 언어의 성격과 그것이 줄 수 있는 묘한 뉘앙스에 신경을 쓰면서 설교와 강의를 들으려고 해야 한다. 교회와 기독교인들의 모임에서 오고 가는 언어는 우리에게도 큰 영향을 미치며, 이 사회 속에서 기독교가 과연 어떤 것인지를 보여 주는 데도 큰 영향을 미치는 것이기 때문이다. 그러므로 우리들 안에서 사용되는 언어가 성경의 사상을 전달하는 데 적합한 언어인가를 모든 이들이 깊이 신경 쓰며 말하고 들어야 한다.

이미 오래 전부터 한국 교회 안에서는 설교자나 강의자들이 욕을 해가며 설교를 하는 일들이 소위 부흥사들과 그런 분위기를 지닌 분들에게 많이 있었다. 그것이 과연 옳은 것이었는지에 대해서는 그 때서부터 강한 비판이 많이 있었다. 그런데도 그렇게 해도 많은 사람들이 모여 들고, 그 결과로 무엇인가 일을 이루어내니 그것이 하나님께서 은혜를 주신 것이요 축복해 주신 것이 아니냐는 이야기만 계속해 간다면 우리네 교계는 정말로 희망이 없는 곳이 될 것이다. 그러므로 우리는 교회 내에서의 이야기나 심지어 사적인 언어의 사용에서도 욕을 하거나 하는 이상한 언어가 우리 주변에 있지 않도록 하는 데 매우 힘을 써야 할 것이다(읽는 이들은 깨달을진저!).

또한 설교자나 강의자가 나이가 많고 듣는 이들이 비교적 어리고 젊은 상황에서도 그것이 공적인 상황이라면 늘 앞에 나가서 말하는 이는 경어를 쓰도록 해야 할 것이다. 하물며 그렇지 않은 상황에서야 얼마나 더하랴? 우리의 설교와 강의가 공적인 일인 만큼 경어를 쓰는 일이 일반화되도록 해야 할 것이다. 소위 은혜만 되면 된다는 미명하에 마구 하대해 가며 설교하거나 말하는 이상한 분위기가 불식되어야 할 것이다(들을 귀 있는 자는 그 의미를 새겨들을 수 있었으면 한다).

4) 설교하거나 강의하는 태도에도 주의하라

아무리 좋은 것은 가르친다고 해도 그것을 전달하는 태도가 옳지 않다면 우리는 그에 대해서도 마땅한 판단을 해야 한다. 하물며 하나님의 말씀을 가르치고, 그 말씀의 의미를 전달하는 일에서야 그 태도도 중요하지 않겠는가? 그러므로 설교를 듣는 이들은 말씀을 전하는 이들이 그 말씀이 요구하는 태도로 우리에게 나아오는지, 아니면 성경이 보여 주는 분위기와는 전혀 다른 태도로 나아오는지에 대해서도 깊이 신경 써야만 한다.

3. 그 후에는 어떻게 할 것인가?

성도들이 위와 같은 자세로 하나님 앞에서 하나님의 말씀인 성경과의 비교 가운데서 설교나 강의를 들은 결과 그것이 과연 하나님께서 성경을 사용하여서 우리에게 하나님의 뜻을 명확히 하는 것이라면, 우리는 그 말씀에 따라 더욱 더 우리 자신을 하나님의 생각과 사상에 복종시키는 일을 해야 할 것이다. 따라서 참으로 좋은 설교와 강의를 들은 후에 우리는 (1) 더욱 더 하나님께 의존하게 되고, (2) 매순간을 하나님의 뜻에 따라 살며, 그것을 잘 표현하는 말을 하고 활동을 하며, (3) 이 땅 가운데서 주께서 세우신 교회를 신약 성경이 말하는 모습으로 드러내는 교회의 지체 역할을 바르게 감당하고, (4) 하나님 나라를 이 땅 가운데서 잘 드러내는 일에, 성령의 인도하심 가운데서, 최선의 노력을 하게 될 것이다. 더구나 그런 성도이면서 겸하여 목사가 된 분들은 더욱 더 하나님의 말씀인 성경에 부합하는 설교를 하며, 그 언어와 태도와 삶도 가장 성화된 방향을 향해 나아갈 것이고, 그 설교나 강의에 비성경적인 내용이 없으며, 사람을 무시하거나 욕하거나 하대하는 일이 없게 될 것이다.

또한 성도요 겸하여 목사가 된 이들이 이와 같이 설교하고, 성도들이 진정 이런 태도로 하나님 앞에서 설교를 듣는다면, 우리 주변에는 이런 시금석에서 벗어나는 분들의 설교와 강의에 대해 성도들이 안타까워하는 일이 많이 생길 것이다. 그 성도들은 하나님께 그런 분들을 위해 그것이 고쳐지도록 기도해야 할 것이다. 우리가 참으로 하나님께 바르게 기도하는 이들이라면, 결국 그와 같은 이들이 그 기도의 결과로 점차 고쳐지게 되든지, 그들이 하나님 앞에서 스스로를 고치지 않는다면 그렇게 바르게 기도하는 참된 성도들은 그런 이들의 설교와 강의는 듣지 않는 방향으로 나아가게 될 것이다. 그것이 우리가 이 시점에서 기도하며 바라야 할 것이라고 생각된다.

4. 마지막 첨언

그러나 우리의 현실은 곧 바로 이와 같이 되리라고 기대하는 일을 쉽게 허용하지 않을 만큼 심각한 것도 사실이다. 그것이 우리의 현실이고, 참으로 그와 같은 현실이 지속된다면 그것은 우리들이 참된 그리스도인이 아닐 수도 있다는 것을 보여주는 일이 될 것이다. 우리 그리스도인들이 우리들 가운데 참되지 않은 설교자들과 목사들이 넘쳐나게 한다면, 그것은 우리가 다 엉터리라는 것을 잘 보여 주는 것이 아니고 무엇이겠는가? 그러므로 개개인 성도들은 자기만을 생각하지 말고 한국 교회 전체를 위해, 정신을 바짝 차리고서 위에서 언급한 대로 설교 듣기를 시도해야 할 것이다.

그리고 이 일을 위해 다양한 기독교 매체들은 특히 주의하여 도움을 주어야 한다. 그렇게 하지 않으면 우리 주변에 이상한 설교가 범람하게 만드는 주역이 기독교 매체일 수 있기 때문이다. 따라서 위에서 언급한 점들을 각 매체 담당자들은 잘 살펴서, 아무리 돈을 많이 주는 이들이라도 바르지 않은 설교와 강의를 하는 이들은 매체에서 배제시키는 일을 해야 할 것이다. 그것이 책임 있는 일을 하는 자세가 될 것이다.

개개인 그리스도인들과 기독교 매체들이 이런 노력을 지속적으로 하지 않고, 만일 우리가 지금과 같은 현실을 지속적으로 방치한다면 결국 우리는 배교한 교회의 전형이 될 것이다. 그런 위험에 있는 우리를 불쌍히 여기셔서 주께서 은혜를 베풀어 주시어 이 땅의 그리스도인들이 각성하여 성경의 바른 가르침을 따르게 하여 주시며, 각 매체 담당자들이 제 기능을 잘 발휘하게 하도록 하여 주시기를 간절히 기도한다.

참고 문헌

Achtemeier, Paul J. *Romans*. Atlanta: John Knox Press, 1985.

Baker, William H. "Acts." In *Evangelical Commentary on the Bible*. (Ed.) Walter A. Elwell. Grand Rapids: Baker, 1989.

Bavinck, Herman. *Gereformeerde Dogmatiek*. I. Kampen: J. H. Kok, 1928. 김영규 역. 『개혁주의 교의학』 I. 고양: 크리스챤 다이제스트, 1996.

Barclay, William. *The Letter to the Romans*. The Daily Study Bible. Revised Edition. Edinburgh: St. Andrew Press and Philadelphia: Westminster Press, 1957.

Barrett, C. K. *The Epistle to the Romans*. Harper's New Testament Commentaries. Harper & Row, 1957. Reprinted, Peabody, Mass.: Hendrickson Publishers, 1987.

Berkhof, Louis. *Systematic Theology*. Grand Rapids: Eerdmans, 1949.

Black, Matthew. *Romans*. The New Century Bible Commentary. Revised Edition. London: Marshall, Morgan & Scott and Grand Rapids: Eerdmans, 1989.

Bruce, F. F. *Romans*. Tyndale New Testament Commentaries. Revised Edition. Leicester: IVP and Grand Rapids: Eerdmans, 1985.

Clowney, Edmund. *The Church*. Leicester: IVP, 1995.

Cranfield, C. E. B. *The Epistle to the Romans*. Vol III. ICC New Edition. Edinburgh: T. & T. Clark, 1974. 문전섭, 이영재 역. 서울: 로고스, 1994.

_____. *Romans. A Shorter Commentary*. Edinburgh: T. & T. Clark, 1985. 문선희, 이용주 역. 서울: 로고스, 1997.

Dunn, James D. G. *Romans 9-16*. Word Biblical Commentary 38B. Dallas, Texas: Word, 1988.

Edwards, Jonathan. 『사랑과 그 열매』 서문강 옮김. 서울: 청교도 신앙사, 1999.

Fitzmyer, Joseph A. "Romans." In *The Jerome Biblical Commentary*. Englewood Cliffs, N. J.: Prentice-Hall, 1968.

Gaffin, Jr., Richard B. *Perspectives on Pentecost*. Phillipsburg, N.J.: Presbyterian and Reformed, 1979.

_____. "A Cessationist View." In *Are Miraculous Gifts for Today?* (Ed.) Wayne A. Grudem, 25-64. Grand Rapids: Zondervan, 1996.

_____. "A Cessationist Response to Robert L. Saucy." In *Are Miraculous Gifts for Today?* (Ed.) Wayne A. Grudem, 149-51. Grand Rapids: Zondervan, 1996.

Grudem, Wayne A. *A Gift of Prophecy in I Corinthians*. Lanham, MD: University Press of America, 1982.

_____. *1 Peter*. Tyndale New Testament Commentaries. Leicester: IVP, 1988.

Guthrie, Donald. *New Testament Theology*. Leicester: IVP, 1981.

Harper, Norman. *Make Disciples*. 이승구 옮김. 『현대 기독교 교육』 서울: 엠마오, 1985. 개정역: 서울: 토라, 2005.

Hendriksen, William. *Romans*. 손종국 역. 서울: 아가페 출판사, 1984.

Helm, Paul. *The Providence of God*. Leicester: IVP, 1993. 이승구 옮김. 『하나님의 섭리』 서울: IVP, 2004.

Hoekema, Anthony A. *Created in God's Image*. Grand Rapids: ㅁ Eerdmans, 1986.

Holmes, Arthur. (Ed.) *War and Christian Ethics: Classic and Contemporary Readings on the Morality of War*. Grand Rapids, Michigan: Baker, 2005.

Jones, David Clyde. "The Gift of Prophecy Today." *The Presbyterian Guardian* (December 1974): 163-64.

Käsemann, Ernst. *Commentary on Romans*. Trans. Geoffrey W. Bromiley. Grand Rapids: Eerdmans, 1980.

Kierkegaard, S. *The Sickness unto Death*. Edited and Trans. Howard V. Hong and Edna H. Hong. Princeton, New Jersey: Princeton University Press, 1980.

_____. *The Works of Love*. Princeton: Princeton University Press, 1993.

Lenski, R. C. H. *The Interpretation of St. Paul's Epistle to the Romans*. 김진홍 역. 『로마서』 II. 서울: 백합출판사, 1975.

Moo, Douglas. *Romans*. NICNT New Edition. Grand Rapids: Eerdmans, 1996.

Morris, Leon. *Expository Reflections on the Gospel of John*. Grand Rapids: Baker, 1988.

Murray, John. *The Epistle to the Romans*. Vol. II. NICNT. Grand Rapids: Eerdmans, 1965.

Nygre, Anders. *Agape and Eros*. 고구경 옮김. 『아가페와 에로스』 서울: 크리스챤 다이제스트, 1998.

Owen, John. 『그리스도인의 영성』 조호영 역. 서울: 보이스사, 1998.

Palmer, Edwin H. *The Holy Spirit*. Philadelphia: Presbyterian and Reformed, n. d. 최낙재 역. 서울: 개혁주의신행협회, 1978.

Reymond, Robert L. *What about Continuing Revelations and Miracles in the Presbyterian Church Today?* Phillipsburg, N. J.: Presbyterian and Reformed, 1977.

_____. *A New Systematic Theology of the Christian Faith*. Tennessee: Thomas Nelson, 1998.

Ridderbos, Herman. *The Coming of the Kingdom*. Grand Rapids: Eermans, 1962.

Robertson, O. Palmer. *The Final Word*. Carlislie, Pa.: Banner of Truth, 1993.

Sanday, William and Arthur C. Headlam. *The Epistle to the Romans*. ICC. Fifth Edition. Edinburgh: T & T Clark, 1902.

Smith, W. C. *The Meaning and End of Religion*. New York: Harper & Row, 1978.

_____. *Towards a World Theology*. Philadelphia: The Westminster Press, 1981.

_____. "Idolatry in Comparative Perspective." In *The Myth of Christian Uniqueness: Towards a Pluralistic Theology of Religions*. (Eds.) Hick and Paul. F. Knitter. Maryknoll, N. Y.: Orbis Books, 1987 and London: SCM Press, 1987.

Stibbs, Aan Marshall and Packer, J. I. *The Holy Spirit Within You*. London: Pickering and Inglis, 1980. 이승구 옮김. 『그리스도인 안에 계신 성령』 서울: 웨스트민스터 출판부, 1996.

Vos, Geerhardus. *Pauline Eschatology*. 1930: Grand Rapids: Baker, 1979.

Wagner, Peter C. *The New Apostolic Churches*. Ventura, CA: Regal

Press, 1998.

_____. *Apostles and Prophets: The Foundations of the Church.* Ventura, CA: Regal Books, 2000.

_____ et al. *Pastors and Prophets: The Foundations of the Church.* Colorado Springs, CO: Wagner Publications, 2000. 임종원 옮김. 『목사와 예언자』 서울: 도서 출판 진흥, 2004.

Warfield, Benjamin B. *Miracles: Yesterday and Today.* Grand Rapids: Eedrmans, n. d.

White, R. Fowler. "Richard Gaffin and Wayne Grudem on I Cor. 13:10: A Comparisonof Cessationist and Nocessationist Argumentation." *Journal of Evangelical Theological Society* 35/2 (1992): 173-81.

_____. "Gaffin and Grudem on Ephesians 2L20: In Defense of Gaffin's

Cessationist Exegesis." *Westminster Theological Journal* 54 (Fall 1993): 303-20.

Wolters, Albert M. . Grand Rapids: Eerdmans, 1985. 양성만 옮김. 『창조, 타락, 구속』 서울: IVP, 1992.

강영안. 『주체는 죽었는가?』 서울: 문예출판사, 1996.

김영한. 『21세기와 개혁신학, II: 포스트모더니즘과 개혁신학』 서울: 한국 장로교 출판사, 1998.

김홍전. 『중생자의 생활』 서울: 성약, 2003.

____. 『성신의 가르치심과 인도하심』 서울: 성약, 2000.

____. 『교회에 대하여』 I, II, III & IV. 서울: 성약, 1999-2001.

____. 『내가 산을 향하여 눈을 들리라』 서울: 성약, 2002.

____. 『그리스도의 지체로 사는 삶』 서울: 성약, 2003.

_____. 『예배란 무엇인가?』(성약문고 2) 서울: 성약, 2004.

박은조 편. 『하나님이 기뻐하시는 학교』 서울: 예영, 1999.

박형용. 『교회와 성령』 수원: 합동신학대학원 출판부, 1997.

신국원. 『포스트모더니즘』 서울: IVP. 1999.

양용의. 『하나님 나라를 어떻게 이해할 것인가?』 서울: 한국 성서 유니온 출판부, 2005.

이상근. 『신약 성서 주해 로마서』 서울: 성등사, 1961.

이승구. "하나님 나라". 『개혁신학에의 한 탐구』, 51-65. 서울: 웨스트민스터 출판부, 1995.

_____. 『교회란 무엇인가?』 서울: 여수룬, 1996, 2002; 개정판, 나눔과 섬김, 2018.

_____. "종말 신학의 프롤레고메나." 『개혁신학탐구』 수원: 합신대학원출판부, 2010.

_____. 『성령의 위로와 교회』 서울: 이레서원, 2001. 최근판, 2015.

_____. "인간 생명의 개념과 그 시작에 대한 이해." In 『인간 복제, 그 위험한 도전』 서울: 예영, 2003. 개정판, 2006.

_____. 『기독교 세계관이란 무엇인가?』 서울: SFC, 2003. 최근판, 2016.

_____. "통일 문제에 대한 그리스도인의 태도와 기독교적인 준비." 『21세기 개혁신학의 방향』 서울: CCP, 2018. 제13장.

개정판을 내면서

이 책은 기독교 세계관의 실천편의 하나로 기독교 세계관 시리즈의 두 번째 책이다. 그러므로 저자의 『기독교 세계관이란 무엇인가』(서울: SFC, 2003, 최근판, 2016)와 같이, 그리고 연속해서 읽혀져야 한다. 2005년에 나와 2013년까지 4쇄가 나왔고, 그 후에도 나왔을 터인데, 초판이 나온지 10년 이상 지난 우리들의 복잡한 상황을 반영하여 이 책을 좀더 새롭게 하자는 의견을 반영하여 몇 가지 내용을 붙여서 이 복잡한 세상 속에서 우리가 과연 어떻게 생각하며 살아야 하는지를 제시하고자 하였다.

이 책의 내용 중에 어떤 내용, 특히 본서의 1부에 해당하는 내용은 항존적이고 본질적인 문제를 다룬 것이어서 우리들의 모든 사유의 토대를 이루는 것이라고 할 수 있다. 2부에 해당하는 우리가 그 안에서 살고 있는 상황들은 항상 변하는 상황이다. 이렇게 변화무쌍한 상황 속에서 그 다양한 문제들에 대해서 우리가 어떻게 생각해야 하느냐 하는 것은 매우 중요한 문제이다. 모든 문제를 다 다룬 것이 아니나 우리 사회의 여러 문제들에 대한 논의를 읽으면서 기본적으로는 어떻게 성령님께 민감하여 성경의 절대적 가르침을 우리의 구체적 장황 가운데 제대로 적용할 수 있는 지를 같이 고민하면서진정한 기독교 세계관적 실천을 하여 나가는 분들이 더 많아지기를 바란다. 이것은 매우 중요한 것은 이 일 자체가 그리스도인에게 필수적이기 때문이기도 하지만 특히 오늘날은 이 세상에서 주장하는 바를 그대로 따라서 생각하고 말하고 이 세상의 조류를 따라가는 사람들이 더 많아지고 있다는 것을 발견하기 때문이다. 그래서 기독교 세계관적 사유와 활동의 필요성과 중요성을 더 절감하게 된다. 부디 세상 조류를 따라 흘러가는 사람들이 아닌 진정한 기독교인들이 이 땅에 많아지기를 바라면서 이 책을 통하여 독자들과 대화가 무르익기를 바란다. 다시 말하지만 이는 다음 같은 〈기독교 세계관 시리즈〉에 속한 책이니 다음 책들과 같이 읽었으면 한다.

1권: 『기독교 세계관이란 무엇인가』 (서울: SFC, 2003, 최근판, 2016).
2권: 『기독교 세계관으로 바라보는 한국 사회와 교회』 (2005; 개정판, CCP, 2018).
3권: 『한국 교회가 나아갈 길』 (2007; 2쇄, 2010; 개정판, CCP, 2018).
4권: 『우리 사회 속의 기독교』 (서울: 나눔과 섬김, 2010, 2쇄, 2010). 개정판, 『거짓과 분별』 (서울: 예책, 2014).
5권: 『묵상과 기도, 생각과 실천』 (서울: 나눔과 섬김, 2015; 개정판, CCP, 2019).

이 책들을 읽는 모든 독자들이 더 성경의 가르침에 충실한 세계관을 가지고, 이 땅에서 진정한 기독교적 실천을 하여 갈 수 있기를 바라면서, 이 개정판의 편집을 위해 수고 하신 윤효배 목사님과 여러 행정적인 일을 위해 애쓰시는 유 진 목사님께 감사드린다.

2018년 7월 13일
합동신학대학원대학교 연구실에서